"安徽红色历史记忆丛书"编委会

主 编

陆发春

编 委
（按姓氏笔画排序）

朱贵平　张启兵　郝欣富　徐　京
唐国富　唐　莉　黄文治

安徽红色历史记忆丛书

红色泾县

丛书主编 陆发春

张伟国 编著

时代出版传媒股份有限公司
安徽教育出版社

图书在版编目(CIP)数据

红色泾县 / 张伟国编著. —合肥:安徽教育出版社,2021.4

(安徽红色历史记忆丛书 / 陆发春主编)

ISBN 978-7-5336-9012-0

Ⅰ.①红… Ⅱ.①张… Ⅲ.①革命史—泾县 Ⅳ.①K295.44

中国版本图书馆 CIP 数据核字(2019)第 208092 号

红色泾县
HONGSE JINGXIAN

出 版 人:费世平
总 策 划:郑 可 费世平
项目统筹:姚 莉 王宗琦
质量总监:姚 莉
策划编辑:王宗琦
责任编辑:李福军 朱 矾 邹孔标
装帧设计:吴亢宗
责任印制:李松伦

出版发行:时代出版传媒股份有限公司 安徽教育出版社
地　　址:合肥市经开区繁华大道西路398号 邮编:230601
网　　址:http://www.ahep.com.cn
营销电话:(0551)63683012,63683013
排　　版:安徽时代华印出版服务有限责任公司
印　　刷:合肥市宏基印刷有限公司

开　本:710×1010 1/16
印　张:20.75
字　数:200 千字
版　次:2021年4月第1版 2021年4月第1次印刷
定　价:75.00 元

(如发现印装质量问题,影响阅读,请与本社营销部联系调换)

总　序

2016年7月1日,习近平总书记在庆祝中国共产党成立95周年大会上的讲话中指出:"我们党已经走过了95年的历程,但我们要永远保持建党时中国共产党人的奋斗精神,永远保持对人民的赤子之心。一切向前走,都不能忘记走过的路;走得再远、走到再光辉的未来,也不能忘记走过的过去,不能忘记为什么出发。面向未来,面对挑战,全党同志一定要不忘初心、继续前进。"中国共产党一贯重视对党史国史的学习和研究,从这些历史中,可以看到中国共产党人的初心和使命,可以获得面对各种挑战所应具备的经验与勇气。

"安徽红色历史记忆丛书"在原有的安徽革命历史研究基础上,充分利用近现代历史文献、档案资料,真实全面地反映了安徽革命斗争历程。丛书试图构建一个红色文化研究平台,连点成线,系统地对安徽省内各地红色文化予以陈述。丛书选取安徽省最有红色革命历史传统的十个县市,即合肥、宿州、六安、黄山、寿县、定远、金寨、无为、泾县、岳西,对1912至1949年间这些地区的红色革命历史予以梳理叙述。为避免与以往出版的同类型书籍同质化,本丛书在体例上采取专题叙事方式,即每本书均以专题叙事方式,突出该地区重大主题的红色革命历史。各专题之间,有一定逻辑关系,按照事件的先后关系,分章叙事论述。丛书强调权威性、学术性和社会大众性有机结合,希望能够打造既有学术含量,又有文宣效果,能够深入人心的系列图书。

一、安徽红色文化的富矿,有待深入挖掘。

安徽是新民主主义革命时期的重大事件发生地、重要历史人物出生地和革命家活动地,是闻名国内外的红色文化资源大省,因此,研究和保护、开发和利用好红色文化资源,打造和传播好具有安徽特色的红色文化,既有重要的文旅经济价值,也有深远的社会意义和历史意义。

安徽红色历史文化除具备中国革命共通特征之外,另有几个主要特点:

第一,安徽是马克思主义思想传播较早,地方党组织组建较早的省域。有先进思想武装的革命组织是革命事业发展的发动机。1921年10月,当时的省城安庆即成立了安徽社会主义青年团组织,1923年安庆成立中共安庆基层支部,寿县乡村小甸集成立中共特别支部。这样一个特点与皖籍出身的中共早期创建者有着紧密关联。我们从《红色岳西》《红色合肥》等卷帙对王步文、蔡晓舟等早期接受新文化思潮的安徽人物的叙述中,可以了解马克思主义思想在安徽传播的概况。

第二,安徽是贯彻八七会议精神,较早进行土地革命,用武装暴动方式发动农民群众,建立独立乡村红色政权的革命先进地区。大革命失败之后,安徽地区的革命者没有被白色恐怖所吓倒,发动了皖西大别山商南立夏节暴动、六霍暴动和请水寨暴动三大农民暴动,成立了红色苏维埃政权和建制的军事武装,如红三十二师、红三十三师。1928年4月9日,皖北阜阳爆发著名的"四九"武装起义,成立了皖北苏维埃政府,建立了皖北工农红军。

第三,在20世纪30年代初期,依托大别山区建设的鄂豫皖红色革命根据地,是仅次于中央苏区的红色苏维埃革命政权,覆盖了湖北、河南、安徽的广大地域,是土地革命战争时期中国共产党探索由农村包围城市革命新路径的另一个重要实验区;以红二十五军、红二十八军为主干建立的红四方面军,是发挥了红色种子作用的军队,是中国革命军队的一支源泉队伍。

第四,全国抗日战争爆发后,皖南泾县新四军军部成为大江南北新四军抗战的指挥中心,解放战争时期皖西、淮南、蚌埠、合肥瑶岗相继成为革命武装千里跃进大别山、挺进豫皖苏、淮海战役、渡江战役的指挥枢纽之地。横跨江淮的皖北、皖南是中国革命战争年代革命志士抛头颅洒热血,为建立新中国英勇奋战的热土,是追随中国共产党的革命群众贡献聪明才智的沃壤。

二、要认识到安徽红色文化的时代价值。

安徽是红色文化的富矿,值得研究者条分缕析,阐发隐微。红色文化作为一种独特文化标识,得到党中央的高度重视,其时代价值应该被清晰认知:

第一,安徽红色文化展示了20世纪革命年代以陈延年、陈乔年、王步文、曹渊、许继慎、胡底、陈原道、刘淠西、周维炯、漆德玮、舒传贤、王效亭等为代表的安徽革命志士,为了民族独立和人民解放,前赴后继、无畏牺牲的革命英雄主义气概和血战到底的对敌战斗意志;为了追寻国家光明前景和革命真理,宁肯舍弃一切献身革命事业的崇高革命信仰和历史情怀。这是新时期安徽人民仰之弥高的精神财富。

第二,安徽红色文化展示了革命年代安徽进步人士,始终以爱国主义为精神内涵,为了追求社会进步、国家富强,勇于走在反帝反封建斗争的时代前列,极大地丰富了20世纪安徽思想文化历史,为新时期安徽人民树立了力学笃行的精神丰碑。

第三,安徽红色文化展示了革命年代形成、新中国成立之后不断被阐释宣扬、历经百年风云已经内化为安徽历史传统的精神财富,是新时期安徽人民建功立业、创新进取、奋斗于民族复兴大业、建设美好家园的重要传家之宝。

重视红色文化,学习红色文化,实践红色文化,不仅是安徽文化强省的重大举措,更是中国人民增强文化自信的重要精神源泉。我们不能让富有特色的安徽红色文化,躺在历史的尘埃中。

陆发春

于安徽大学问津楼

目 录

导　语　　　　　　　　　　　　　　　　　　　　　1

第一章　革命风云起　　　　　　　　　　　　　　　7

　　一、悠久的历史，深厚的文化传统　　　　　　　7
　　二、新文化运动兴起，马克思主义传播　　　　　10
　　三、中共双花园支部　　　　　　　　　　　　　18
　　四、早期泾县地方党组织的发展和活动　　　　　20

第二章　泾旌宁宣边的斗争　　　　　　　　　　　　28

　　一、红军北上抗日先遣队转战泾县　　　　　　　28
　　二、中共泾旌宁宣中心县委成立　　　　　　　　32
　　三、泾旌宁宣游击大队的建立　　　　　　　　　35

四、泾旌宁宣游击根据地的创建　　37
　　五、红军游击队整顿中发展壮大　　40

第三章　新四军军部在泾县　　44
　　一、从岩寺到云岭　　44
　　二、新四军的政治工作　　51
　　三、新四军的民运工作　　60
　　四、周恩来视察云岭　　68
　　五、组织民众开展生产运动　　74

第四章　中共中央东南局在泾县　　81
　　一、中共中央东南(分)局的成立　　81
　　二、加强东南各地党的建设　　87
　　三、中共皖南特委的活动　　92
　　四、指导新四军组建和扩军　　98

第五章　国内外支援新四军抗战　　104
　　一、上海人民的支持　　104
　　二、海外华侨对新四军抗战的支援　　109
　　三、国际友人和国际同情者的支持　　118
　　四、宋庆龄对新四军的支持和贡献　　127

第六章　抗战时期泾县人口伤亡和财产损失　　132

一、日军在泾县的暴行　　133

二、人口伤亡情况　　138

三、财产损失情况　　142

第七章　皖南事变　　155

一、皖南事变前的形势　　156

二、北移路线选择　　160

三、皖南事变经过　　162

四、石井坑守备战　　172

五、掩护新四军突围　　181

第八章　将星陨泾川　　186

一、寻淮洲　　186

二、项　英　　193

三、袁国平　　203

四、周子昆　　214

五、李子芳　　223

第九章　坚守皖南战略支点　232

一、泾旌太地区的坚持与发展　232

二、樵山保卫战　246

三、中共皖南地委的成立　250

四、"三八"指示的贯彻　256

五、南进战略的确立　260

第十章　策应大军渡江　266

一、中共沿江工委的成立　266

二、陈塘冲会师　270

三、俞步骐起义　278

四、泾县解放　282

结　语　286

大事记　289

参考文献　310

后　记　315

导　语

　　泾县,文风昌盛、人文荟萃,有着"风物繁茂之地,衣冠文物之域"的美誉,历史文化底蕴深厚。由于优秀文化传统的滋养,在民主革命时期,不论革命力量多么弱小,白色恐怖多么残酷,对敌斗争多么激烈,政治局势多么复杂,泾县儿女始终保持坚定的理想信念和旺盛的革命斗志,在"山川清淑,秀甲江南"的泾县撒播红色火种,用生命和热血书写了红色历史篇章。

　　早在新文化运动时期,一批受新文化熏陶、心怀教育救国理想的知识分子,回到家乡泾县开办近代教育,传播新文化和新思想,启迪了民众,教育了青年。

　　1919年五四运动爆发后,泾县青年学生积极响应,各校学生联合成立"泾县学生会",组织示威游行和爱国宣传,声援北京学生斗争。在外求学或经商的泾县有识之士,在接受新思想后,通过返乡或与亲友书信往来,将新思想、新文化逐步介绍到相对闭塞的泾县山区。一些有识之士,如王稼祥、吴葆萼、吴半农、李紫翔等,坚定地选择了马克思主义,走上了革命道路。

随着新文化运动的兴起和马克思主义思想的传播,泾县人民开始打破封建思想的藩篱,反帝、反封建、反压迫的民主革命意识逐步觉醒。1925年,当五卅惨案的消息传入泾县时,全县愤慨。广大师生走上街头,集会游行。特别是黄田培风小学,校长朱侠骨亲自带领学生声讨日、英罪行,并赴各村镇进行宣传,募集捐款1180元,支援上海工人的反帝罢工斗争。同年7月,为继续组织民众开展声援活动,泾县还成立了"沪案后援会"。1926年,国民革命军出师北伐,泾县的知识青年群情振奋。1927年2月,北伐军进驻泾县,县城各界民众出城欢迎,并举行庆祝革命胜利的大会,泾县大批进步青年积极投身革命。

四一二反革命政变后,面对国民党当局实行的白色恐怖,中共组织开始将工作重心转向国民党势力比较薄弱的农村地区。自1928年起,一批中共党员陆续来到泾县,凭借亲友关系,以教书、打工等为掩护,继续坚持革命斗争。当时革命活动的开展主要集中在以桃花潭镇厚岸为中心的西南乡镇和以蔡村镇爱民、汀溪乡桃岭(与宣城、宁国接壤)为中心的东部乡镇。

在西南乡,1928年秋,中共党员王文波(泾县双花园村人)偕同上海复旦大学学生朱学东从广德来到厚岸双花园(今桃花潭镇)宣传马列主义,发展党员。11月,在双花园村建立了泾县第一个党支部——中共双花园支部。1929年,支部下设南冲、查济、水东3个分支部,星星之火就此点燃。

在东乡,泾(县)旌(德)宁(国)宣(城)4县边区,早在1930年前后,就建立了中共组织并开展活动。1934年12月中旬,方志敏领导的红军北上抗日先遣队在谭家桥战斗中失利,转移到新丰后,方志敏决定派干部李步新留下做地方工作。李步新接受任务后,前往泾县西南乡一带开展工作,整顿和发展党的组织,后转至泾县东乡开展活动。1934年底,先遣队第十九师团长王岐山掩护主力部队转移,被敌人切断联系,后率1个排的兵力,与青阳县委领导的1支游击队会合,在九华山活动一段时间后,转到泾县东乡戴杨村一带开展斗争。1935年1月,中共皖南特委所派代表洪维恭主持召开会议,决定成立中共泾旌宁宣中心县委。

中心县委组建了红军游击大队,王岐山任大队长,李步新兼政委。红军游击大队成立后时刻面临着战斗考验,大仗、小仗、险仗、恶仗……仗仗打得惨烈,战战生死攸关。红军游击大队克服重重困难,深入发动群众,在艰苦的武装斗争中发展红色区域,给敌人以沉重打击,创建了泾旌宁宣游击根据地。这期间,由于国民党反动势力的疯狂"清剿",加上叛徒的出卖,当地党组织和游击队遭受巨大损失。为了保存革命力量,1936年2月,李步新带领保存下来的180多人,辗转来到休宁西乡鄣公山脚下找到闽浙赣省委,继续坚持游击斗争。全国抗日战争爆发后,李步新等领导的皖浙赣特委游击队,改编为江西抗日义勇军第一支队,并根据陈毅的指示,开赴歙县岩寺,编入新四军第一支队第二团第三营,成为新四军的一支重要力量。

由于泾县革命传统历史悠久,群众的革命热情高涨,加之云岭优越的地理位置，1938年8月2日，新四军军部及其直属部队进驻泾县云岭，直到1941年1月4日新四军军部奉命北移。在云岭，新四军召开了第一次也是唯一一次党的代表大会，来自各支队和军直单位的代表200余人出席会议，会议总结了南方3年游击战争的经验，回顾了新四军成立以来的工作，研究讨论了新四军党的建设任务。这次党代会通过的各项决议，在保证中国共产党对新四军的绝对领导、实践人民军队为人民、保卫祖国安全、抵御日本帝国主义侵略等方面，都有十分重要的意义。云岭军部时期，在党的领导下，新四军将一个刚刚成立不久、缺枪支弹药、文化水平低、建制不全、人员构成参差不齐、尚存游击习气的队伍，逐步训练成一支能征善战的铁军，并且不断发展壮大。在云岭，新四军军部指挥新四军将士征战大江南北，楔入人口稠密、资源丰富、交通发达的华中敌后地区，在日伪军指挥中枢所在地周围和补给通道两侧开展游击战，把日军的后方变成抵御敌军的前线。在战略防御阶段，新四军的游击战争"担任着配合主力，配合正面，配合战役，配合会战的伟大任务"，成为"吸引敌人、遏制敌人的铁手"，粉碎了日军"速战速决"的战略企图。在战略相持阶段，正面战场两军对峙，敌后战场成为抗击日军的主战场，新四军成为华中地区抗战的主力军，建立起一块又一块抗日根据地，粉碎了日军"以战养战""以华制华"的战略企图。

1939年春，周恩来受中央书记处委托，以国民政府军事委员会政治部副部长身份亲赴云岭视察，帮助制定了新四军"向南巩固,向东作战,向北发展"的战略方针。此后,新四军进入大发展时期,各地热血青年踊跃参加新四军,社会各界热情支援新四军,军民鱼水情深,共同谱写了团结抗战的动人诗篇。1941年1月,国民党顽固势力在泾县茂林地区制造了震惊中外的皖南事变,新四军皖南部队英勇奋战七昼夜,终因寡不敌众,弹尽粮绝,除约2000人突出重围外,大部分壮烈牺牲或被俘,血染山川。但泾县人民未被吓倒,他们不顾个人安危,帮助新四军指战员突出重围,并想方设法掩护伤病员和失散人员。

紧随新四军之后移驻泾县的,还有中共中央东南局。在艰苦卓绝的斗争环境中,东南局领导东南各省人民积极贯彻执行中共中央的指示,整顿和扩大地方武装,大力开展新四军扩军工作,不断发展和壮大新四军力量;贯彻发展华中的战略方针,开辟和巩固抗日根据地;恢复、发展和巩固东南地区党的组织,加强党的建设和对党员干部的教育、培养,领导青年工作和妇女工作;开展经济斗争,组织地方党组织转变斗争方式,保存革命力量;坚决执行中共中央的抗日民族统一战线政策和全民抗战方针,积极维护国共合作抗日大局,争取和团结各阶层、各党派、各方面人士投入轰轰烈烈的抗日救亡运动。东南局的工作打开了东南地区的抗日局面,调动了人民群众的抗战热情,沉重地打击了日本侵略者,为取得抗日战争的最后胜利做出了巨大的贡献。

皖南事变后,泾县人民在党的领导下,建立游击队,开辟游击区,以武装的革命反对武装的反革命,在斗争中不断壮大自己,使

游击队成为"插在皖南反动派身上的一把钢刀"。

1945年9月底,新四军第七师北撤,泾旌太县委及其领导的游击队,奉命留在原地坚持斗争。在整个解放战争期间,泾旌太县委及其领导的游击队不断打击国民党地方武装,粉碎了国民党军队的多次围剿,壮大了武装力量,使泾旌太地区成为一块巩固的游击根据地。1946年2月,中共皖南地委以皖南山地中心县委和沿江中心县委为基础正式组成。新成立的皖南地委成为统一领导皖南地区斗争的战斗指挥部。在皖南地委的坚强领导下,中共泾旌太县委、泾旌宁宣县委和泾青南县委带领泾县人民,前赴后继,英勇斗争,直至泾县解放。

在此期间,国民党顽固派为了消灭泾县游击队,一方面集中优势兵力进行"军事清剿";另一方面移民并村、隔绝经济,同时进行政治瓦解,企图摧毁游击队战士的精神防线。游击队处境险恶,衣食住行困难重重,过着令人难以想象的"野人般的生活"。有的人动摇了,有的人害怕了,有的人逃跑了,有的人叛变了。但是大浪淘沙,坚持下来的同志意志顽强、信念坚定,成为革命的中坚骨干。游击队的同志们紧紧依靠人民群众,采取灵活的游击战术,打击敌人,发展自己,度过了艰难岁月,经受住了极其严峻的考验,从军事、政治、经济等各方面有力地配合了正面战场的作战,策应大军渡江,为新中国的诞生做出了重要贡献。

第一章

革命风云起

一、悠久的历史,深厚的文化传统

泾县位于安徽省东南部,隶属宣城市,东与宣州区、宁国市接壤,南与黄山市、旌德县毗连,西与青阳县交界,北与南陵县为邻,地处长江南岸平原与皖南山区交接地带。"枕徽襟池,缘江带河。"青弋江为泾县境内主要河流,古称泾水,亦名泾溪、泾川,由西南向东北出芜湖入长江。《汉书·地理志》注:泾水出芜湖,县因水立名。泾县建置迄今已有2100余年,古有"汉家旧县,江左名区"之称,"山川清淑,秀甲江南",吸引着历代文人墨客游踪不绝。唐代诗人李白曾"浩荡游泾川",赋诗赞叹"泾川三百里,若耶

羞见之……佳境千万曲,客行无歇时",并留下了"桃花潭水深千尺,不及汪伦送我情"的千古绝唱。文风昌盛、人文荟萃的泾县,有着"风物繁茂之地,衣冠文物之域"的美誉,历史文化底蕴深厚。

作为山多田少的山区小县,泾县的地貌特征是典型的"七山一水一分田,一分道路和庄园"。除耕作种粮之外,造纸、桑蚕成为主要的经济产业。泾县纸由于制作工艺独特,品质上乘,早在唐代就被列为贡品,因泾县属宣州,故名宣纸。宣纸质地纯白细密,纹理清晰,绵韧而坚,光而不滑,吸水润墨,不蠹不腐,为纸中极品。宣纸有"纸寿千年""纸中之王"之称,为历代书画者所推崇。泾县的桑蚕业生产历史悠久,至唐代开始兴盛,唐大中年间李频所做的《送许棠归泾县作尉》一诗中就有"绕郭看秧插,寻街听茧缲"之句,描写了当时泾县桑蚕兴盛的景象。随着宣纸的生产与蚕丝业的兴起与发展,泾县商业逐渐发展,唐张乔咏的《送友人进士许棠》诗中有云:"夜火山头市,春江树杪船。"市井繁华可见一斑。及至清乾(隆)嘉(庆)年间,泾县宣纸、丝、茶、麻远销到日本、东南亚地区。清末与民国初,泾县外出经商者遍及18个行省,在长江沿岸商埠形成颇具影响的"泾帮",有"无徽不成商,无泾不成镇"之说。

泾县自古就有崇文重教之风,有许多由商致富、富而重学、学以致仕者。明清间,在外经商的泾县同乡争相给家乡捐资助学,创建书院书屋30余所,兴办义学社学数十处,私塾馆更是遍布全县城乡。其中,水西书院更是名盛江南,成为当时宁国府治属

6县(宣城县、宁国县、泾县、太平县、旌德县、南陵县)学人兴会之所。明清两代,全县中进士者达106人,居全省第三。①

历史上泾县学者名流众多,可谓代不乏人。唐代有位列"咸通十哲"的诗人许棠,宋代有被誉为"江南两脚书橱"的吴份,明代有著书授学名闻江南的查铎,清代则有集文学家、书法家、书学理论家、政治理论家于一身的包世臣,等等,不胜枚举。而泾县历代的学者名流中,无论是学以致仕者还是著书授学者,都不失文人气节,有着"修身齐家治国平天下"的使命感,刚正不阿,忧国忧民。如:清著名学者包世臣,一生淡于仕途,却常怀忧国爱民之心。嘉庆十九年(1814年),江淮大旱,他在南京奔走呼号,力倡捐赈,终使太守力办捐赈,使八万九千饥民得济活命。鸦片战争前,包世臣曾作实地调查,著文阐述鸦片危害,力陈"漏卮之塞,必在厉禁烟土"主张。林则徐去广东督办禁烟时,特意取道南昌拜访包世臣。潘锡恩,清代名臣,也是一位著述颇丰的学者,官至江南河道总督兼漕运总督,为人正直务实,不阿权贵。在督河期间,为了河道的长治久安,他宁愿因河工逾期降职罚俸,也坚持采用相对耗时耗力的"灌塘济运"方法,运河得以十年无患。这些历史上优秀贤人志士的事迹,被泾县人引以为傲地口口传扬,教育着泾县的后辈学子。

正是由于优秀传统历史文化的丰厚滋养,在风起云涌的近现

---

① 泾县地方志编纂委员会:《泾县志》,北京:方志出版社,1996年,第3页。

代,泾县涌现出一批胸怀报国之志、勇立时代潮头的人物。

二、新文化运动兴起,马克思主义传播

1840年鸦片战争爆发后,中国不断遭受西方列强的侵略,逐渐沦为半殖民地半封建社会。面对民族的衰落、国家的危亡,无数爱国仁人志士提出了各种"救亡图存"的方案。辛亥革命推翻了封建帝制,建立了共和政体,人们似乎看到了改变中国的希望;然而,辛亥革命的果实很快被袁世凯所窃取。一些先进的中国知识分子通过对辛亥革命失败的思考,认为以往少数先觉者的救国之路之所以成效甚微,是因为中国国民对之"若观对岸之火,熟视而无所容心"。他们认为"欲图根本之救亡",必须改造中国的国民性。他们决心发动一场新的启蒙运动,使人们从封建思想的束缚中解放出来。这个运动后来被称为新文化运动。

作为新文化运动的重要组成部分,教育领域兴起了反思和改革封建传统教育,学习和引进西方近代教育,倡导和建设民主、科学、实用的中国新教育的热潮。而泾县新文化运动的兴起,正是从教育改革开始的。一些受新文化熏陶、怀抱教育救国理想的知识分子,回到家乡兴办了近代教育。

1913年,王稼祥胞叔王惠州在泾县厚岸创办了柳溪小学。学

▲ 厚岸柳溪小学旧址

校采用近代教育的学制,初小、高小各三年。从高小一年级始,聘请毕业于金陵大学的查文梅教授英语。王稼祥少年时期就读于此,从而打下了良好的国文和英语基础。

1918年,实行新式教学的茂林育英学校正式开办。该校由茂林人吴庆馀与其族人共同筹办。吴庆馀自幼聪颖好学,弱冠之年即中秀才。戊戌变法后,他深受维新思想的影响,学习英语,研究洋务,探求经国大计。光绪二十九年(1903年),其父亲强令他参加南京"江南乡试",科场之中,他将考卷卖给别人,以示反对科举,之后出走武汉,卖字谋生。辛亥革命后,经人举荐,袁世凯聘其担任文案。1915年袁世凯称帝,他愤然弃职返乡,寻求教育救国。① 育英学校编制分为国民班与高等班,国民班有4个年级,高

---

① 泾县地方志编纂委员会:《泾县志》,北京:方志出版社,1996年,第936页。

等班有 3 个年级。课程设置有国文、算术、历史、修身、常识、体操、音乐、美术、手工。

▲ 黄田培风学校旧址

而朱侠骨创办的黄田培风学校更具规模和影响力。朱侠骨为泾县黄田人,曾任《申报》副刊编辑,1920 年春回乡探亲,深感家乡教育落后,毅然辞去公职回乡办学。经过多方筹措,1921 年黄田培风小学开学,全村男女学龄儿童均免费入学。1927 年,学校增设了女子职业专科班,设有纺纱、织布、染色、打字、经济、簿记、烹饪等课程,还专门办了一所染织实习工厂,教授女子职业技能,帮助女子走入社会,自强独立。鉴于泾县、旌德、太平 3 县均无中学,1928 年,朱侠骨又筹集资金、聘请教师,开设了初中部,招收 3 县学生。学校课程十分丰富,设有语文、数学、英文、动植物、中国史地、物理、化学、生理卫生、图画、音乐、体育等,并成立学生自治会,组织学生课外活动,出版校刊《星火》,定期举办演讲会、运动会。朱侠骨校长还非常注重以学校教育推动社会教育,启迪民智,转变民风。学校购置有无线电收音机及无声电影设备,教学之余对外放映,向乡民进行时事教育与科学知识宣传。学校还发动学生走村串户,宣传科学,破除迷信,帮助学生会成立医学会,为乡民施诊施药。①

泾县近代教育的兴起,吸引了一批先进知识分子聚集。他们教授现代知识给学生,将新的思想、文化、观念向社会传播,深刻影响着泾县民众,特别是青年一代。

1919年五四运动爆发后,泾县青年学生积极响应,各校学生联合成立"泾县学生会",与县城各界青年一起组织示威游行,声援北京学生斗争,并分赴乡村散发传单,进行爱国宣传。一些进步青年创办进步刊物,组建新文化团体。1924年,由吴性之、贺吉祥、杜世明、卫谦等7名在外求学返乡的知识青年牵头组织,在纪村卫氏小学聚会,成立"泾北青年学社"。半年内,泾县北部乡镇的知识青年大多入社。

而在外求学的泾县青年学子,也积极参加当地学生运动,投身反帝、反封建的斗争。面对各种新思潮,他们当中的优秀分子坚定地选择了马克思主义,由此走上革命道路。

1920年,安徽省立第四师范学校爆发了驱赶反动校长张和声的"易长择师"运动。这年秋,刚入校的泾县籍学生李紫翔,也积极投入这场斗争。当局迫于压力改任章伯钧为校长。章上任后,

---

① 泾县地方志编纂委员会:《泾县志》,北京:方志出版社,1996年,第938—939页。

聘请恽代英、萧楚女等进步人士来校任教。恽代英等人通过授课、组织社团、开展社会活动等形式,积极宣传新文化、新思想,传播马克思主义,李紫翔得以受到进步思想的熏陶教育。1921年,李紫翔与吴化之等带头组织同学拒绝新任命的封建专制校长杭克俨任职,被当局以"妨碍自由罪"判刑半年。在狱中,他潜心阅读《中国青年》《向导》《马克思经济学说》等革命书刊,对马克思主义有了更深的认识。1922年出狱后,他到安源路矿子弟学校任教,后任校长。1923年他由陈潭秋介绍加入中国共产党,调入安源地委工作。①

茂林人吴葆萼1914年到芜湖省立五中读书,五四运动期间是芜湖学生会成员和"十人团"成员,积极组织发动学生运动,并与钱杏邨、蒋光慈等创办进步刊物《自由之花》,抨击军阀统治。吴葆萼高中毕业后经省立五中学监高语罕介绍,同蒋光慈一道去上海,拜见陈独秀、陈望道,加入中国社会主义青年团。1920年,经第三国际在沪代表介绍,他与刘少奇、任弼时、萧劲光、曹靖华等赴苏联,入莫斯科远东共产主义劳动大学学习。学习期间他曾听过列宁和斯大林的演讲,并为远东人民代表大会服务。②

---

① 泾县地方志编纂委员会:《泾县志》,北京:方志出版社,1996年,第955页。

② 泾县地方志编纂委员会:《泾县志》,北京:方志出版社,1996年,第956页。

▲ 王稼祥故居

王稼祥于1924年入芜湖圣雅阁中学就读,后积极投入反帝、反封建的斗争,加入学校的进步社团"协社",与同乡吴半农共同创办进步刊物《狮声》,并通过阅读《新青年》《中国青年》等进步书刊接触了马克思主义思想。1925年,孙中山先生去世的消息传至芜湖,王稼祥和进步师生冲破校方的重重阻拦,于4月、5月两次在圣雅阁中学举行追悼大会。吴半农、王稼祥等人以学生会负责人身份在追悼会上发表演讲。当年5月,王稼祥作为圣雅阁中学高中部代表,组织学生拒绝强制学习《圣经》和参加祈祷。随即该校师生与其他三所教会中学的师生举行罢课,芜湖学生掀起反对帝国主义奴化教育学潮。安徽省政府教育厅迫于压力,同意芜湖各教会学校学生转学。同年9月,王稼祥转入上海大学附中,加入了中国共产主义青年团,10月赴苏,进入莫斯科中山大学学习,后考入莫斯科红色教授学院深造,在中山大学开设《中国问题》课程,成为坚定的马克思主义者。

泾县革命的先驱者们以返乡、与亲友书信来往、寄送进步书刊等方式将马克思主义思想传播到家乡,并通过自身的言行,引导家乡青年投身革命。王稼祥在芜湖、莫斯科求学期间曾多次写信给他的堂弟王柳华,宣传革命思想。他在信中写道:"革命是我终身的寄托!我们唯一的出路,只有帮助劳动阶级去打倒资本阶级,去解放劳动者,去解放自己!""柳华,愿你努力革命!愿你努力革命!""请你多看关于苏俄的书籍及刊物",并特别向王柳华介绍了《社会主义讨论集》《中国青年社丛书》《阶级争斗》《共产党宣言》《列宁主义》等书籍。

随着新文化运动的兴起和马克思主义思想的传播,泾县人民开始打破封建思想的禁锢,反帝、反封建、反压迫的意识逐步增强。

1925年6月,五卅惨案的消息传入泾县,激起了全县民众的强烈愤慨。马头、赤滩师生在教师赵元华等人带领下,首先走上街头举行声援集会游行。他们高举三角彩旗,沿途张贴标语,一路高呼"打倒帝国主义""抵制日货、提倡国货"等口号。在马头和赤滩两地召开的声援集会上,赵元华等人登台发表演说,控诉日本资本家和英国巡捕枪杀工人顾正红和十几名上海罢工工人的罪行,号召马头和赤滩民众声援上海民众进行罢工、罢课、罢市的反帝行动。这场集会游行声势浩大,规模空前,参加者达1300多人,募得捐款300多元,在这个山区小镇引起了不小的震动。

黄田培风小学师生在校长朱侠骨的亲自带领下,赴各村镇进行宣传,开展募捐活动,一共在社会上募捐了1180元,支援上海工人罢工斗争。[①] 县城、茂林、潘村等地师生也纷纷走上街头,进行宣传,沈氏小学师生还以画笔为武器,绘制漫画并上街张贴,声援上海人民反帝罢工的斗争。当年7月,为继续组织民众开展声援活动,泾县还成立了"沪案后援会"。

1926年秋,国民革命军北伐的消息传到泾县,泾县的知识青年群情振奋。1927年2月,北伐革命军毛文炳部进驻泾县,县城各界民众出城欢迎,城内到处张贴欢迎标语,并举行欢迎大会,泾县学生会还组织学生进行欢迎游行。北伐革命军在泾县各地开展革命宣传,大批进步青年受到感召,积极投身革命。县城各行业工人纷纷成立工会组织,宣传革命,声援北伐。3月,北伐军攻克南京的消息传来,县城各界举行庆祝革命胜利提灯大会,进行反帝、反封建的宣传。

在五卅运动和北伐战争的浪潮中,泾县人民表现出极大的反帝、反封建的革命热情。民众革命意识的觉醒,为中共泾县地方组织的建立和发展奠定了坚实的群众基础。

---

① 泾县地方志编纂委员会:《泾县志》,北京:方志出版社,1996年,第939页。

▲ 中共双花园支部旧址

三、中共双花园支部

桃花潭镇宝峰村，位于泾县西南，与厚岸村相邻，离王稼祥故居不远，是一个风景宜人的古村落。它有一个双花园自然村，泾县第一盏革命明灯就是在这里点亮的。

1928年秋，中共党员王文波偕上海复旦大学学生朱学东从广德县来到宝峰村双花园宣传马列主义，发展党员。经过一段时间的考察，他们先后介绍了毕石米、江泽龙、江纯洪、王良佐、王和涛、章新发、张益成等10余人入党。1928年11月，泾县第一个党支部（中共双花园支部）在双花园村建立了，毕石米任支部书记。1929年初，在双花园附近的南冲、查济、水东又相继建立了3个分支部，分支部书记分别是曾石纪、查光长、王佐民。

1930年3月,在中共江苏省委和广德县委领导下,广德地区爆发了大规模武装运动,并于7月正式成立了皖南红军独立团。为支援广德红军的武装斗争,同年下半年,王文波受皖南红军独立团领导人王金林的委托,从广德回到双花园,和朱学东一道,发动双花园党支部的党员开展募捐活动。募捐活动的开展引起了国民党的注意,他们加强了对朱学东这个外乡人的监视。1931年初,上海党组织给朱学东的来信被国民党泾县保安队查扣,保安队队长鲍冰带人赶到双花园村,将朱学东和王文波抓捕押往县城。支部同志得到消息后,紧急凑了120块大洋,派人在半路追上保安队队长鲍冰一行,将王文波和朱学东保释。两人随即离开,党支部失去了与上级的联系,活动暂时停止。

1932年3月,上级党组织派储应南来到双花园,中共双花园支部与上级党组织重新取得了联系,再次开展活动。但储应南在双花园只工作了一个多月就离开了。

1933年2月,上级党组织又派湖北黄梅籍中共党员岳子樵、夏泽民来到双花园,整顿、恢复和发展厚岸一带的党组织,中共双花园支部与上级党组织再次取得了联系,党组织活动蓬勃开展。在中共双花园支部的影响和帮助下,西南乡的狮子山、观阳、包村、老潭等地先后建立起11个党支部,而双花园则成为厚岸一带党组织活动中心,被当地群众称为苏区。

1934年2月,红军来到双花园,中共双花园支部积极帮助红军做宣传工作,协助红军驳壳队打土豪劣绅。1934年4月,中共

皖南工委在青阳县成立,中共双花园支部发展为第三支部,归属中共皖南工委。1934年7月,在中共皖南工委指导下,中共泾县特区委成立,中共双花园支部归其领导。1935年4月,中共皖南工委领导人被捕牺牲,中共泾县特区委解散;同年7月,由于叛徒告密,厚岸、双花园、查济一带的党组织均遭到破坏。

中共双花园支部作为泾县第一个党组织,在泾县革命斗争史上有着重大的意义。它不仅影响和带动了西南乡厚岸一带党组织的发展,更是泾县人民开展革命斗争的起点,也让上级党组织关注到这个有着深厚革命土壤的皖南小县,不断派遣人员指导各项工作的开展,由此开启了泾县波澜壮阔的革命斗争历程。

四、早期泾县地方党组织的发展和活动

大革命时期,就有少数的中共党员来泾县开展活动。1925年春,中共党员石炳乾从湖北黄梅县来到培风小学,以教书为掩护开展革命工作,从学校附近的知识青年、工人、农民中,秘密吸收中共党员8人。这一时期,泾县的革命力量还比较薄弱,未能建立党的组织。

四一二反革命政变后,中国共产党的工作重心转向了国民党势力比较薄弱的农村地区。1928年起,陆续有一批中共党员来到

▲ 中共查村支部旧址

泾县,凭借亲友的关系,以教书、打工等为掩护,秘密开展革命活动。当时泾县开展革命活动的主要区域是在以厚岸为中心的西南乡和以蔡村爱民、汀溪桃岭为中心的东部地区。

在1928年的4月间,舒城的中共党员郭老十、章老五、章老三等来到查济村,以在查石林家打散工为掩护,秘密进行建党工作,先后发展查石林、查乔林、查富菊、韦华太、老许5人入党,并于1929年6月11日(端午节)晚,在洪公祠堂(现查济景区内)开会,成立了中共查村支部,支部书记为老许(祠堂看守人)。中共查村支部与中共双花园支部下属的中共查村分支部不是同一个党组织,它单独开展活动。支部成立后,七八月间,合肥党组织来人开了一次会,向支部党员们介绍皖北打土豪劣绅的情况。1930

年五六月间,合肥党组织的交通员老蔡以乞讨为掩护,从合肥来到查村,与支部取得了联系,以后每月来一次,传递情报,沟通消息,宣讲党的政策。1931年,太平、水东、包村、茂林等地的中共党员都先后与查村党支部有过联系。1933年2月,上级党组织派岳子樵、夏泽民来到厚岸,发展、整顿这一带的党组织,先后建立起11个党支部,并将中共查村支部与中共查村分支部合并。

1934年4月,中共皖南工委在青阳县陵阳镇白沙岭成立,书记为程智仁。鉴于厚岸一带党组织的迅猛发展,在皖南工委指导下,7月中共泾县特区委在泾县县城成立,区委书记田丰,组织委员吴正伟,宣传委员戢三和,统一领导泾县西南乡的党组织。区委所辖范围有双花园、包村、李村、观音崖、湾滩、章渡、桃坑等地。另外,区委还在泾县县城的国民党军队中发展了3名党员。当时全区共有党员199人,另有青年团员42人。区委成立后,将下属的10多个支部整编为10个支部,同年11月,区委又将10个支部改编成7个支部。

就在厚岸一带建党工作秘密开展的同时,1928年,桃花潭畔的水东镇来了一位姓方的铁匠,是中共地下党员。他以打铁为掩护,秘密进行革命活动,发展组织,于1929年秋相继建立了连虹、竹田、万村、倾田4个中共支部。1933年前后,由于国民党当局的疯狂"围剿"和搜捕,中共徽州工委领导人、皖南红军武装领导者凌霄来到桃花潭桃潭小学,化名胡建华,以教师身份隐蔽下来,继续开展革命工作。1934年秋,因叛徒出卖,凌霄不幸于桃潭小学被捕。

泾县蔡村爱民、汀溪桃岭一带,与宣城、宁国接壤。这一带的早期中共党组织,主要是由一批从大别山地区(鄂豫皖苏区)过来的中共党员发展建立起来的。

1929年初,中共党员徐天祥(潜山人)来到泾县爱民宋村,住在亲戚肖长风家,以办私塾教书为掩护,秘密宣传革命,发展群众组织。10月间,在宋村建立了党的外围组织——工农革命团,首先发展了吴长有、李升谋、仰高祥、方河印等5人。徐天祥用通俗易懂的语言对群众进行革命宣传,传播浅显的革命道理:"工农团就是穷人的队伍,打土豪、分田地,就有出头之日,不受人家压迫。每一个人要努力工作,也要发展组织,无产阶级、贫雇农都要。将来人多了,就可推翻国民党、土豪劣绅的政权和地权,就有出头之日。"这些道理,在贫雇农中得到了积极响应,组织进一步发展起来。同时他还发动了郝大毛、郝小毛、曹新花、老何、林元英、老孔、邓金花等成立了妇女组织。1930年2月,吴小凤也从大别山来到宋村协助徐天祥开展工作,先后在观音坑等地建立了工农革命组织,秘密发展党员。

1930年8月,在爱民杨村,受徐世良的邀请,徐的同学刘向阳来到杨村五显殿小学教书。刘向阳是潜山籍中共党员,来到泾县后,他一方面教书,一方面在学校附近的贫苦农民中宣传革命道理,很快就在杨村建立了党的外围组织——农民互济会。当时互济会成员有盛守根、潘国宾、邵天赐等人。不久,因为藏在校内的革命书刊被发现,刘向阳的身份暴露,无法继续在杨村工作,只能离开。刘离开杨村之前,将农民互济会的工作交给盛守根负责。同时,他写了一封介绍信留给盛守根,让盛守根到宋村与吴小凤、徐天祥联系。

与此同时,在与爱民相距40余里(1里=500米)的桃岭,另一批从潜山来的中共党员,也在秘密展开建党工作。1929年5月间,肖奇峰、仰齐全、程吉孕等人,通过亲戚关系来到泾县桃岭、宁国板桥一带,以教书为掩护,秘密进行革命活动。1930年3月间,又有吴一如、金竹生、金名高、高显潮等人来到这一带开展工作,吴小凤也从宋村来到桃岭。在此期间,桃岭的革命活动得到群众的积极响应,先后发展了肖正华、肖正荣、肖先怀、汪捷三、崔家辉、阮三和、林作章、徐少梅等10多人入党,并到旌德开展了打土豪行动。1930年下半年,中共泾(县)宁(国)旌(德)特区委在桃岭成立,书记为吴小凤。

1931年2月,杨村的盛守根、潘国宾带着刘向阳留下的介绍信,到宋村观音坑找到了吴小凤和徐天祥。随后,他们在宋村召开了一次秘密会议,参加会议的还有仰高祥、曹三六、吴小花子等。会议决定将两地的革命组织联合起来统称为"工农革命团",由吴小凤、徐天祥统一领导。当时,杨村的盛守根、潘国宾和宋村的仰高祥、曹三六、吴小花子都是工农革命团的主要成员。同年3月,吴小凤和徐天祥从工农革命团中挑选了几名积极分子转为中共党员。接着又分别在杨村和宋村建立了党支部。杨村为第一党支部,支部书记盛守根;宋村为第二党支部,支部书记仰高祥。

它们都隶属中共泾宁旌特区委。两个支部建立以后，发展得很快，到1932年4月，仅宋村一个支部就有党员41名。同年3月，中共榆桃岭支部在桃岭成立，书记肖正荣，组织委员汪捷三，宣传委员阮三和，同属中共泾宁旌特区委领导。这样宋村、杨村、桃岭一带的党组织连成一片，革命力量进一步壮大。

1934年5月初，中共党员叶影、王效禹、张行乐3人来到杨村，他们与杨村支部书记盛守根接上组织关系之后，盛守根就安排他们3人在杨村五显殿小学教书。3人白天在五显殿小学教书，晚上在杨村附近的官坑办训练班，宣传革命道理。参加训练班的人员多达四五十名，爱民一带的党组织迅速发展。

同年5月间，中共泾县县委在爱民的杨村五显殿小学成立，书记盛守根，宣传部长王效禹，叶影、张行乐、仰高祥等任县委委员。中共泾县县委隶属中共石青太中心县委，6月改属中共太平中心县委，下辖2个区委，第一区委在戴杨村，下辖4个支部（包括杨村、宋村的2个支部），第二区委在坝头，下辖5个支部。

这一时期，在中共皖南工委、皖南特委等上级党组织的领导下，泾县的地方党组织相继建立，并不断有红军游击武装到泾县开展活动。在地方党组织的领导下，泾县革命群众积极开展打土豪劣绅、分粮借粮等斗争，以武装斗争反抗国民党的反动统治，革命星火在泾川大地渐成燎原之势。

1930年9月，潜山请水寨农民暴动失败后，凌霄率领60余名战士化整为零，分赴皖南各县，开辟新区，坚持斗争。11月间，凌霄、程良中带领游击武装28人、24条枪,从宁国集坑一带来到泾县汀溪,在下漕与漕溪自卫团发生遭遇战,消灭自卫团10多人,缴枪6支。之后,游击队来到桃岭,凌霄、程良中住在肖大毛家,向党员和革命群众开展革命宣传,传授武装斗争经验。1931年12月1日,凌霄、程良中带领武装再次来到泾县汀溪乡,在西阳打了3家店铺后,从高峰转去宁国。随后,桃岭乌雀岭的革命群众配合涌溪口相合山革命群众杀了反动联保主任胡子良。桃岭的革命活动引起了国民党当局的注意,形势转而紧张起来。1931年冬,肖正华因叛徒出卖被捕入狱,但桃岭的革命活动并未就此停止。1932年泾县第一支秘密赤卫队在桃岭建立,肖大毛任队长。赤卫队在地方党组织的领导下积极开展打土豪等革命活动。当年12月,在开展与地主借粮的斗争中,周济生、周济有、胡松柏、肖富春等革命群众不幸牺牲。

1933年冬,国民党当局调动百万军队对中央革命根据地发动第五次"围剿",其中10万兵力部署在闽浙皖赣苏区,苏区面临严峻形势。以方志敏为书记的闽浙赣省委决定"创造新的苏区",皖南苏区迅速得到了发展。1934年1月,皖赣苏区红军游击队(后扩编为皖赣红军独立师)组建。[①] 当年二三月间,皖赣苏区红军游击队来到泾县厚岸,留下了一支15人的驳壳枪队在查家、沙河沿、云岭陈家一带开展活动。夏泽民带领10余人的驳壳枪队在

---

① 中共安徽省委党史研究室:《中国共产党安徽地方史》(第一卷),合肥:安徽人民出版社,2000年,第239页。

厚岸地方党组织帮助下,先打了厚岸自卫队,接着打了查隆盛、徐维新、查尔盛等几家土豪恶霸。然而不久,夏泽民被捕叛变,游击队处境艰难,在双花园分支部书记强文涛的安排下,隐藏在一地主家中。由于形势恶化,强文涛也动了叛变之心,他一边骗说游击队将武器卖掉变钱做生意,用来掩护秘密工作;一边向泾县国民党政府告密。他的告密使手无寸铁的10名游击队员全部被捕,8人惨遭敌人杀害。

1934年底,中共皖南特委派洪维恭率4名红军游击队员,携驳壳枪4支、勃朗宁手枪1支,来到泾县蔡村戴杨、官坑一带,整顿党组织,开展游击活动。1935年1月,红军北上抗日先遣队留下做地方工作的李步新,抗日先遣队第十九师团长王岐山率领的红军一部先后来到戴杨村。在地方党组织的领导下,开辟了以泾(县)旌(德)宁(国)宣(城)为中心的游击根据地。

第二章

泾旌宁宣边的斗争

一、红军北上抗日先遣队转战泾县

1934年夏,中央红军第五次反"围剿"形势日趋恶劣。中共中央和中央革命军事委员会决定调主力红军一部去外线作战,到敌人的后方浙皖赣边区创建新的苏维埃区域,配合主力红军战略转移,宣传中国共产党反对内战、联合起来共同抗日的政治主张。这支部队对外称中国工农红军北上抗日先遣队,内部番号称红七军团,共3个师,6000余人,寻淮洲任军团长,乐少华任政委,刘英任政治部主任,粟裕任参谋长,曾洪易任随军中央代表。

1934年7月7日,北上抗日先遣队从江西瑞金出发,经两个多月的艰苦转战,于9月进抵皖南,10月底,进驻方志敏领导的闽浙赣苏区的德兴县重溪镇,与新组建的红十军会师。11月4日,中央军区电令红七军团与红十军合编成红十军团,继续高举北上抗日的旗帜,向皖南进军。原闽浙赣军区司令员刘畴西任红十军团军团长,原红七军团政委乐少华任红十军团政委。原红七军团整编为第十九师,寻淮洲任师长,红十军整编为第二十师。11月18日,红十九师和红十军团政治部机关指战员3000多人,率先向皖浙边进发。12月5日,攻占绩溪第一区区署所在地扬溪镇,烧毁泉水塘桥和高枧桥,断绝了绩溪县城往宁国方向的交通;6日,直逼旌德县城,守城敌军弃城逃走,红军占领旌德县城;7日,红十九师离开旌德县城,向太平汤口方向前进。

此时,红十军团领导机关和红二十师,也遵照中央军区的命令,进入外线作战,转战于休宁、黟县、歙县,进至黄山脚下,一路摧毁敌碉堡百余座。12月10日,胜利到达汤口。

红十军团两路大军突破国民党军的围追堵截,在汤口胜利会师,声威大震。蒋介石急电浙赣皖各省"会剿"。12月13日,先遣队向谭家桥进发,决定14日凌晨在谭家桥乌泥关一线,利用有利地形伏击国民党中路追军王耀武部。由于过早接火,对敌未形成伏击态势,加之又缺乏阵地战经验,第十九师师长寻淮洲在战斗中身负重伤,军团政委乐少华、政治部主任刘英、参谋长粟裕等8名师以上干部负伤,红十九师第八十七团团长黄英特阵亡。

谭家桥一战是红十军团进入皖南后的第一次大的战斗,方志敏后来指出,"这一仗关系重大,差不多是我们能不能在皖南站住脚,完成自己战斗任务的一个关键"①。由于未能实现既定战略目标,红十军团在皖南建立新的根据地的战略意图已不可能完成。

12月15日,先遣队经旌德的白地、庙首、孙村、三溪等地向泾县茂林方向转移,第十九师师长寻淮洲因伤势过重,至茂林时不幸牺牲,安葬在茂林附近潘村的蚂蚁山上。16日,先遣队经茂林折向西渡过青弋江,进至泾县水东翟、万村,前往太平。19日,先遣队转移到皖南苏区的中心太平柯村(今属黟县)休整。方志敏在此召开红十军团军政委员会会议,总结谭家桥战斗教训,布置皖南工作,决定留下红军干部战士近千人,加强皖南革命力量;改组皖南特委,调红十九师政委聂洪钧任中共皖南特委书记,领导皖南人民开展地方斗争;将红十军团侦察营与皖南地方红军武装合编成皖南红军独立团,坚持皖南游击斗争。② 此后,先遣队在歙县、绩溪、休宁、祁门等地与敌继续周旋。由于时近寒冬,给养供给日益困难,先遣队决定全军南返,回赣东北苏区做暂时休整。1935年1月10日,先遣队进入浙西开化县,至此,红军北上抗日先遣队结束了在皖南的行动。

先遣队在皖南开展运动时,每到一处都要召开群众大会,散发传单,书写标语,张贴布告,宣传中国共产党的抗日主张,揭露

---

① 《方志敏文集》,北京:人民出版社,1985年,第95页。
② 中共安徽省委党史研究室:《中国共产党安徽地方史》(第一卷),合肥:安徽人民出版社,2000年,第246页。

蒋介石"攘外必先安内"的卖国政策,分析贫苦人民受苦受难的根源,号召和动员广大人民群众起来革命,抵抗日本帝国主义的侵略,推翻国民党的反动统治,建立自己的革命政权。

红军书写的标语,除苏区中央局宣传部制发的"反对进攻抗日作战的工农红军""打倒进攻红军北上抗日的国民党"等外,多数是红十九师自拟的,如"打倒土豪,平均地权,节制资本""北上抗日,保卫大江南!""反对白军,组织红军,士兵不打士兵!""抗租抗捐抗粮抗战""反对国民党压迫!"等。红军还向沿途群众散发油印的捷报和其他宣传品,积极做沿途群众工作,努力争取敌军士兵;同时,广泛开展口头宣传,告诉群众,工农红军是老百姓自己的队伍,红军北上是为了反对日本帝国主义侵略中国。在红军的宣传下,躲入山中的群众逐渐消除了恐慌心理,纷纷回到家中,并主动给红军烧茶送水,给红军带路。

红军到来之前,凡有军队过境,总要拉夫派款,甚至抢劫。群众由于不了解红军,又受国民党宣传的欺骗,一听说军队要来,就纷纷进山躲避,来不及进山的也胆战心惊。红军以严明的纪律和过硬的作风,赢得了沿途人民的信任。红军每到一地,都要打土豪劣绅。在茂林,红军没收了大地主潘华清和潘必时的粮食和其他农作物,并将部分粮食分给当地民众。红军严守"三大纪律、八项注意",宁可露宿村头、田畈、路旁、树下,也不随意进入民房;不拿群众一针一线,买卖公平。红军严守纪律,与"国军到处庐舍为墟"的情景,形成鲜明的对比。

红军北上抗日先遣队途经泾县等地时间虽不长,但产生了深刻的政治影响,播下了革命火种。先遣队撤离皖南时,根据方志敏的指示,派红十九师政委聂洪钧担任皖南特委书记,派随军团干部李步新、红十九师五十七团团长王岐山,与在泾县开展革命活动、坚持游击斗争的洪维恭会合,组成泾旌宁宣中心县委,创建了泾旌宁宣游击根据地,继续开展革命斗争。

二、中共泾旌宁宣中心县委成立

1933年春夏间,在泾县宋村、戴杨村一带活动的吴小凤、盛守根、邓正华,先后来到宣城南乡溪口、周王一带,开展党的地下工作。1933年9月,吴小凤和盛守根来到华阳乡的帅里村,联系到中共党员施坤全,发展汪应源等10多人入党,后又吸收汪应高为红军战士。之后,吴小凤到石青太中心县委从事青运工作。

1934年9月,盛守根在周王成立区委,区委机关设在周王村东南的狮王庙(象峰禅院)。区委下辖小李村、界溪、周王村、梅龙、榨门口5个支部。盛守根夫妻俩以教书为掩护,秘密开展工作。1934年,5个支部的党员发展到100多人。

▲ 中共泾县县委爱民村遗址上建的民房

1934年底,皖南特委派洪维恭率驳壳队员4人(队长老曹,江北人),携带驳壳枪4支、勃朗宁手枪1支,来到泾县戴杨、官坑一带,整顿党的组织,秘密开展地下工作。在当地赤卫队的配合下,一举消灭张北坑许家祠堂地主武装——猎户队,击毙敌联保主任陈天喜,缴获长枪3支。洪维恭以泾县县委、宣城区委、宁国特区委和旌德乔安4个支部为基础,成立了中共宣宁泾旌中心县委,书记洪维恭,工会部部长仰高祥,青年部部长董月中,常委吴小凤(兼中共泾县县委书记)。团中心县委书记董月中,组织部部长李先进,宣传部部长盛守根。①

1934年12月中旬,方志敏率领的红军北上抗日先遣队途经泾县茂林、查济、水东翟到达太平县新丰。在此,方志敏留下干部团成员李步新开展地方工作。

---

① 中共宣城地委党史工作委员会:《艰难岁月》,合肥:安徽人民出版社,1991年,第1页。

李步新，江西上饶人，1907年出生，1927年参加革命，1929年加入中国共产党。后任中共铅山县区委书记、上饶县委副书记。1934年参加红军北上抗日先遣队，随军转战皖南。李步新接受任务后，前往泾县西南乡一带开展工作，整顿和发展党的组织，一个月后，转至泾县东乡开展活动。

▲ 1981年春，中共中央组织部副部长、原中共皖南特委书记李步新（右一）重返泾县云岭。

1934年底，抗日先遣队第十九师第五十七团团长王岐山因掩护主力部队转移，被敌人切断与主力部队的联系，于是率第五十七团第九营第三排30余人，与青阳县委领导的一支10余人的游击队会合，在九华山一带坚持游击斗争。2月，因敌人"围剿"不能立足，由青阳县委游击队队长吴介唐和王晓南带路，转移到泾县东乡戴杨村一带开展活动。

1935年1月,洪维恭主持召开会议,讨论当前敌人进攻形势和部队行动方针,决定在原宣宁泾旌中心县委的基础上成立泾旌宁宣中心县委,书记洪维恭,副书记兼组织部部长李步新,游击大队队长王岐山,工会部部长仰高祥,青年部部长董月中,常委吴小凤(兼中共泾县县委书记),同时成立共青团泾旌宁宣中心县委,董月中兼书记。吴介唐因腿疾,不能长途行军,仍回青阳从事秘密工作。

三、泾旌宁宣游击大队的建立

泾旌宁宣地区山高林密,地形复杂,敌人统治力量薄弱,而且党在活动初期基本处于秘密状态,活动范围不大,目标较小,不易引起敌人注意,便于保存力量和开展游击活动。红军北上抗日先遣队到达皖南后,方志敏根据红军主力北上抗日和皖南白色区域的特点,指出今后皖南党组织的任务是:积极开展游击战争,秘密发展党的组织,宣传抗日。在泾旌宁宣中心县委的领导下,泾旌宁宣游击大队成立并立即开展活动。为了加强游击武装的领导,中心县委决定由李步新兼任游击大队政委,在大队长王岐山和政委李步新的率领下,游击大队在泾、旌、宁、宣4县边界地区,发动群众,壮大武装,开展了历时一年之久的游击战争,给敌人以沉重

打击。

1935年春,因上年秋天大旱,泾、旌、宁、宣山区群众严重缺粮,为了解决群众的生活困难,中心县委发动群众开展借粮、分粮斗争。当时的斗争口号是"借粮救荒"。由于中心县委领导得力,群众斗争情绪高涨,迫使当地地主借出大批粮食,仅宋村地主汪明金一户就拿出稻谷几十石。借粮斗争的胜利,激发了群众的革命热情。加上王岐山率领的红军队伍来到戴杨村和宋村,赤卫队、互济会等群众组织发展迅速,这极大地引起了国民党地方当局的恐慌。①

王岐山率部到达戴杨村不久,国民党第四十六旅鲍刚部就尾随而至。除以1个营的兵力重点进攻戴杨村外,其周围的蔡村坝、汀王殿和宣城溪口都有重兵把守。中心县委决定向宁国、旌德外线行动,主动出击,一方面把敌人吸引到游击中心区以外;另一方面,积极开展游击战争,打击敌人,锻炼和壮大武装力量。洪维恭和王岐山将部队分成两部分,一部分由洪维恭率领,随中心县委机关开展地方工作。另一部分由王岐山率领,集中王岐山带来的红十九师第五十七团第九营第三排的10支驳壳枪和洪维恭带来的4支驳壳枪,组成一支14人的"驳壳枪队"。1935年2月13日(农历正月初十),驳壳枪队在泾县戴杨村成立。其任务是突出重围,引开敌人,恢复游击根据地。王岐山率领驳壳枪队,顺利冲出敌人包围圈,往宣城一带活动,白天上山隐蔽休息,夜晚下山打土豪、筹措钱粮、袭

---

① 陈虎山:《杜鹃花开——宣城红军纪事》,合肥:安徽人民出版社,2013年,第73页。

击敌人地方武装,打得敌人焦头烂额,不知所措。

  2月,泾旌宁宣游击大队一举攻克宣城溪口镇,消灭了驻溪口的国民党宣城县保安队,缴枪28支,俘敌30余人。首战告捷后,游击队开到宣宁交界的章家湾休整。接着,又袭击了白果树(华阳)乡公所,缴长短枪10余支。两战皆捷,游击队乘胜进军宁国桃花园、太子殿、施庄,到达大方山,镇压了引起强烈民愤的劣绅方桃生。部队在大方山驻扎时,国民党第四十六旅一个营来袭,在突围中,李步新左腿负伤,被迫下山养伤。游击大队在王岐山率领下返回游击中心区泾县东乡继续活动。

四、泾旌宁宣游击根据地的创建

  游击大队在斗争中不断取得胜利,不仅武装了自己,还扩大了政治影响。游击队和党组织都有了很大发展。1935年4月,红军游击队扩大到100多人。为了进一步扩大武装力量,把4县边界建成一个隐蔽的游击根据地,中心县委决定对游击大队进行整编,编成3个中队(实际上是3个排的兵力):第一中队由王晓南率领(有轻机枪1挺),第二中队(以原青阳游击队为基础组建)由陈金水指挥,第三中队由吴小凤负责。王岐山率领第一、第三中队活动于宣城、泾县一带;洪维恭、陈金水率第二中队活动于宁国

板桥、王母庵、新岭脚一带。游击队一边打击地主保安队、便衣队,一边宣传政策,组织群众,打土豪、筹款子。

各县相继成立了县级或区级党组织。中心县委下辖1个县委、5个区委,即中共泾县县委,书记吴小凤,组织部部长仰高祥,宣传部部长吴凤山;宣城区委,书记汪玉山(即胡承义);宁国特区委,书记肖正荣(化名秦泰山,泾县桃岭人);泾县一区委,书记潘国宾;泾县二区委,书记高先潮;泾县三区委,书记老戴。此外,旌德乔安有3个支部,负责人先后为方茂善(又名方裁缝)、汪德兴(两人后因叛变被处决)。

党组织发动群众抗租、抗税、抗丁,组织农会、妇女会、青年团、自卫队。在宁国板桥、新岭脚和泾县榆桃岭、戴杨村等地,群众被广泛发动起来,农会、妇女会、青年团、儿童团、赤卫队等群众组织纷纷成立,农民运动开展得红红火火。国民党基层的保甲制度虽未取消,但名存实亡,基本上被农会所取代。一些保甲长经过争取,常为红军游击队做些诸如开通行证、代购物资、给敌人送假情报之类的事。土豪劣绅也不敢公开为非作歹了。至此,以泾县戴杨村、宣城溪口、宁国板桥为中心的游击根据地初步形成。

正当泾旌宁宣革命形势迅速发展的时候,国民党反动派派出第七十八师第四十五旅和安徽省保安团以及泾、旌、宁、宣4县的自卫团,对泾旌宁宣游击根据地发动了第一次大"围剿"。敌人向戴杨村、宋村发起进攻,红军游击队主力撤出根据地,洪维恭、吴小凤等人在原地坚持。1935年四五月间,苏承平(江西人)、徐世良先后叛变投敌,泾县西南乡的党组织和人民武装力量全遭破坏,东乡及宣城溪口等地党组织也遭到严重破坏。中心县委派泾县县委常委潘茂彬、高培富到三区视察工作,因该区党员陈少凡在外县叛变,潘、高二人被捕,潘茂彬随后叛变。7月,苏承平、徐世良带领宣城保安队突袭泾旌宁宣中心县委驻地——戴杨村五涝里,企图一举捣毁中共泾旌宁宣中心县委领导机关。中心县委书记洪维恭突围时不幸中弹牺牲,15名干部群众被捕,中心县委组织部部长仰高祥等人失散。敌人在红色区域大肆烧杀抢掠,据统计,上漕、大坑、张北、戴杨、新平等6个村庄先后有397名干部群众惨遭杀害,1300余间房屋被烧,被抢走耕牛60余头、稻谷50余万担、宣纸原料1.4万余斤(1斤＝500克),以及家具等物不计其数。① 刚刚建立起来的泾旌宁宣游击根据地遭到严重破坏。

8月,中心县委游击大队队长王岐山带领武装在宣城大、小麦坑与敌第七十八师一部遭遇。当时,红军游击队正隐蔽在大麦坑的高山上,山下的土豪将游击队的行踪报告给敌军,敌第七十八师立即派兵包围了游击队驻地。激战中,王岐山不幸中弹牺牲。游击队在驳壳枪队队长邵兴发的带领下,向泾县坝头、漕溪一带活动,在国民党"围剿"部队撤出山区后回到戴杨村。9月,根据斗争需要,吴小凤回到中共泾县县委担任县委书记。

---

① 陈虎山:《杜鹃花开——宣城红军纪事》,合肥:安徽人民出版社,2013年,第81页。

五、红军游击队整顿中发展壮大

1935年10月,李步新伤愈归队,立即对部队和党组织进行整顿。他在泾县东乡屋基里潘福祥(区委委员)家召开了部队和地方扩大干部会议,采取"从团结出发,开展批评和自我批评,加强部队和地方干部的团结教育"的方针,提出"必须加强部队的思想政治工作,坚定革命意志,关心和爱护部队,才能克服困难,坚持斗争"。经过整顿教育,党群和军民关系都有了明显改善。在思想整顿的基础上,中心县委进行了改组,由李步新任中心县委书记。团中心县委由李先进任书记,盛守福任副书记。改组后,中心县委以训练班的形式,集中一个月的时间,在全体基层干部和游击队员中,进行了一次马列主义教育,学习《共产党员须知》《关于党的十大政纲》等,强调共产党员的先锋模范作用,使干部战士进一步明确了斗争目标,树立了党的政策观念,增强了胜利信心,从而逐渐扭转了不利局面。新的中心县委还研究确定了今后的行动方向,决定积极向外出击。

在整顿队伍的基础上,中心县委继续发动群众,深入开展游击斗争,首先领导贫苦农民破仓分粮,进行抗租、抗债、抗丁斗争。当群众被普遍发动起来后,中心县委又积极动员青年参军,游击根据地的发展进入高潮时期。到1935年底,中心县委领导下的红军游击队扩大到200多人枪,编为3个长枪队、1个驳壳枪队;地方赤卫队也得到快速发展,榆桃岭、羊皮西坑、溪头、杨尖、隆培等村共有赤卫队员294人,编为9个队。在赤卫队的基础上,宣城、泾县还成立了两支工农游击队,共20多人,积极配合主力部队作战。为了打击徐世良带领的"围剿队"和青龙山等敌据点,主力红军和游击队多次出击,屡屡获胜,缴获了不少枪支弹药。到1936年1月,经过溪口、青龙山、板桥、杨村、赤滩等大小一二十次战斗,根据地从最初的戴杨、汀溪两条坑的狭小范围,逐步扩大到纵横100余里,区域包括泾县的戴杨村、黄土岭、蔡村坝、汀溪、漕溪、涌溪、榆桃岭、乌雀岭,旌德的十一都、三溪,宁国的大小坑、车盘坑、板桥、大方山,宣城的溪口、大小麦坑、何村等地。外围地区,如周王、新田、黄渡、榨门口、上湖、前湖、赤滩、考坑、乌溪以及泾县西南乡的水东翟、万村、小河口、麻岭、茂林、厚岸、王家山等地,也有了党的秘密活动。

1935年下半年,在红军游击队大发展的基础上,东乡桃岭诞生了泾县第一个红色革命政权——皖南特区苏维埃政府。

随着游击斗争的深入开展,党的组织也得到快速发展,到1935年底,宣城区委扩大为3个区委:第一区委在周王、新田和溪口之间的大小九里一带,书记程老四;第二区委在溪口和新田之间的汤村、上新河一带,书记余在河;第三区委在泾(县)宁(国)边的溪口八条坑一带,书记王华彬(后为胡承义)。泾县党组织发展

▲ 皖南特区苏维埃政府旧址外貌

为4个区委,第一区委在戴杨,书记潘凤来;第二区委在坝头,书记徐世宗;第三区委在上漕,书记汪金洲;第四区委在西阳,书记胡佑龄。① 这样,泾旌宁宣中心县委共辖1个县委、8个区委、56个支部,党员有数百名。

红军游击队的活动和群众运动的开展,引起国民党及其地方反动政府的极大恐慌。敌人重兵驻扎板桥、漕溪和汀王殿,采取分进合击的战术,把根据地团团包围起来。他们大肆烧毁民房,捕捉干部群众,制造白色恐怖。宣城调查室肃反专员王介佛,率叛徒和特务行动队,冒充游击队,混入宣城八条坑,逮捕干部、群

---

① 中共宣城地委党史工作委员会:《艰难岁月》,合肥:安徽人民出版社,1991年,第6页。

众 60 多人。

由于叛徒出卖和敌人的不断"围剿",地方党组织遭到严重破坏,游击队、赤卫队员和党员群众 80 多人被杀,形势日趋严峻。1936 年 1 月,泾县县委书记吴小凤在汀溪乡羊皮西坑与敌作战时英勇牺牲,中共泾县县委停止活动。

为了保存革命力量,中心县委决定迅速突破敌人重围,赴赣东北苏区找闽浙赣省委。1936 年 2 月,李步新带领保存下来的 180 多人,从泾县涌溪出发,甩掉敌人,经旌德、太平、石台、黟县,到休宁西乡鄣公山下找到闽浙赣省委,继续坚持游击斗争。全国抗日战争爆发后,李步新等领导的皖浙赣特委游击队,改编为江西抗日义勇军第一支队,并根据陈毅的指示开赴歙县岩寺,编入新四军第一支队第二团第三营,奔赴江南敌后战场。

第三章

新四军军部在泾县

一、从岩寺到云岭

全国抗日战争爆发后,中国共产党同国民党经过多轮谈判,将南方8省红军游击队改编为国民革命军陆军新编第四军,1938年1月6日,新四军军部迁至南昌。1月14日,项英致电中共中央长江局,准备"集中部队,向皖南休宁、徽州一带集中"。第二天,中共中央长江局复电项英,"同意部队即向皖南集中"①。

1938年2月6日,国民党第三战区转来蒋介石的命令,限定

---

① 中共湖北省委党史资料征集编研委员会、中共武汉市委党史资料征集编研委员会:《抗战初期中共中央长江局》,武汉:湖北人民出版社,1991年,第139页。

新四军于2月20日前集中于皖南歙县岩寺一带。中央也电令叶挺、项英要尽快把部队集中起来，并且明确指示，江南的部队可向东开进，江北的第四支队高敬亭部暂留江北，不必北开。接到中央指示后，叶挺从武汉来到南昌，与项英共同主持召开一系列军政会议，讨论部队集结行动和补充整训事宜。2月14日，叶挺偕第一支队司令员陈毅、军部秘书长李一氓前往屯溪第三战区，同顾祝同交涉新四军集中驻地及增加经费等事项。此后，一直奋战在深山老林的南方8省游击健儿，为了抗击日军的侵略，开始走出大山，向歙县岩寺一带集结。

为做好新四军在岩寺的集中整训工作，陈毅在部队尚未集结之前，亲率参谋处作战科科长李志高、电台台长廖昌林等10多人先期到达屯溪，广泛宣传党的抗日民族统一战线政策。陈毅利用同乡关系，住在国民党第七战区参谋长鲁自诚家里，并与第二十三集团军战地文工团的胡兰畦取得联系，在第七战区司令长官部战地工作委员会举办的"青年救亡干部训练班"及当地救亡团体中演讲，宣传在敌后建立抗日根据地开展游击斗争的意义，讲解抗战必胜的道理。他还与第三战区的两个中共特别支部取得联系，了解皖南及岩寺一带地形、风土人情等，为军部移驻岩寺和第一、第二、第三支队顺利到达岩寺集结做准备。

3月下旬起，在南昌的军部机关和直属单位陆续向岩寺移动。3月28日，周子昆率军参谋处等部门工作人员，先期赶到岩寺，安排部队集结的具体事项。4月4日，项英及军部机关大部分人员乘汽车离开南昌。在盛大的欢送会上,江西省抗敌后援会向新四军赠送了慰问品。5日,军部抵达岩寺,驻在金家大屋,叶挺、项英均住在此处,参谋处和副官处设在吴小亭家,军需处设在潘瑞庭家,军部电台设在岩寺洪桥,仓库设在岩寺附近的朱村。这样,军部直属机关全部移驻岩寺及周边地区。

▲ 新四军军长叶挺

▲ 新四军副军长、中央军委新四军分会书记、中共中央东南分局书记项英

根据军部的命令,分布在南方数省的新四军迅速向岩寺地区集结。

新四军整编的完成,使原来分散的各自为战的大大小小的红军游击队,统一编成一个战斗整体。整编后的新四军,下辖相当于旅的4个支队、10个团和直属特务营。到1938年4月,集中到岩寺和江北七里坪的计10329人,枪6200支。① 尽管这支部队人

---

① 王辅一:《新四军简史》,北京:中共党史出版社,1997年,第45页。

数不多，装备落后，缺乏正规训练，但他们大多是经历南方3年游击斗争的磨炼而保存下来的骨干，后来成为活跃在大江南北的抗日中坚力量。

新四军在岩寺集中的目的和任务是接受国民党第三战区的"点验"，搞好部队编组，充实部队的武器装备，加强部队的军政训练，以便早日开赴抗日战场。

新四军部队集结完毕，所谓"点验"也就提上了日程。新四军编制序列隶属于第三战区，第三战区要派员"点验"，然后发给军饷和军需物资，这样才能开赴前线。实际上国民党妄图借"点验"来限制新四军的发展壮大，对此新四军领导人早有准备。各部编制了花名册，人数不够临时调人拼凑。4月20日，第三战区副司令长官罗卓英率一众将、校级点验委员来到岩寺。因为叶挺和罗卓英是广东同乡，又是保定军校同学，所以决定由叶挺陪同罗卓英"点验"。一番寒暄后，叶挺陪同罗到操场检阅部队。

"点验"仪式结束后，罗卓英提出新四军士兵瘦弱的多，缺乏训练，人多枪少，装备差，应削减员额。叶挺、项英据理力争：人员体质，通过调理可以增强；缺乏训练，可以加强训练；武器不好是事实，请国民政府军委会和第三战区帮助解决；至于人数，可以按"点验"要求作精简。实际上就是在内部进行一些调整，把一部分干部战士送到教导队培训，把另一部分干部改派到连队，充实基层，把宣传队和华侨服务队上调到军部，以此来满足"点验大员"的权势欲望。经过一番巧妙的工作，新四军终于巧妙地将"点验"应付了过去。

军部驻岩寺期间,一方面加强军政训练,在全军官兵中掀起练兵热潮。叶挺拿出北伐时肇庆练兵的劲头,常常到练兵场给战士做射击、刺杀动作的示范,指导指战员们充分利用当地地形、地貌进行技术、战术训练。另一方面,针对新四军指战员来自不同的地区,新入伍的兵有一批是知识分子的情况,在部队中大力加强思想政治工作,组织学习中共中央有关抗日民族统一战线的方针、政策,消除对国共合作的误解和疑虑,坚持又联合又斗争的方针和独立自主原则。同时,在岩寺周边地区广泛开展民运工作,向群众宣传,组织群众,扩大了共产党和新四军在群众中的影响。经过岩寺整编,新四军军政素质有了很大的提高。

5月5日,新四军军部离开岩寺,7日进驻太平县麻村,25日接到上级不准久驻太平的命令,第二天开往南陵县土塘村(今属三里镇)驻扎。军部在土塘村驻扎了两个月零七天,因此地干旱缺水,不适合大部队驻扎,便决定移驻20里外的云岭。

8月2日,军部进驻泾县云岭。① 云岭位于青阳、南陵、泾县3县交界处,绵延的山脉与黄山、九华山相接,清澈的叶子河水向东注入青弋江,这里山清水秀,物产丰饶。新四军军部各机关分驻在云岭东、西约30里的13个自然村里。军司令部设在云岭罗里村"种墨园"和"大夫第"两栋老宅里。军长叶挺住"种墨园",房主是云岭比较开明的士绅陈冠群,军参谋处在此办公,副参谋长

---

① 赖传珠:《赖传珠日记》,北京:解放军文艺出版社,2000年,第131页。

▲ 新四军军部司令部旧址(种墨园)

▲ 新四军军部司令部参谋处旧址叶挺办公处

周子昆、参谋处长赵凌波等在此办公居住。

　　副军长项英住"大夫第"内,房主是陈福骥,军部秘书处设在"大夫第"内,秘书长李一氓在此办公和居住。军政治部住汤村,

▲ 新四军军部司令部秘书处旧址

村里有一所两厢两进的院屋,袁国平主任、邓子恢副主任住后进两厢,黄诚秘书长及文书、警卫住前进两厢。政治部下设的组织部、宣教部、民运部、敌工部、《抗敌报》编委会等机构,分住村内各处。军部大会堂在云岭"陈氏宗祠"内,由于"陈氏宗祠"内部宏大,一直作为军部机关举行重大活动的场所。中共中央东南局和中共皖南特委设在与汤村毗邻的丁家山,军部战地服务团设在新村。

新四军留守处和后方医院设在太平县小河口,军医处和前方医院设在云岭附近的南堡村。

军教导总队是军部直属机构中人员最多的单位,总队部设在中村,所属各队分驻在中村河两岸的各大祠堂和附近的自然村里。

新四军军部从进驻云岭到1941年1月4日北撤,在云岭、中村等地驻扎长达两年半。新四军利用这段较为稳定的时间,开展政治、军事、统一战线、文教、民运、敌工等一系列工作,把一支组建不久、编制不全、缺枪支弹药的队伍,逐步训练成听党指挥、能征善战的铁军,驰骋于大江南北,成为抗击日本侵略者的中坚力量。

二、新四军的政治工作

政治工作对于人民军队来说,就是一条生命线。新四军建军之初,十分重视政治工作,军部迁至云岭后,更是把政治工作作为一件大事来抓,项英在《保持和发扬新四军的优良传统》一文中指出:"战争是政治的继续,是政治斗争最高的一种方式,因此战争本身就是政治斗争。"

(一)新四军政治工作方针与任务

新四军是中国共产党领导下的人民军队,首先必须坚持中国共产党对新四军的绝对领导。作为新四军副军长的项英,非常重视部队的政治工作,他指出:"军队是政治的武装斗争集团,进行和贯彻政治主张最有力的必要工具。全军队应有政治领导,因为

▲ 新四军军部司令部秘书处旧址项英住处

政治工作就是保障革命军队的精神与彻底执行政治任务、完成政治任务的工作。它是从思想上、生活上、行动上去保证这一军队，好像人身的血液一样。所以政治工作，是革命军队的生命线，没有它，不仅不能生长壮大，而且不能生存。"①

新四军政治工作在项英的领导下和政治部主任袁国平的组织下积极展开。新四军认真贯彻党中央关于开展敌后抗日游击战争的方针政策，不断取得对敌斗争的胜利。关于新四军政治工作的方针，袁国平在全军政治工作会议总结发言中指出，要保持与发扬过去优良的革命传统，忠实地执行统一战线，保证军队政治团结与战斗力的加强，为争取抗战最后胜利和中国革命彻底的

---

① 中国人民解放军历史资料丛书编审委员会：《中国人民解放军历史资料丛书·新四军·文献》(1)，北京：解放军出版社，1988年，第768页。

胜利、民族解放与社会解放而奋斗到底。而新四军第二支队司令员张鼎丞在《新四军两年来的政治工作》中说:"政治工作的方针是由政治任务决定的,因此我们要阐明新四军的政治工作,必须先说明新四军的政治任务。新四军的政治任务是,根据中国共产党中央的抗日民族统一战线的政策,使散在南方各省的红军游击队迅速集中起来,成立新四军,开赴国防前线,担任抗战建国的神圣任务。在抗战中,它要成为坚持抗战到底,反对妥协投降,坚持全国团结,反对内部分裂,坚持向前进步,反对向后倒退的模范;在建军上,它要成为官兵一致,军民一体,发扬优良的光荣传统,并且更进一步的正规化,更进一步的巩固与发展,把战斗力提到更高度,以争取抗战最后胜利的模范。这就是新四军总的伟大光荣任务。"这是对当时新四军政治工作任务的很好概括。

新四军军部驻扎云岭期间,政治工作主要围绕以下几方面开展:

第一,建立和健全部队的政治工作制度。团以上单位建立了政治工作机关,营连有政治教导员和政治指导员,士兵中有一部分人做政治工作。袁国平对军队政治工作组织和制度的重要性有非常明确、清醒的认识,他在《江南敌后游击战争中的军队政治工作》一文中强调:军队政治工作是坚持和发展敌后游击战争的先决条件,政治工作是军队的生命线,而建立和健全军队的政治工作组织和制度则是军队政治工作得以开展的基础。

第二,重视中国共产党在新四军中的领导地位,积极教育党

员发挥共产党员的先锋模范作用,树立党在军队中的核心地位,把党的工作看作是政治工作的核心和基础。

第三,按照理论与实际相结合的原则,深入开展政治教育。袁国平认为军队政治工作的基本方法是政治宣传教育,要在政治宣传教育的基础上来巩固部队,从政治上保证部队军事技术的提高和战斗力的提高,保证部队思想行动的一致。为此,政治部在云岭创办了《抗敌报》(1938年下半年创办,一直出版到1941年初新四军皖南部队北移)和《抗敌》杂志,宣传国内外形势,坚持团结抗战,报道新四军、八路军抗战业绩,揭露顽固派投降分裂阴谋。

第四,在大江南北民众中开展政治工作,让部队了解军民合作的重大意义,使全军指战员完全自觉地去执行"三大纪律、八项注意",真正保护民众利益,发动和组织广大民众起来抗日。

第五,进行瓦解敌伪军的工作。对敌伪散发了大量的宣传品,在战场上向敌伪喊话,执行优待俘虏政策,争取了部分伪军反正。

在政治工作的强有力的支持下,新四军部队在皖南、苏南很快站稳了脚跟,开辟了战略基点,不断取得对日作战的胜利。

(二)加强党对新四军部队的领导

为保证中国共产党对新四军的绝对领导,以项英为书记的新四军军分会做了大量的工作。首先将新四军部队的各级党组织逐步建立和健全起来,做到连有支部,团有军政委员会和总支部,支队有军政委员会和党务委员会,健全了共产党在新四军部队中的组织系统。

项英要求共产党员在任何时候、任何工作中都要做模范,做到:在新四军内部最能团结友爱;在行动上,最能服从命令、遵守纪律;在学习中,最谦虚,力求进步;对群众,最能爱护群众、关心群众利益;在战场上,最坚决勇敢,冲锋在前、退却在后,不怕流血牺牲。

在东南局和新四军军分会领导下,各级党组织持续开展新党员的发展工作,党员在新四军部队中的人数不断增加。到1939年,新四军部队中的共产党员已占全军人数的40%。

1939年7月16日至8月4日,中共新四军第一次代表大会在皖南云岭石头尖村召开,中共中央东南局书记、新四军分会书记项英主持会议,会议议程有三项:总结一年来的工作,研究今后党的建设任务;总结坚持南方3年游击战争的经验;研究如何运用这些经验来加强部队建设,取得抗战的胜利。项英在会上做了《对三年游击战争总结》的报告。大会讨论了抗战形势和新四军党组织的任务,进一步明确了共产党在新四军部队中的任务:坚决贯彻执行党中央的路线、方针、政策,坚持大江南北的抗战,巩固和加强共产党的领导,提高共产党员的素质。中共中央给大会发来了贺电,赞扬新四军坚持大江南北的抗战阵地,开辟了敌后游击战争,给日本侵略军以沉重打击,粉碎了日军无数次的"扫荡"和"以战养战"的新政策,为大江南北沦陷区的群众指出了一个光明的奋斗目标。共产党员在新四军部队中发挥了先锋模范作用,在各部队作战中,共产党员发挥了勇于献身、不怕牺牲的精

▲ 中国共产党新四军第一次代表大会在云岭石头尖村简易草房中召开

神,总是冲锋在前,退却在后。在作战伤亡中,共产党员占60%。

同时,新四军在活动地区和敌后积极组建和发展共产党的地方组织,据统计,1939年上半年,新四军在苏南、苏皖边组建了3个中共特委和14个中共县委。随着新四军向皖中、苏北发展,地方党组织也不断发展壮大。这些党组织在扩军、支援新四军对敌作战中发挥了越来越大的作用。

(三)新四军第一、二次政治工作会议

为推动新四军的政治工作,1938年6月17日至19日,军政治部在南陵县土塘村召开新四军第一次政治工作会议。这次会议总结了政治工作的经验与不足,指出政治工作在军分会的领导和大家的共同努力下,获得了不少的成绩,主要有:一是在部队中发展了大量党员,在每个连队建立起党支部,并开展了工作;二是培养和建立起坚强的政治领导骨干;三是建立了各级政治机关,开展了经常性的政治工作。袁国平在总结讲话中论述了新四军政治工作的方针、任务、领导方式与工作方法,对来自南方游击区、从3年游击战争转变为民族解放战争的干部来说大有帮助,也坚定了他们做好政治工作的信心。

新四军第二次政治工作会议于1939年2月7日至16日在泾县云岭召开。会议主题是贯彻中共六届六中全会精神,因会议是2月7日开始召开的,故简称"二七"政工会议。项英在会上做了《新阶段中我们在江南抗战的任务》的报告。袁国平做了《新四军一年来政治工作总结及今后任务》的报告,对一年来政治工作的进步与不足都有充分的估计,并且从中总结了经验教训,对新阶段的政治工作做了更加全面的部署。袁国平、邓子恢还于1939年3月28日就新四军政治工作情况,致信毛泽东、王稼祥、谭政,信中称:"此间二七举行过第二届全军政工会议,开会前,曾电请赐示方针,惜未得复""一年来工作经过及现状,除向恩来做过详

细口头报告托为转达外,并有书面报告寄来,请给指示"。① 根据第二次政治工作会议精神和周恩来视察皖南时的指示,军政治部制定了《新四军政治工作组织纲要草案》,以项英、袁国平、邓子恢联名发布命令的形式,于当年4月公布施行。

(四)新四军注重发挥知识分子的作用

新四军军部移驻皖南云岭后,吸引了东南地区和沦陷区的大批怀抱爱国热忱的知识分子前来,云岭一时被称为"江南的延安"。

1939年2月,以上海地方协会代表吴大琨为团长,文化界救亡协会代表殷扬(扬帆)为副团长的民众慰劳团,共30多人,冲破国民党军警的干扰,辗转宁波、温州、金华、屯溪,于4月底到达云岭军部,项英向这批来自大上海戏剧界的知识分子介绍了新四军在大江南北的杀敌情况,希望他们留在新四军为抗战出力。随后副团长殷扬留了下来,大部分知识分子也留在了新四军。

叶挺四处奔走,利用其在军界、粤东、港澳的社会关系,除了募集经费、筹集武器药品外,还遵照党中央指示,动员愿意为抗战出力的国民党退役军官、无党派人士、医生、文化工作者和其他知识分子到新四军中来。他出面请来了医学博士沈其震,音乐家任光,留学日本的林植夫(后任新四军敌工部长),经济学家薛暮桥、钱俊瑞,知名文化人朱克靖,等等。

---

① 中国人民解放军历史资料丛书编审委员会:《中国人民解放军历史资料丛书·新四军·文献》(1),北京:解放军出版社,1988年,第744页。

旅居海外的爱国华侨和知识青年,在得知祖国遭受日军铁蹄蹂躏的讯息后,纷纷回到祖国,加入新四军,参军参战。他们当中有来自菲律宾的沈尔七、李子芳、叶飞,泰国的陈子谷、陈惠(政治部青年部长)、陈一星等。

文化艺术界来新四军工作的还有作家聂绀弩、黄源,作曲家何士德、章枚、沈亚威,美术家沈柔坚、涂克、赖少其,舞蹈家吴晓邦等。

对这些来自各行各业、年龄差异大的知识分子和知识青年,如何最大限度地发挥他们的作用,又是一个新的课题。来到新四军工作的知识分子,都受到了军部领导人的高度重视。为培养、教育来到新四军的知识分子,军部一方面举办各种训练班、军政学校、教导总队,使他们能迅速适应军旅生活;另一方面为他们制定了特殊的政策,在工作上给予信任和支持,在生活上尽可能予以照顾,让知识分子深受感动。

战时物质条件相当匮乏,指战员们的待遇普遍不高。当时新四军人员的津贴费,团以上干部每人每月仅4元,营连干部3元,项英也只有4元,而专家学者每月少则十多元至几十元,军医处的技术人员最高的每月津贴达140元,正规医科大学毕业生每月70元,军医处自己培养的学员毕业后8元。在战地服务团任团员的知识青年,在政治上享受排级干部待遇,津贴费每月3元,高级知识分子享受团以上干部待遇,给他们配勤务员和马匹,这在当时的经济条件下是很不容易的。大批知识分子对新四军的建设做出了积极的贡献。

三、新四军的民运工作

民运工作就是群众工作。新四军军部驻云岭期间,民运工作围绕中共六届六中全会确定的巩固和扩大抗日民族统一战线的总方针,在中共中央东南局和新四军军分会的领导下,广泛发动群众,发展抗日武装,积极开展敌后武装斗争,把工人、农民以及各阶级、各阶层中拥护抗日的人民团结起来,支持大江南北的抗战。

新四军各级领导十分重视民运工作的开展,经常对民运工作给予指导。项英在《保持和发扬新四军的优良传统》中指出:"军队是民众的武装","我们新四军过去与现在一贯来为民众利益而奋斗,事事以民众的利益为利益,到处帮助民众,团结民众,所以到处得到民众的信仰和拥护,所以时时在民众帮助之下有力的战胜困难,打败敌人。"① 他结合自身做群众工作的经验认为,一是要爱护老百姓,二是在"十项注意"中,九项是民众纪律,要人人做到,项项执行,要和老百姓打成一片。项英对新四军的民运工作提出了具体要求:一是军队本身要以身作则,要有严明的纪律;二

---

① 中国人民解放军历史资料丛书编审委员会:《中国人民解放军历史资料丛书·新四军·文献》(1),北京:解放军出版社,1988年,第769页。

是要打日军,要打胜仗;三是要做好统一战线工作,团结各阶层人士,共同抗敌;四是深入到群众里面去,与群众打成一片;五是要注意民众的生活,想法子解决他们的生活问题;六是要以群众喜闻乐见的方式进行宣传教育;七是要搞好民运工作,成立民运组织。这既是新四军群众工作的经验,也是开展群众工作的要求。

政治部主任袁国平,是全军有名的理论家,对于民运工作有专门的论述和要求。他指出,民众运动与游击战争是不能分离的,没有民众运动的开展和深入,游击战争的胜利和坚持是不可能取得的。他在给教导队讲授的"新四军政治工作十讲"中,有一讲是"军队在居民中的政治工作",对民运工作的意义、原则、任务、方法讲得清楚具体,可操作性强,要求全军切实实行。

政治部副主任兼民运部长邓子恢,被称为"群众运动专家",更是民运工作的行家里手。他提出民运工作的基本任务是:(一)动员广大民众帮助军队作战,发动民众帮助抗日军队运输、带路、探消息、采买、慰劳、构筑工事、维持交通、破坏敌军交通线等;(二)大量武装民众,直接配合军队抗战;(三)团结和扶持一切地方武装,到处开展抗日战争;(四)动员民众进行锄奸运动;(五)团结一切民众使敌人孤立。同时,为做好民运工作,必须坚持下列方针:(一)抗日高于一切,一切服从抗日,凡是利于抗战的事,我们就做,否则就停止;(二)一切工作的进行都要根据统一战线的原则,凡是抗日者皆吾友,亲日的皆吾敌;(三)协调军民关系,解释双方误会;(四)一切工作采取民主方式,让大家发表意

见,使大家自愿地参加,由民众自己选出来的领导来主持,力纠命令、强迫及包办主义等方式。他强调,民运工作要采取以下方法:(一)建立严明纪律,切实执行"三大纪律、十项注意",做到不拉夫、不派款、不扰民,帮助老百姓秋收、春耕等;(二)从各个方面进行宣传工作;(三)发展民众组织,帮助、协同当地政府和党组织动员机构,按照安徽省总动委所颁布的总动员委员会组织大纲,成立各县区乡的总动员委员会,成为一切动员工作的领导机关,帮助组织民众团体,如文化界抗敌协会、农抗会、工抗会、妇抗会、青抗会等;(四)大量武装民众,开展广泛的游击战争。主要是团结和争取一切已有的地方武装,共同抗敌,帮助地方武装进行军政训练,建立良好的纪律,与民众保持密切的联系。邓子恢指出,由于实现了这一方针,经过半年的努力,大多数的地方武装团结起来了,不抗日的抗日了,动摇的稳定下来了,纪律不好的,开始好了起来,原来没有组织的,现在有了组织,小的扩大了,有些初来害怕我们的现在不怕了,怀疑的不怀疑了。这是新四军在江南所获得的极大成绩。依靠这些武装,以及人民的支持,新四军在江南取得不断的胜利。

为更好地动员、组织民众参加、支援抗日斗争,新四军在组建时,就建立了各级民运组织,并不断健全。军政治部下设民运部,邓子恢兼民运部部长;在民运部设立动员科、组织科和武装科,分别由江靖宇、曾如清和陈茂辉担任科长;在军直协理处设有民运干事。军部战地服务团成立了1支由六七十人组成的民运工作队。各个支队设民运科,团设民运股,连队党支部设民运委员,各班有民运战士,连队党支部民运委员兼任连队民运组长,做群众工作,检查群众纪律。全军上下形成了一套比较完整的民运工作组织系统。

早在1938年5月,陈毅率第一支队挺进苏南经过泾县茂林时,就召集各界人士举行座谈会,宣传新四军的群众纪律和抗日救国主张,为茂林地区的民运工作开了一个好头。6月,新四军在皖南的第一支民运工作队(对内称茂林工作委员会)组成。茂林是泾县西南的一个大镇,有"小小泾县城,大大茂林镇"之说。项英、袁国平、邓子恢对新四军到皖南后首次派出的这支工作队非常重视,派了战地服务团团长朱克靖率领演出队去茂林慰问演出。并且,邓子恢亲自从军部民运部、战地服务团和皖南特委挑选出30多人组成民运工作队,由皖南特委组织部长陈时夫领队,陈同时担任茂林工委书记。为了保障工作队的安全,军部还特意抽调第五团1个营随同行动。

民运工作队进驻茂林后,首先把主要力量放在镇上,拜会上层人物,召集各界有代表性的人士开座谈会,与他们共商抗日救亡大计。时值春耕时节,工作队白天帮助群众下田干活,晚上找群众谈心,有时教群众唱抗日歌曲,中间插一段演讲。很快,茂林各界群众的抗日积极性被激发出来,工作队乘此有利时机,组织了茂林全镇的农、工、商、青、妇、学等抗敌协会。[①]

---

① 江天辉:《皖南特委工作报告》,见中共宣城地委党史工作委员会:《云岭烽火》,合肥:安徽人民出版社,1991年,第125页。

▲ 茂林新四军民运工作队驻地旧址

在茂林开展工作时，工作队还派出部分队员到茂林周围开展工作。几个月之内，民运工作就扩展到北至凤村、余家村，西至水东、翟家、董家村、包村，西北至水口村，东至溪里凤、东流山、石井坑，南至潘村、铜山、小河口等地，并在这些地区成立了农抗会。1938年8月，在茂林民运工作队的基础上成立了中共泾县县委，属中共皖南特委领导。邓子恢指示民运工作队同志要注意调查各地民情社情，注重从三个方面了解：一是了解当地社会各阶层经济收入和政治态度；二是调查反动会道门等帮派的势力情况；三是调查地主、富农、高利贷和不法商人盘剥民众情况。经过调查，工作队发现茂林地区的苛捐杂税和高利贷盘剥十分严重，压抑着民众的抗日热情。工作队在当年秋收后发动农民开展减租减息斗争，实行"二五"减租，一开始就遭到国民党顽固派和一些地主的反对与咒骂。茂林农抗会发动民众对该镇地主、国民党区党部书记潘祖裕收租时在秤上弄鬼进行了斗争（潘在收租时用假秤将农民交租的150斤稻谷称为120斤），并召开群众大会进行公开批斗，迫使潘祖裕在大会上公开承认错误。减租减息斗争在泾县多地取得胜利，使土豪劣绅威风扫地，农民则扬眉吐气。1938年下半年，民运工作队组织农抗会等抗日群众团体与地主豪绅进行面对面斗争，一些顽固地主向国民党泾县县长诬告农抗会负责人，县政府派人将农抗会负责人逮捕，党组织发动四五千农抗会会员群起反对，县政府迫于群众的压力，不得不放人。①典型的要数华盘保事件。

华盘保是泾县第一区双浪乡的一个保，靠近南陵三里店。保长施秀亭是反共顽固分子，他利用手中掌握保甲政权之便，对共产党领导的农、工、妇等抗敌协会多方刁难，农、工抗敌协会早想除之。1940年春，华盘保因春荒，民众生活困难，施秀亭却不管不问，甚至连原来从民众手里征收用于防春荒的"积谷"都不愿拿出来救济百姓，激起民愤。经过准备，华盘保农、工抗敌协会负责人陈熙祥、郎长连、郎炳祥等在新四军民运工作队的支持下，于3月20日召集本保民众开会，选举郎文炳为新保长，强迫施秀亭交出保公所公章。会后，施秀亭立即将情况上报，泾县县长胡钟吾下令县侦缉队派人拘捕农、工抗敌协会负责人。县侦缉队派出两人来到郎长连家中，

---

① 江天辉：《皖南特委工作报告》，见中共宣城地委党史工作委员会：《云岭烽火》，合肥：安徽人民出版社，1991年，第125页。

抓他到县审判遭拒绝，侦缉队开枪伤人，引起公愤，当地群众将两名侦缉队员扣押，县政府准备派兵弹压。新四军得知这一情况后，派出两个连的兵力到华盘保保护民众，农、工抗敌协会召集有2000多人参加的群众抗议大会，县政府无奈，只好致函新四军军部交涉。有了新四军的支持，华盘保事件最后以民众的胜利宣告结束。

在民运工作队的组织、支持和带领下，新四军活动地区的群众抗日团体不但迅速建立，而且不断巩固、扩大起来。据不完全统计，仅泾县参加抗日团体的人数就超过1万人，在皖南地区各县中首屈一指。

在茂林地区民运工作试点取得成功后，新四军民运部迅速总结经验，抽调干部进行短期培训后，派往泾县、宣城、南陵、繁昌等地，开辟新的工作点，尤以泾县章家渡、汀潭、当涂大官圩、宣城水阳、南陵三里店民运工作开展得最为出色。

章家渡工作队。主任江靖宇，队员有李桂英、吴敏慎、李幼兰、潘仲明等，为指导工作队做好民运工作，邓子恢倾注了大量心血。据1938年秋担任过章家渡工作队负责人的刘和赓回忆："到章家渡之前，邓副主任专门找我谈话，不仅交代任务，还详细交代了进行工作的方法，特地提醒我，皖南山区很闭塞，做妇女工作可得注意，梳巴巴头和不梳巴巴头的，扎辫子的和不扎辫子的，都不一样，要分清楚，不能乱叫。"①在民运工作队的推动下，章家渡迅

---

① 《邓子恢传》编辑委员会：《邓子恢传》，北京：人民出版社，1996年，第219页。

速建立了农、青、妇、商、工抗敌协会,随后,又把各抗敌协会统一起来,组织成立章家渡各抗敌协会五乡联合办事处。

当涂大官圩工作队。由第二支队政治部民运科长、中共当芜县委负责人彭冲组建,开始称大官圩战地服务团,活动在当涂、宣城、芜湖一带的农村,队员用演出抗日剧目的方式宣传抗日主张,教育群众,帮助群众组织农抗会、青抗会、妇抗会、儿童团等群众抗敌组织。1939年春,史沫特莱女士到第二支队驻地采访时,服务团专门编排了一幕活报剧来欢迎她。①

宣城水阳工作队。1938年6月,新四军第六团进入宣城县金宝圩地区,派民运股长顾鸿到水阳镇(今属宣州区)做民运工作,第六团成立了"地方工作委员会",专门领导地方工作。8月,第六团政治处抽调施恒、陈昂,组建民运工作组,以水阳为中心开展工作,还成立"水阳抗日民众动员委员会",通过这一合法的统一战线组织,开展抗日宣传工作。后来相继成立教育、商人、工人、青年救国会、农抗会等民众抗敌组织,到1938年底,仅宣城北部地区的农抗会员就达3万多人。

南陵三里店工作队。曾如清任主任,梁竹吉、胡明、陈洪、方休为委员,发动群众为抗日出力。工作队组织民众每天赶10多条毛驴拉粮食送往新四军驻地出售,减轻了新四军长途运粮的负担。在新四军活动地区,民运工作队出面,帮助地方建立各种抗

---

① 中共芜湖市委党史研究室:《中国共产党芜湖历史》(第一卷),合肥:安徽人民出版社,2008年,第314页。

敌协会,武装组织猎虎队、防匪团,组织拥军优属,开展减租减息斗争。民众的抗日热情被激发起来后,他们用不同方式支援新四军对敌作战。

四、周恩来视察云岭

1938年10月,广州、武汉相继失守以后,抗日战争进入战略相持阶段。针对新的抗战局面,中共中央于9月29日至11月6日在延安召开了六届六中全会,会议批判了党内以王明为代表的在统一战线问题上的关门主义和投降主义倾向,提出敌后游击战争"应当巩固华北,发展华中和华南"①。

为了传达中共六届六中全会精神,贯彻中共中央发展华中的战略方针,确定新四军发展的战略方向,中央军委副主席周恩来受中央书记处的委托,以国民政府军事委员会政治部副部长的身份于1939年2月23日至3月14日视察了皖南云岭新四军军部。

(一)传达中共六届六中全会精神,确定新四军发展方针

周恩来偕同先期到重庆的叶挺飞抵桂林,经长沙、上饶,由赣

---

① 中共中央文献研究室:《毛泽东年谱(1893—1949)》中卷,北京:人民出版社、中央文献出版社,1993年,第94页。

东北前往皖南,2月23日中午到达太平三门。在湘潭村吃午餐,然后改乘竹筏,沿青弋江顺流而下,在章家渡渡口,受到军部及支队领导人项英、袁国平、周子昆、邓子恢、陈毅、粟裕等的热情迎接。

▲ 周恩来与叶挺等在云岭军部大会堂的合影

周恩来到云岭军部后,把主要精力放在传达中共六届六中全会精神和确定新四军发展的战略方针上。2月24日,在军部大礼堂召开的欢迎大会上,周恩来做了《新阶段的新关键》的演讲。3月6日,在军部大礼堂又召开排以上干部大会,周恩来做了《目前形势和新四军的任务》的报告,这次报告长达五六个小时。人们今天在云岭新四军军部旧址纪念馆还可以看到周恩来演讲时神采飞扬的照片。

在这些演讲和报告中,周恩来结合新四军的实际情况,详尽传达了中共六届六中全会精神,分析了武汉失守后敌人方面、中国方面和国际方面的相互关系及其政策变化情况,认为:新阶段的中心问题在敌人占领区,包括黄河以南、平汉路以东的广大地区,这一地区不仅是敌人夺取的重点,也是我们"抗战的中心",这"代表了中国走向近代化最有力的地区",战略地位非常重要。新四军在这个地区活动,"落在新四军肩上的任务也就更加重要"。他勉励新四军各级干部,要克服各种困难条件,向敌人后方发展,环境愈复杂,愈能够运用统一战线求得发展,愈能坚持游击战争,创造大江南北的根据地。他根据中共六届六中全会精神,对新四军在江南敌后的发展方针提出三条原则:(1)哪个地方空虚,就向哪个地方发展;(2)哪个地方危险,就到哪个地方去创造新的活动地区;(3)哪个地方只要有敌人伪军,友党友军较不注意,没有去活动,就向哪里发展。周恩来指出,新四军的主要作战方针仍然是游击战,但"要适合所处地区的特点,对游击战术有新的发展",既不应同于目前的华北,也不能只运用过去几年游击战的经验,而"应该更加灵活,更加机动,更加出没无常,更加变化无穷"。①

在全面传达中共六届六中全会精神的基础上,周恩来与军部及支队负责人一起商定新四军的主要发展方向是长江以北的敌后广大地区,这是战略重点;在长江以南,新四军应出击京沪,在江南不应向新四军驻地以南的国民党统治区发展,只应巩固、坚

---

① 《周恩来选集》(上卷),北京:人民出版社,1998年,第106页。

持已取得的阵地,这就是"向北发展,向东作战,巩固现在阵地"的新四军发展方针。这一方针得到了包括项英在内的新四军领导人的赞同。1940年1月19日,中央书记处将其概括为"向南巩固,向东作战,向北发展"。新四军这一发展战略的确定,对日后发展华中抗日根据地起了十分重要的作用。

(二)慰问皖南抗日军民

周恩来在云岭期间,还先后到军部附近的司政机关、直属分队和老一团召开座谈会,广泛了解新四军的实际情况,并慰问抗战军民。

3月初,在云岭新村战地服务团,周恩来在袁国平的陪同下,看望了正在从事创作和排练活动的文艺战士,副团长谢云晖代表全团官兵热烈欢迎周副主席的到来。周恩来勉励大家多出精神产品,把文艺送到抗日前线去,使文艺成为鼓舞士气、打击敌人的有力武器。在战地服务团,周恩来还利用午休时间,同大家座谈,倾听同志们的意见和呼声,讲述西安事变逼蒋抗日的经过,激发新四军指战员抗日杀敌的斗志。

3月9日,周恩来在叶挺、项英的陪同下,来到离军部15里的第一支队第一团视察。在第一团,他听取了傅秋涛的汇报,看望了部队指战员,和战士们一道用餐,吃的是无油无盐的野菜和糙米饭。他向指战员们讲述抗日战争的形势、新四军发展方向和前途问题,参观了一团在对日作战中缴获的战利品。

周恩来还多次到军部附近的南堡村军医处和军医院,看望医护人员和伤病员,以及住在这里的美国友人史沫特莱女士。据蒋智和回忆,周恩来第一次来军医院时,医护人员心情很激动,每人都拿出一本纪念册请他题词。当蒋智和拿着一本纪念册请周恩来题词时,周恩来和蔼地问她:你是哪里人?小蒋回答自己是宜兴人。他就给小蒋题了"打回宜兴去!"过了几天,小蒋咳嗽吐血,得了肺病,很是着急。周恩来知道后,特地去看她,安慰她不要着急,安心养病,回到住地后还派人给蒋送去一只三磅鸭嘴热水瓶和一盒沙利文饼干,让蒋智和十分感动。在叶挺的陪同下,周恩来不辞辛苦,来到离军部60里远的小河口军医处后方医院,看望那里的医务人员和伤病员,他专门给医护人员做了亲切讲话,讲党的统一战线政策,讲党的知识分子政策,讲尊重知识、尊重人才,鼓励大家为抗日救国搞好团结。当他听说管理处的一位副官(党员)同一位医生(非党员)争吵,问明情况后,当面批评了这位副官。他说,你是共产党员,怎么能这样对待知识分子?如果不改变态度,就不适宜做知识分子工作。他批评得很严肃,使大家受到了一次深刻的教育。在离开小河口医院前,同志们都拿出笔记本,簇拥着他,要求题字留念。周恩来微笑着说,这么多本子,我一夜不睡觉也签不完呀!可最终他还是满足了大家的请求,一本一本地题了字,写上"打回老家去!""抗战到底!""争取抗日战争的最后胜利!"等一类勉励的话语。

3月8日与9日晚上,周恩来在军部领导人的陪同下,观看了战地服务团戏剧组在陈家祠堂演出的话剧《魔窟》和《一年间》。演出结束后,周恩来上台同全体演员握手,对演出成功表示祝贺。10日,为服务团女团员焦恭贞同志题词:"为创造民族革命的艺术而奋斗!"冯达飞、顾执中、余立金、薛暮桥、汉斯·希伯、史沫特莱等也题了字。10日上午,在袁国平的陪同下,周恩来前往汤村视察《抗敌报》社,称赞报纸办得好,并应袁国平、朱镜我要求为《抗敌报》题写了报头。在中村,周恩来不但深入部队了解情况,而且走访了周围的群众。他到中村大西山脚下石头尖村,访问贫农董光裕,并和老董夫妇俩拉家常,向他们讲述抗日救国的道理,询问当地农民的生活情况,鼓励这些地下党员要多学文化,为党多做工作。在教导总队俱乐部,周恩来召开农会干部座谈会,倾听群众的意见,还同当地干部聚餐,感谢地方同志对新四军的援助,同叶挺军长走到每一张桌子旁为大家敬酒、劝菜。周恩来和蔼可亲、平易近人的态度,让大家深受感动。

周恩来对革命烈士充满敬意。当他听说邱金声、肖国生两位同志牺牲时,十分悲痛,专门写了《纪念邱金声肖国生两同志》的悼文,在3月13日的《抗敌报》上发表。悼文说:"我此次初到新四军,便听见邱金声同志的死耗,将要离开新四军,又得到肖国生同志的哀音。邱同志是积劳死于医院,肖同志是奋勇战死于沙场。前者是新四军的副团长,后者是团政治部主任。他两人之死,代表了一年来新四军高级干部奋斗牺牲的领导精神,更代表了多年奋斗至死不息的革命者的意志,不畏强寇勇往直前的青年政工人员的模范。两同志虽死,他们的精神永耀照于新四军,光辉于全民族。他们的血迹,有全国的抗战将士踏着前进。他们的事业,有全国的爱国同胞接续在做。中华民族是不会亡的。两同志的精神永远不死。"

　　周恩来在皖南新四军军部紧张地工作了整整20天。3月14日,当得知周副主席就要离开云岭的消息后,这天上午,在新村战地服务团团部门前,聚集了很多人,大家都赶来为周恩来送行,周恩来和同志们一一握手,并和大家一起合影留念。临行前,周恩来从军部挑选了吴博、方卓芬两名优秀速记员随他去重庆工作。在粟裕和军部参谋张云龙率领的警卫排护送下,周恩来一行经太平三门、麻村兵站,踏上了去浙江金华、绍兴的旅程。

五、组织民众开展生产运动

　　新四军军部驻皖南时期,为了粉碎日本侵略者对新四军的经济封锁,新四军领导人按照党中央和中央军委的决策部署,千方百计,克服困难,大力组织民众开展生产运动,为军事斗争的胜利提供了有力的后勤保障。

　　战争不仅是政治的角逐,更是经济的较量,毛泽东在分析中日战争的特点时指出,"日本战争虽是在其强的军力、经济力和政治组织力的基础之上进行的,但同时又是在其先天不足的基础之上进行的","日本统治者想从战争中解决这个困难问题,但同样,将达到其所期求的反面,这就是说,它为解决这个困难问题而发动战争,结果将因战争而增加困难,战争将连它原有的东西也消耗掉"。① 中日战争的进程证明了这一分析判断的正确性。抗战进入相持阶段以后,日本侵略者占领了华中及长江中下游地区,不断对新四军和抗日游击根据地进行"清剿"和"扫荡",掠夺丰富的战争资源。新四军必须用军事的手段来打破敌人的图谋。同时,国共合作已度过"蜜月期",国民党采取反共、溶共政策,处处限制新四军的发展壮大,新四军必须独立自主发展经济,解决军需供给。

  1939年2月,周恩来到云岭军部视察工作,在3月6日于军部大礼堂做的《目前形势和新四军的任务》报告中,他强调指出,"过去我们的中心任务,是争取游击队胜利的集中,迅速开赴前线,转入敌人后方作战。我们完成了这个任务,现在我们要与敌人进行艰苦的政治经济斗争",要打破敌人实行的以政治为主、军事为辅、开发占领区资源的政策,要"彻底破坏敌人的交通要道""爆炸敌人的矿山、工厂""封锁敌人的商业"。1939年6月,中央军委在关于目前时局及八路军、新四军之任务的指示中指出:"在军队的物资方面,应有艰苦的准备工作。一方面进行深入的节省

---

① 《毛泽东选集》(第二卷),北京:人民出版社,1991年,第448页。

运动,节省财政、弹药、医药、通讯材料等,另一方面进行征集资材的工作,进行生产运动及合作社运动,帮助地方政权调集一批干部,加以训练,以加强财政经济方面的工作,保证我军物资供给之自立而不依靠他人。"

中央和中央军委的一系列指示,给新四军战时经济工作的开展指明了方向。在皖南地方党组织的支持配合下,自给自足的生产运动及合作社运动,在新四军活动地区特别是军部驻地一带如火如荼地开展起来,有效地解决了军需民用,保障了对敌斗争的开展。

新四军军部驻云岭时期,大力发展战时经济,尤以"工合运动"开展得最具特色,也最为普遍,产生了较大的影响。

1938年8月,为了支援中国抗战,一批国际友人如路易·艾黎、埃德加·斯诺、埃文斯·卡尔逊,配合宋庆龄、廖承志、章乃器等,向国际社会发起募集资金和物资,组织成立了"中国工业合作社"(简称"工合"),总部设在武汉,路易·艾黎任代理总干事,宋庆龄任名誉理事长。到1939年初,"工合"相继建立了西北、川康、东南、西南4个办事处,后发展了西北、晋豫、浙皖、云南等7个办事处,其中浙皖办事处设在屯溪。

1939年5月,艾黎到皖南屯溪视察"工合"工作。在艾黎的指导下,"工合"浙皖办事处在屯溪中山正街(现老街)还淳巷5号成立,章秋阳任主任,新四军政治部民运部派中共党员叶进明等人到办事处工作。"工合"的基层组织是事务所,在皖南设屯溪、泾

太、旌德3个事务所。事务所下设总务、组织、技术和会计4个组,主要任务是制定社章,筹集资金、原材料、工具设备,发放贷款,审查账目,监督生产,进行业务与技术指导等方面的工作,事务所直接由新四军和中共地方党组织领导。

"工合"运动得到了叶挺军长的大力支持,1939年10月10日,他给"工合"国际委员会写了一封信,信中称:"你们经常援助在皖南游击区建立工业合作社,我们极为感谢,你们的感情我们将永不忘怀。""皖南工业合作中心(即工合事务所)对我们的帮助是重要的,这些工业使我们各区难民参加了生产工作,得到了救济。""他们帮助我们利用了土产原料,免致落于敌人手中,借此我们还可以抵制敌人商品的侵入,使自给自足情况能够实现。"①

在皖南"工合"的3个事务所中,由于得到新四军的全力支持,尤以泾太事务所规模最大,工作最为出色。泾太事务所1939年10月在泾县茂林镇一个当地人称为"桂花敞厅"(因庭院内有一棵高大桂花树得名)的地方成立,蒋传源任主任,侯蔚文任指导员。所内成立了中共党支部,汪奇任书记,属中共皖南特委领导。

泾太事务所成立后,把民运工作和组织合作社紧密联合在一起,生产规模得到了较快的发展。在七八个月时间里,先后办起了造纸、制碱、制鞋、缝纫、烧炭、竹器等十几个合作社,产品主要供给新四军。例如,在小岭办的造纸合作社,生产的纸张主要用

---

① 中共黄山市委党史办:《黄山党史》,1988年,第1—2期。

于新四军印刷《抗敌报》,在茂林办的制碱合作社,满足了造纸所需的烧碱,在丁家桥办的烧炭合作社和竹器合作社,在章家渡办的由残疾军人组成的雨具合作社,生产的产品基本满足军需民用,详见附表。

泾太事务所各合作社基本情况一览表

合作社名称	个数	地点	工人数	起讫时间	备注
工业合作社	1	泾县小河口	不详	1939.8—1940.2	制造、修理武器,修理汽车
烧碱合作社	1	泾县茂林	40余人	1939.7—1941.1	
烧炭合作社	1	泾县丁家桥	50余人	1940.1—1940.11	
竹器合作社	1	泾县丁家桥	30余人	1940.1—1940.12	
雨具合作社	1	泾县章家渡	60余人	1939.10—1940.11	
麻袋工厂	2	泾县章家渡、丁家桥	20余人	1940.1—1940.11	有8张麻布机
宣纸合作社	1	泾县小岭	500余人	1939.4—1940.11	共有生产点40多个,最多达50槽
袜子工厂	1	泾县丁家桥	40余人	1940.1—1940.11	有6张袜机
制鞋合作社	3	泾县丁家桥、小河口,太平县三门	共160余人	1939.8—1940.11	产品有草鞋、布鞋
缝纫合作社	1	太平县三门	不详	1939.8—1940.11	以生产军衣为主
蜡烛合作社	1	泾县小河口	不详	1939.7—1940.10	
肥皂工厂	1	泾县小河口	不详	1939.7—1940.10	
制纱布工厂	1	泾县小河口	20多人	1939.8—1940.12	

从上表可以看出,新四军在皖南组织的合作社涉及工业、手工业的诸多方面,既有军需物品,也有民用产品。其创办合作社的主要方式是由新四军出资,招募当地和外地技术工人,产品由新四军统购以作军需或经销。叶挺军长十分重视合作社的兴办,他通过关系在"工合"支持下,相继开办一些军需厂,组织军工生产军需品,克服物资短缺的困难。在泾县小河口建立了小河口兵工厂,专门制造、修理武器和修理汽车。1939年下半年,又在云岭建立小河口兵工厂分支机构性质的军部修械所,专门负责修理军部机关和皖南作战部队的枪支。从各类合作社发展情况来说,办得都比较成功,其中特别值得为外人称道的是宣纸联营生产合作社。

距新四军军部20里的小岭,当时为宣纸生产的主要集中地,日寇侵华前,纸槽有90多个,年产量达650吨。"七七事变"后,上海、南京、芜湖、杭州等商埠相继失陷,宣纸销路完全被阻,小岭及县内其他纸槽全部停产,纸工被迫出走。泾太事务所成立后,首先在小岭的双岭坑办起了宣纸联营生产合作社,1939年4月开始创办,合作社主任是蒋传元(即蒋传源),理事是曹金干,察事是丁秀生,经济保管员是曹振道,会计是曹鸿根。宣纸合作社一开始有两个纸槽生产,有工人30多人,由于事务所拨出大量现款资助,宣纸合作社生产比较正常。1940年上半年,在靠近小岭的梅村设立了原料加工生产合作社,把加工好的原料供给它生产,宣纸产量一年即达10多吨。到1940年底,泾太一带共有新四军组织生产的宣纸合作社40多个,共50多帘槽。很快,小岭一带的双岭坑、周坑、柏岭坑、金坑、

▲ 双岭坑宣纸生产合作社旧址

皮坦、方家山、西山和南容等地都办起了宣纸生产点。新四军在小岭等地组织"工合"生产宣纸的同时，还扶持小业主搞好宣纸生产。据小岭梅村曹晓五晚年回忆，当时他所在纸槽生产的宣纸，全部卖给新四军，新四军给他贷款，与他订立购销合同。由于采取了包购包销，不但粉碎了敌人的封锁，满足了各方面的用纸需要，而且使失业的纸工重新就业，稳定了当地人民的生活，也保护了中华民族这一艺术瑰宝的延续和发展。合作社生产的宣纸质量上乘，当年新四军创办的《抗敌报》《抗敌》杂志、《抗敌画报》《战士报》《共产党人》《战斗详报》，以及日文传单和毛泽东著作单行本《反对自由主义》《论持久战》《论新阶段》等，都用宣纸印刷过。此外，合作社生产的宣纸，还用来支持地方和友军，或用于"出口"，换回自己需要的多种物资。合作社生产军队和民众的生活必需品，为新四军的对日作战提供了有力的后勤保障。

第四章

中共中央东南局在泾县

一、中共中央东南(分)局的成立

1934年10月,由于中央苏区第五次反"围剿"失败,中共中央、中革军委和中华苏维埃共和国临时中央政府及中央红军主力被迫离开中央苏区,进行战略转移。长征前夕,中共中央对坚持南方游击战争做了部署,决定成立中共苏区中央分局和中央军区,以项英为分局书记兼军区司令员和政治委员。同时,成立以陈毅为主任的中华苏维埃共和国中央政府办事处。

留守在南方的红军游击队后来在8个省(江西、福建、广东、湖南、湖北、河南、安徽、浙江)内建立了互相独立的14个游击区,在极端艰苦的条件下坚持了3年游击斗争,经受住了严峻考验,保留了革命火种。随着日本侵华战争不断升级,民族矛盾日益上升为社会主要矛盾。1936年12月12日,西安事变及其和平解决的消息传到南方各游击区后,各游击区的党组织根据形势的变化,积极调整斗争策略,做好停止内战、联合抗日的思想准备。

1937年7月7日,卢沟桥事变爆发,全国抗战开始。中共中央根据政局变化,于8月1日发出《关于南方各游击区域工作的指示》,提出红军游击队在保存和巩固革命武装,保证党的绝对领导的原则下,可以与国民党地方当局谈判,"改变番号与编制以取得合法地位"。

9月下旬,项英、陈毅先后到南昌与国民党江西省政府就合作抗日进行了谈判,并达成协议。南昌谈判的成功,标志着南方地区国共合作抗日局面的基本形成。项英利用在南昌谈判的机会,积极寻找党中央的消息,使中央分局恢复了与中共中央的直接联系。

9月29日,项英、陈毅以中共苏区中央分局的名义发表《告南方游击队的公开信》,要求各游击队按时集中,听候改编并在南昌设立南方红军游击队总接洽处。项英、陈毅等回到赣南后,项英即赴南京、延安,向中共中央汇报请示工作。

12月14日,中共中央召开政治局会议,决定撤销中共苏区中央分局,成立中共中央东南分局,作为中共中央设在东南地区的派出机关,领导南方各游击区党的工作。东南分局书记为项英,副书记为曾山,委员有陈毅、方方。因方方留任中共闽粤赣省委书记,未能到职,1938年1月,项英提议增加黄道为委员,中共中央长江局批准了项英的提议。1938年3月,袁国平出任新四军政治部主任,亦为东南分局委员,后又增加郭潜、薛尚实为分局委员。东南分局主要领导地方党的工作,受中共中央和中共中央长江局双重领导。同时决定成立中共中央革命军事委员会新四军分委员会,以加强党对新四军工作的领导,委员有项英、陈毅、张云逸、袁国平、周子昆,项英任书记,陈毅任副书记。1938年1月6日,中共中央东南分局在南昌正式成立,书记项英,副书记兼组织部部长曾山(后涂振农),宣传部部长黄道,统战部部长涂振农(后黄道),青年部部长陈丕显,妇女部部长陈少敏(后李坚真),秘书长郭潜(后温仰春、李一氓),巡视员谭启龙、谭余保。东南分局开始驻南昌市东书院街危家大屋,与新四军驻南昌办事处(亦称驻赣办事处)合署办公,4月移驻南昌市高升巷原张勋的公馆内。

在中共中央东南分局和中革军委新四军分会成立会议上,项英传达了中共中央对东南地区党的工作和红军游击队集中编组的指示,研究分工,确定东南分局、军分会近期的主要任务是:第一,传达中共中央的新政策,广泛建立抗日民族统一战线;第二,迅速集中部队,开赴抗日前线。为了便于开展工作,会议决定东南分局对外称新四军驻南昌办事处。

东南分局最初的管辖范围包括赣、浙两省及闽、皖、鄂、湘、粤部分地区党的工作。此外,还与中共江苏省委(上海地下党)有工作关系。

▲ 中共中央东南局旧址(丁家山)

1938年的九十月间,日军向长江中游进攻,形势危急。为了在组织上做好武汉失守后的安排,大力发展华中,10月,中共六届六中全会决定在中共中央长江局组织领导区域内分设3个中央局,其中在长江以南的东南地区,将原东南分局改为东南局。东南局委员为项英、曾山、黄道、陈毅、袁国平、饶漱石,项英任书记,曾山任副书记(后增补饶漱石为副书记)。保留组织、宣传、统战3个部,青年部、妇女部分别改为青年工作委员会、妇女工作委员会,增设文委。"东南局仍与新四军一起",领导机关以原东南分局机关为基础,开始时仍驻南昌,由新四军驻赣办事处掩护,东南局的同志对外称办事处的工作人员。1939年3月,日军向南昌进攻,新四军驻赣办事处和东南局机关撤离南昌,迁往上饶,后又迁移到皖南泾县云岭新四军军部驻地附近的丁家山村,对外称新四军民运部。

东南局领导机构一直很不健全。书记项英忙于新四军军务，陈毅在前线指挥对日作战，黄道于1939年5月被国民党特务暗害。主持东南局机关日常工作的只有曾山1人。1940年4月，中央派饶漱石到东南局任副书记，加上秘书长，具体负责东南局工作的只有3人。

1940年秋以后，由于国民党军加紧反共，强令新四军撤到黄河以北。中共中央顾全抗日大局，做出重大让步，决定新四军江南部队北移。针对新四军军部即将北移抗日的新形势，1940年11月11日，东南局向中共中央建议将中原局扩大为中共中央华中局。中共中央复电同意。12月11日，中共中央决定东南局合并于中原局，江南所有战斗区域的党与部队统归中原局领导。12月，曾山率东南局机关干部50余人和警卫等100余人分3批离开皖南，途经苏南前往苏北与中原局会合。1941年1月，国民党顽固派发动皖南事变，东南局书记项英在突围后，于3月14日在泾县茂林赤坑山蜜蜂洞，被叛徒杀害。副书记饶漱石在突围后抵达上海。皖南事变后，东南局工作被迫停止。3月20日，中共中央决定由饶漱石任中原局副书记，曾山任中原局委员。4月，饶漱石、曾山奉中央电令从上海到达苏北盐城与刘少奇、陈毅会合。4月27日，刘少奇根据中共中央指示，将东南局与中原局合并成立华中局。5月1日，刘少奇等向中共中央报告了华中局的成立及领导成员分工。5月20日，中共中央批复同意。至此，东南局结束工作。

中共中央东南(分)局,是在抗战初期东南敌后抗战面临重大困难的局势下成立的,东南(分)局领导下的东南各省人民的抗日斗争是抗日战争历史的一个重要方面,也是中国共产党历史的一个重要组成部分。它的成立,使东南地区党组织和人民群众有了坚强统一的政治领导,其工作和取得的成绩,得到了中共中央的肯定。1939年8月,中共中央政治局召开扩大会议,总结南方局和新四军、东南局的工作。正在延安的中央军委新四军分会委员张鼎丞,在会上做了《关于新四军与东南党的工作》的报告。会议充分肯定了东南局的工作,认为东南局取得了下述成绩:(一)发展了统一战线;(二)扩大了党的组织;(三)推进了战争的动员;(四)进行了青年和妇女工作;(五)开展了工农运动;(六)建设了部队和武装力量。1940年6月,周恩来主持南方局常委会,听取新四军政治部主任、东南局委员袁国平关于新四军和东南地区党的工作的汇报,指出:"一年来东南局的工作在项英领导下是正确的。"①

在极端恶劣的斗争环境中,东南局领导东南各省人民积极贯彻执行中共中央的指示:组建新四军,集中整训并开赴抗日前线;整顿和扩大地方武装,大力开展新四军扩军工作,不断发展和壮大新四军力量;贯彻发展华中的战略方针,开辟和巩固抗日根据地;恢复、发展和巩固东南地区党的组织,加强党的建设和对党员

---

① 《中共中央东南局》编辑组:《中共中央东南局》(上卷),北京:中共党史出版社,2006年,第39页。

干部的教育、培训、培养,提高党员干部素质;领导青年工作和妇女工作,开展经济斗争,组织地方党组织转变斗争方式,保存革命力量;坚决执行中共中央的抗日民族统一战线政策和全民抗战方针,积极维护国共合作抗日大局,争取和团结各阶层、各党派、各方面人士投入轰轰烈烈的抗日救亡运动,打开了东南地区的抗日局面,调动了人民群众的抗战热情,沉重地打击了日本侵略者,为抗日战争的胜利做出了巨大的贡献。

二、加强东南各地党的建设

1938年3月25日,东南分局给长江局并中央的报告中统计:东南分局直接领导下的党组织有粤赣边特委、湘南特委、湘赣特委、赣北特委、湘鄂赣特委、皖浙赣特委、闽赣特委、闽东特委、吉安中心县委等,共有党员4600余人。土地革命战争时期,由于国民党当局的疯狂镇压、"清剿",东南分局管辖区域的党组织受到严重破坏,大批党员失散,党的组织被迫转入地下,处境非常艰难。迅速恢复和发展党的组织,成为东南分局成立后面临的一项十分迫切和重要的任务。

1938年2月25日,东南分局就目前形势和党的工作给各特委下达指示信。信中指出,目前形势正在紧张发展,我们除了迅速集中部队开赴前线外,应当避免正面冲突。在政治上以毛泽东的谈话作为宣传纲要答复他们,并向一切人做宣传解释,正确地在各地进行统一战线宣传,争取大多数人站在我们方面去反对少数坏分子。

为了加强对所辖党组织的领导,东南分局经常调各特委、中心县委负责人来分局讨论和研究工作,同时调一部分骨干分子当巡视员,到各地巡视检查。东南分局还制定了6项中心工作:第一,整理各地党的组织,建立党的工作、生活,大力发展党的组织,由山地扩大到城市和平原大埠;第二,利用一切方法加紧干部教育,大量提拔新干部,成为开展工作的基本条件;第三,利用一切可能去开展统一战线,打破目前江西、福建的沉闷局面,这需要彻底转变一切工作方式;第四,利用一切公开合法的名义深入群众,求得大大开展抗日的民众运动与武装群众等;第五,在目前主客观条件不可能出版刊物的情况下,尽量设法推销《新华》《群众》《解放》来扩大党的宣传和影响;第六,特别注意铁路、汽车、船夫等工人运动,大量吸收工作中的积极分子入党,同时要吸收救亡运动中青年先进分子到党内来,以便开展统一战线和城市工作。

1938年3月15日,中共中央发出《关于大量发展党员的决议》。4月2日,东南分局给省委、各特委下达猛烈发展党组织的《指示信》,要求:"发展党员坚决向工人、雇农开门,对他们把一切积极分子吸收到党内来。猛烈的发展党,绝不是要我们放松严格审查。各地应有计划地对新同志进行初步训练。教育新干部是开展统一战线与发展党的重要条件之一。"这封指示信,对各地党组织做好恢复和发展党的工作,起到了推动作用。东南分局除对原有党组织进行调整外,为适应新形势、新任务的需要,还建立了新的党组织,如中共南昌市委和中共赣江河流总支等。

项英还以东南分局书记的名义,要求新四军各部队积极参与地方党组织的恢复和发展工作。第一、第二支队进到苏南和第三支队展开于皖南后,均着手开办训练班,建立基层党组织。战地服务团从事民运工作的人员,通过在活动地区积极开展群众工作,发展党员,建立党组织。战地服务团团长吴仲超随陈毅到苏南后,担任苏南特委书记。1938年七八月间,新四军第二支队在苏皖边境的小丹阳、大官圩地区发展党组织,10月成立了中共当芜县委。与此同时,第一、第二支队各团也相继派干部到溧水、高淳、广德、郎溪等县发动、组织群众,建立溧水工委、溧高县委和广德县工委。

在东南分局的正确领导下,东南地区地方党组织迅速恢复,发展很快。至1938年夏,东南分局直接领导的党组织有:江西省委,下辖湘鄂赣特委、湘赣特委、赣南特委、吉安特委、万泰县委、东固特区委;浙江临时省委,下辖浙南特委、丽水特委、台州特委、宁(波)绍(兴)特委、金(华)衢(州)特委,9月,临时省委经中央批准为正式省委,此时已辖有55个县(工)委组织;福建省委,下辖闽东特委、闽赣特委;直属东南分局的还有赣东特委、皖南特委、南昌市委、赣江河流总支、丰城工委。江西党组织从1000多党员

发展到1.8万党员;南昌市委党员由不足百人,发展到近4000人;福建党组织也发展到4000名党员。①

随着党组织日益恢复和发展,如何巩固党的组织,加强党的建设和对广大新党员进行教育,成为一个亟待解决的新课题。

党的六届六中全会召开后,1939年3月,中共中央革命军事委员会副主席周恩来受中央书记处委托,以国民政府军事委员会政治部副部长的公开身份,到皖南视察,主要任务:一是传达贯彻党的六届六中全会精神,对东南地区党的工作作重要指示;二是敦促项英贯彻向敌后发展的指示,确定新四军的发展方向。同年8月25日,中共中央政治局做出了《关于巩固党的决定》,确定以整理、紧缩、严密和巩固党的组织工作为今后一个时期的中心任务,决定一般应停止发展党员。

为贯彻执行党的六届六中全会精神和周恩来对东南各省工作的指示精神,东南地区党的组织先后召开党的代表大会。1939年7月,浙江省第一次党员代表大会和福建省委辖区党员代表大会分别召开。12月,中共苏皖区第一次代表大会在苏南金坛县建昌圩召开,东南局副书记、组织部长曾山主持会议,陈毅做政治报告,大会确定党的主要任务是:执行党中央坚持抗战、坚持团结、坚持进步的总方针,团结一切抗日的进步力量,以扩大抗日民族统一战线,巩固和创造更大的抗日根据地,坚持大江南北的抗战。

---

① 中共江西省委党史研究室:《中共中央东南分局史略》,南昌:江西人民出版社,2005年,第11页。

会议根据中央决定,撤销苏南、苏皖、苏北3个特委,另成立苏皖区党委,统一领导3个特委所属党的组织。这次大会对于大江南北根据地的巩固和发展具有重要意义。

东南地区还开展了整顿党的组织,重新审查党员的工作。浙江省委在1939年4月和11月分别做出《中共浙江省委组织会议对今后任务的决定》和《中共浙江省委关于巩固党的决定》,严格党员审查和介绍程序,强调党员的党性和组织的纪律性,使浙江党组织得到巩固和扩大。福建省委以加强教育、审查干部、清洗组织为中心,自上而下开展组织整顿工作,纯洁了党的队伍,巩固了党的组织,提高了党的战斗力。在极其艰苦的斗争环境中,至1940年底,闽浙赣边区党员仍保持6000多名,成为该区抗日反顽斗争的中流砥柱和核心力量。皖南地区党的组织由于是在公开或半公开的环境中发展起来的,存在不少问题,如在短期内开展了7个县的工作,发展党员未严格按照党章进行,党员中有贪污、腐化、赌博等严重问题,不注意采取秘密的工作方法,党的生活与纪律不严格等。皖南特委和苏皖特委接到中央《关于巩固党的决定》后,立即采取有力措施整顿党组织。皖南特委召开县委书记联席会议,决定:(一)调查党员成分,洗刷不良分子;(二)年龄不及18岁者,劝其退居同情者地位或候补党员;(三)加强阶级教育;(四)停止已有25个党员的支部发展,没有党员的地方,继续发展;(五)支部、区委、县委划小。1940年5月,皖南特委针对中共泾县县委有9个区委、15个中心支部、350个支部、1353名党员的情况,将其划分为中共泾旌太、泾南、泾太3个县委。

东南地区党的组织还加强了对党员的培训,强化思想教育。东南局共举办了五六期培训班(也称党校、党训班),每期3个月至4个月。培训班由曾山领导,温仰春、李加林、陈野萍具体组织,培养了大批新四军党政军干部和爱国青年人才,为地方和部队输送毕业学生达6000多人。在皖南地区,中共徽州中心县委针对党员大多为知识分子且主要活动在城镇的状况,在歙县举办了两期党训班,每期10天左右,进行党的基本知识教育。

东南地区党的组织所做的这些工作,纯洁了党的队伍,增强了党员的党性和组织的纪律性,提高了党组织的战斗力。

三、中共皖南特委的活动

中共皖南特委,属中共中央东南(分)局领导,在歙县潜口成立,统一领导皖南地区的党组织。李步新、邓仲铭、谭启龙先后任书记。8月2日,皖南特委随新四军军部移至泾县云岭,机关先后驻云岭附近的章村、肖家、白果树。特委在新四军的帮助下,先后建立了徽州、歙绩休、太石旌、铜南繁中心县委,太平、旌德、铜陵、铜陵敌后(沦陷区)、繁昌、南芜宣、南陵、宣城、广德、青阳、泾县、泾南、泾太、泾旌太、旌泾等县委,泾旌太、石埭中心区委,太平区委和绩溪特支,共有党员 11345 人(1939 年统计)。①

新四军进入皖南后,皖南地区形成了国民党军队控制区、新四军驻防区和日伪军占领区 3 种地区犬牙交错的态势。在东南(分)局和新四军军部领导下,中共皖南特委结合实际,在不同地区采用不同方式组织民众抗日。

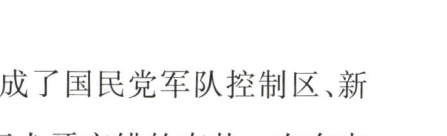

在国民党军队控制区,皖南特委成立的同时,以屯溪为中心的徽州中心县委成立(书记余华)。皖南特委和徽州中心县委分别派干部到广德、宣城、青阳、旌德、太平、休宁、黟县、屯溪、歙县等地区发展党员,并先后成立县级党组织;祁门、绩溪也先后成立了党的特别支部。第五战区安徽省民众总动员委员会皖南办事处和歙县、休宁、黟县、祁门、绩溪、广德、宣城、青阳、石台、太平等县动委会和青年工作团中,都被安排进了共产党员和进步人士,广泛深入开展抗日活动。如成立工人、农民、青年、妇女抗敌协会等抗日团体,进行抗日救亡宣传,开展劝募捐献救济苦难同胞,征集慰问信慰问前方抗日将士等活动。

在新四军驻防区,皖南特委积极协助新四军发动群众,宣传抗日,建立抗日组织,并配合新四军发展党员,建立党的组织。1938 年 8 月,中共泾县县委成立,不久,南芜宣边区、铜芜繁边区和南陵县也成立了县委。据特委民运部统计,约有 25 万群众参加了特委领导的农、工、青、妇、学抗敌协会等各种抗日组织。群众抗日组织

---

① 《中共中央东南局》编辑组:《中共中央东南局》(上卷),北京:中共党史出版社,2006 年,第 305 页。

积极宣传团结抗日,并开展减租减息、抗费、增加工资等改善民生的工作。特别是各群众抗日团体都将抗日宣传列为重要工作,1938年下半年,云岭农抗会一成立,就提出了"巩固扩大抗日民族统一战线"的口号,宣传"有钱出钱,有力出力""中国人不打中国人""枪口对外,一致抗日"。茂林工抗会一成立,就办了一期工人训练班,进行游击战和正规的军事训练,还办了6个识字班,参加学习的男女青年有100多人,识字课本的主要内容就是抗日。此外,在党组织力量较强和统战工作较好的地方,还建立了农民自卫队、冬防队、锄奸队、猎户队、递步哨等群众抗日武装,维护地方治安,站岗放哨,侦察敌情,传递情报,捉拿敌探。

在日伪军占领区,新四军军部在第三支队进入铜繁之前,就派人到铜陵敌后开展工作,发展党员,建立党组织,组织群众抗日团体和进行游击武装。第三支队进入铜繁前线后,1940年5月,成立了铜陵敌后县委,接着成立了铜陵敌后抗敌自卫委员会。秋天,又成立了敌后军政委员会,统一领导敌后游击区的党、政和武装组织。在第三支队和地方党组织的领导下,人民群众组织游击队,经常袭击日伪军,为皖南特委提供了许多物资支援。

抗日战争进入相持阶段后,国民党消极抗日,积极反共,时局急剧变化,这就要求国统区内的中共党组织必须转变斗争方式。东南局和新四军军部从国统区抽调大批干部到战区和敌后农村开展工作,将国统区党组织加以整顿,转入农村和地下。皖南特委坚决执行这一重大战略方针。1939年7月,在第二支队司令部驻地宣城狸头桥成立中共苏皖特委,谭启龙任书记,统一领导苏皖边区第二支队活动地区的党组织。特委成立后,主要活动在宣、郎、广、当(涂)、高(淳)、芜(湖)等地,发展党的组织。皖南特委抽调大批干部对苏皖特委进行支援(特委领导多为原皖南特委领导)。皖南特委还积极加强重要交通线上党组织的建设,以保证东南局和浙江、苏南地区的联系,便于指导工作。在宣城东部地区,即以孙家埠为中心的地区,1939年4月,皖南特委抽调罗白桦、孙宗溶等到此区域开展工作,成立特别支部,得到当地进步人士的支持,在孙家埠立足。10月,皖南特委又派干部到孙家埠充实当地党组织,将特支改为中共宣城县工委。在宁东地区,中共浙西特委(属中共浙江省委和中共中央东南局双重领导)为了打通与中共中央东南局的联系,在宁东地区成立了中共虞家村支部(又称中共仙霞支部),后成立中共宁东区委。在赣北到皖南的交通要道上,中共赣北特委从1939年2月开始派人到祁门南部活动,1940年夏建立了中共祁门县工委。在郎溪县,1939年4月,国民党皖南行署在郎溪梅渚镇设立进出口货税处,中共中央东南局通过关系,将担任行署视察员的中共党员石云阶派往货税处任处长,原屯溪货税处的中共党员宋天波等7人也一同被派到郎溪。7月,在货税处内部成立中共支部,主要负责苏皖间的交通。1940年夏,中共江苏省委派梅光庚等4人通过关系到郎溪国民党县政府工作,梅光庚任县长,准备和新四军军部取得联系后,开展交通工作;9月,秘密成立党小组,因未见新四军军部来人联系,即

自主活动。在广德,1940年初,苏皖区党委将广德北乡中共横岗支部划归中共宜南县工委领导,依靠横岗支部成员,利用合兴饭店从事收集情报、掩护党组织活动,打通了苏南与浙西的联络。重要交通线上党组织的加强,保证了东南局和浙江、苏南地区的联系,有利于东南局指导工作。

1939年以后,在第三战区,以顾祝同为代表的国民党顽固派,忠实执行国民党五届五中全会确定的反共方针,制发了《第三战区各省防制共产党活动实施办法》《关于取缔中共各项"违法"活动及限制办法》《防制新四军活动办法》等反共文件,在皖南国统区成立了"限制异党活动委员会",打击、排斥共产党员和进步分子,加强特务分子的监视活动,取缔进步组织和进步报刊书籍,严禁共产党员的存在与活动。

1939年秋,皖南各县政府在接到反共文件《限制异党活动办法》后,开始搜捕共产党员,破坏抗日活动。反共限共活动日益升级,逐步从政治反共走向军事反共。面对白色恐怖,皖南特委被迫将大批共产党员撤退出来,仍然留在国民党军队控制区的党组织,实行隐蔽精干的方针,进行秘密活动,积极向农村发展。

1939年9月,中共中央发出《关于巩固党的决定》,针对前一阶段全国在大量发展党员过程中出现的种种问题,提出了巩固党的要求。皖南地区中共组织根据中央的统一要求,并结合皖南实际,对所属党组织进行了整顿和巩固,提高了党组织的战斗力。

1940年10月,国民党发出"皓电",掀起了第二次反共高潮。

中共中央审时度势,做出新四军军部和皖南部队北移的决定。1940年11月,皖南特委根据东南局的部署,召开县委书记会议,研究布置皖南新四军活动地区地方党组织有关人员撤退工作,对不能撤退的共产党员提出要求:在环境恶劣的情况下,可以跟在一般群众后面,以农抗会员的面目自首,不能以共产党员的身份出现,自首时要和国民党顽固派进行说理斗争。随后,皖南特委又召开了第二次县委书记会议,要求各县委抓紧动员身份暴露的共产党员撤退,规定共产党员也可参加到新四军中,不愿意随军北移的,要通过亲戚朋友关系转移隐蔽,不能被动地原地等待。

中共泾太县委、泾南县委、泾旌太县委根据特委要求进行了布置,还特别要求留下坚持的同志准备组织武装进行游击活动。特委还将青弋江以北地区划归泾旌太县委领导。

在国统区,党组织完成斗争方式的转变,进入隐蔽斗争。中共宣城县委和旌德县委撤退大批党员后,工作重心转到农村和山区。中共绩溪区委领导撤退后,区委活动停止。旌德县委部分应撤退党员未撤退的,遭逮捕、杀害,少数人叛变。

1940年底,皖南的斗争形势越来越严峻。在皖南特委安排好地方工作后,东南局于北移前夕决定撤销皖南特委,成立新的秘密皖南特委坚持皖南斗争,秘密皖南特委由黄耀南任书记,张伟烈、胡明、孙宗溶、崔思权为委员,在特委下面成立铜繁芜、泾旌太、南芜宣、徽州4个中心县委,张伟烈、胡明、孙宗溶、崔思权分别为4个中心县委的书记。

四、指导新四军组建和扩军

1937年8月至12月,国共两党就南方各省红军游击队改编的建制、编制、干部、装备等具体问题,先后在南京、南昌、武汉进行多次谈判。南方各红军游击队也相继与国民党地方当局达成停战和合作抗日的协议。

9月28日,国民政府军事委员会宣布叶挺为国民革命军陆军新编第四军军长。10月12日,又宣布南方8省边界地区的红军游击队改编为新四军。11月上旬,中共中央正式同意叶挺任新四军军长,指示他从延安回武汉组建新四军军部。为此,12月14日,中共中央政治局会议专门讨论了南方游击区和新四军工作问题,确定了新四军编组的原则、部队的布置和新四军的领导人。长江局和东南分局依据这些原则着手进行新四军的组建工作。12月23日,中共中央代表团与中共中央长江局在武汉召开第一次联席会议,第一项议程即讨论新四军工作,要求红军和游击队迅速集中改编,早日开赴前线;进行分工,项英主要抓军队工作,叶剑英拟定新四军作战方案。25日,叶挺、项英和张云逸在汉口大和街26号召开军部机关干部大会,标志着新四军武汉军部的成立。1938年1月4日,项英率军部离开汉口,6日抵达南昌。

1月8日,国民政府军事委员会核定了由中共中央提交的新四军编制通报,同意新四军编为4个支队,第一、第二、第三支队隶属于国民党第三战区,第四支队则由国民党第五战区管辖,陈毅、张鼎丞、张云逸、高敬亭分任第一、第二、第三、第四支队司令员。由于4个支队尚未集中,新四军军部和东南分局负责人分赴各游击区传达动员,集中部队。

项英和曾山于1月16日动身去湘赣边游击区。在吉安,项英、曾山会见了中共湘赣边临时省委书记、军政委员会主席谭余保。第二天,项英、曾山及项英的秘书郑伯克、新四军组织部副部长汤光恢等人,随谭余保乘汽车一同前往湘赣边红军游击队的大本营——莲花县棋盘山垄上村。

项英和曾山与谭余保等研究集中编组事宜,确定:湘赣边红军游击支队参谋长段焕竞、政治部主任刘培善,率湘赣边红军游击队主力编入新四军第一支队第二团,为第一大队;另留一特务大队,随谭余保留下坚持斗争。同时,还对地方党的工作进行了布置:改湘赣边临时省委为湘赣特委,组建3个县委,着手开展吉安城市工作和统战工作等。

1月下旬,项英和曾山一行到达大余县池江镇。经与杨尚奎、陈丕显等研究决定:将赣粤边红军游击队700多人改编为新四军第一支队第二团第二营;将湘南红军游击队,改编为新四军第一支队第二团第三营一部。项英、曾山还同赣粤边特委研究了地方工作。为了保存赣南革命战略支点,决定撤销赣粤边特委,成立

赣南特委,杨尚奎任书记。项英、曾山参加了2月2日至6日召开的中共赣南特委第一次会议。项英在讲话中传达了中共中央关于抗日救国十大纲领以及保持南方战略支点的指示精神,分析了赣南的政治形势,要求特委和县委充分利用当前较好的政治环境,积极发展党的组织,壮大党的力量,巩固与扩大抗日民族统一战线,广泛开展抗日救亡运动,保护游击区人民的既得利益。

1938年2月15日,项英和曾山在南昌会见了闽浙边游击区负责人刘英派来的代表龙跃、余龙贵,听取了闽浙边游击区工作情况的汇报。项英、曾山向他们传达了党中央的指示,并决定由粟裕率领闽浙边红军游击队集中编入新四军,刘英留浙江坚持斗争。鉴于涉及闽浙边游击区主要领导人的工作安排,项英委托曾山前往浙江迅速传达和部署。曾山随龙跃、余龙贵前往浙江,3月10日左右,抵达中共闽浙边临时省委所在地和闽浙边红军游击队集结地——浙南平阳县山门街。曾山向刘英、粟裕等传达了中共中央政治局《对于南方游击区工作的决议》,对他们在蒋介石统治的腹心地区坚持了3年游击战争给予高度评价和亲切的慰问。曾山宣布中共中央东南分局及新四军军部决定:刘英主持浙江省的工作,带领部分武装和干部继续留在浙江坚持斗争;粟裕率闽浙边红军游击队约500人,编入新四军第二支队第四团第三营,开赴皖南岩寺。

2月2日,根据东南分局和新四军军部的指示,新四军参谋长张云逸和黄道从南昌军部出发,赴江西铅山县石塘镇及闽东地区,筹建新四军第三支队,并指导第五团、第六团整编和出发。他们于2月9日到达闽北游击队集结地——石塘,并于当天在一所学校里举行了第五团营以上干部就职仪式。会议由张云逸主持,黄道代表中共中央东南分局和新四军军部宣布命令,闽赣边区红军游击队改编为新四军第三支队第五团,团长饶守坤,副团长曾昭铭,全团1500余人。

2月初,陈毅来到皖赣边,指导红军游击队的改编和整训工作。在浮梁、瑶里期间,陈毅主持召开了红军游击队和地方党组织负责干部会议,传达了中共中央关于国共合作抗日的方针和南方游击队改编为新四军的指示。陈毅宣布由皖赣边红军游击队改编成的江西抗日义勇军第二支队正式编入新四军第一支队第二团第三营,下辖第七、八、九连。全营500多人在瑶里举行抗日誓师大会,会后部队开往皖南岩寺集中。

1938年1月,叶飞到南昌新四军军部汇报工作后,新四军军部决定对闽东红军游击队进行整编,并派政治部组织部长李子芳随叶飞到闽东指导整编工作。1月24日,部队开到屏南棠口整编,李子芳和叶飞宣布闽东红军游击队正式改编为新四军第三支队第六团,由叶飞任团长、阮英平任副团长。第六团下辖3个营。全团1300多人经过一个多月的集中整训后,于2月14日开赴皖南岩寺集中。

1月17日,新四军参谋处处长赖传珠从南昌军部出发,19日到达湖南平江,检查指导湘鄂赣红军游击队集中改编工作。赖传

珠宣布:由湘鄂赣红军游击队改编成的抗日游击第一支队正式改编为新四军第一支队第一团。团长傅秋涛,副团长江渭清,参谋长王怀生,政治部主任钟期光,下辖3个营,全团约1100余人。①

到1938年4月,南方8省的红军与游击队,在高度分散,交通、通信联络非常困难的情况下,胜利完成了下山、集中改编为新四军并开赴皖南的任务。

3月23日,项英向长江局汇报新四军集中、改编等情况,长江局肯定"东南分局执行中央政治局会议决议,集中部队与整理地方党部工作是有成绩的",重申"新四军应继续集中部队到前方的方针"。3月25日,东南分局向长江局和中共中央详细汇报了江南各部队集中参战的人、枪支等情况。4月4日,新四军军部告别南昌,开往皖南岩寺,率领全军大踏步深入敌后。

根据中共中央的指示,东南局还大力开展了新四军的扩军工作。中共中央向东南局、新四军下达的扩军指标是1万人。东南局和新四军军分会召开联席会议,决定东南分管地区的扩军数目为6800人。新四军苏南部队在艰苦复杂的游击环境中,提出"一边打仗、一边建军"的口号,从宣传发动群众入手,开展扩军工作,逐步实现部队的地方化和江南化。此外,还通过积极扶持发展地方游击队的途径,有计划地将其发展为主力部队。活动于苏南、苏皖边的新四军第一、第二支队还积极帮助地方党组织发展警卫

---

① 《中共中央东南局》编辑组:《中共中央东南局》,北京:中共党史出版社,2006年,第199—202页。

连、自卫团、区大队等武装力量,普遍成立不脱离生产的群众游击小组,使其成为新四军不断扩充的后备兵源。

由于坚持独立自主和放手发动群众的方针,到1939年秋,新四军第一、第二支队已由初到苏南时的4000余人发展到1.4万余人。部队吸收了大量知识青年和医务、技术人员,提高了文化素养。新四军活动的芜(湖)铜(陵)繁(昌)地区,在新四军第三支队和地方党组织的帮助下,先后建立了骆云山游击队、沙洲游击大队、铜陵独立连等地方抗日武装,游击队抽调出300多人,编入新四军第三支队第五团第一营,给新四军的扩军工作以有力支持。

在东南局的正确领导下,到1940年8月下旬,"扩军工作正在战区与敌后采取急进的执行",皖南完成300人,苏皖地区并苏北完成4224人。因而东南局决定,今后除江阴以东外还将扩大主力5000人,皖南六、七、八等区扩大1000人,在"无党及党弱地区发展扩大自卫队4000人"。同时,在可能的地区普遍建立地方武装,扩大自卫队,积极同敌伪和国民党顽固派开展斗争。

第五章

国内外支援新四军抗战

一、上海人民的支持

新四军自组建起,中共江苏省委即动员上海人民在人力、物力、财力上全力支援新四军。单从物资上来说,大到机床、印刷设备、收发报机,小到各类书籍、日用品、御寒衣被,都源源不断地送往皖南军部。

上海民众慰劳团赴云岭军部慰问。1938年夏,上海地下党负责人刘晓、沙文汉、林枫来到云岭新四军军部和丁家山中共中央东南分局驻地会见项英、李一氓、曾山等领导同志。会见时,项英对刘晓、沙文汉说,希望上海地下党同志能在经济上、人员上给予帮助。

刘晓、沙文汉回到上海,动员和组织人力、物力支援新四军。

1938年12月,上海第一批各界民众慰劳团到皖南慰问新四军。慰劳团由文化界救亡协会理事顾执中任团长,王纪华(中共党员)任副团长,团员有姜平、朱立波、姚惠滋等,美国《大美晚报》记者杰克·贝尔登随团同行。慰劳团一行12月中旬从上海出发,经温州、青田、屯溪、太平到达泾县章家渡,受到项英等军部领导人的欢迎。

为欢迎慰劳团的到来,军部在陈家祠堂举行了盛大的欢迎晚会,在热烈的掌声中,项英、袁国平、邓子恢、李一氓、赖传珠和上海民众慰劳团的成员一起登上了主席台。项英代表新四军向冒着危险、远道而来的上海民众慰劳团表示热烈的欢迎。慰劳团团长顾执中、副团长王纪华先后致辞慰劳,美国记者贝尔登也做了讲话。慰劳团向新四军敬献了"变敌人后方为前线"的锦旗,上海工人救亡协会也向新四军赠送了写有"民族解放的先锋,工农大众的前卫"字样的锦旗,项英等同慰劳团成员在锦旗前合影留念。慰劳团在云岭停留了5天,返回上海后,立即组织该团成员采取多种形式宣传新四军英勇抗战的生动事迹,举办小型展览会,展出新四军赠给上海人民的战利品和照片等实物,介绍新四军后方医院设备简陋、缺医少药等困难。《译报周刊》刊出了《转战江南的新四军》特辑和《新四军小丛书》等,发表了大量的通讯、文章和照片,扩大新四军的影响,推动了节约救难、劝募寒衣、义卖义演等群众支援新四军活动的开展。

1939年2月开始,上海地下党又组织第二批民众慰劳团赴皖南。团长为吴大琨(上海地方协会代表),副团长殷扬(扬帆,文化界救亡协会),团员有王元化、田荒(白沉)、王曼秀(王婴)、于戈(于惠如)、林非、杨弃、贝岳南、韩心一、梁山、陈化、蒋若虹、丁香、司徒扬等。团内有党员3人:殷扬、王元化和杨弃,组成了中共支部,殷扬任支部书记。

慰劳团基本上是沿着第一批慰劳团的路线行进的,新四军派陈昌吉以红十字会职员身份掩护陪同,团员分两批从上海乘轮船到温州。由于国民党的阻挠,慰劳团在温州、金华一带被阻两个多月,后经周恩来亲自交涉才得以离开,4月底到达军部。5月1日,新四军军部召开大会,欢迎上海民众慰劳团,项英致辞对上海各界人民给新四军的关怀和支持表示感谢。多年在上海从事文化工作的殷扬,留下参加新四军,并改名为扬帆,开始了他的戎马生涯。在他的带动下,大部分团员参加了新四军。吴大琨离开军部时,项英派一名副官护送,并给了一些路费,后在太平被国民党扣压,并关押到上饶集中营,被无故关押3年半后才得以保释出狱。

两次组团慰问新四军,在上海滩引起强烈反响,各界群众掀起了声援、支持新四军的热潮。在上海地下党的领导下,开展了节约救难、劝募寒衣等活动。当英商办的《每日译报》登出代收捐款的消息后,工人、店员、妇女、学生、儿童纷纷到报馆捐款。妇女们亲手制作各种手工艺品、玩具,举办义卖会。益友社女友部的社友,制作了"八角西洋镜"、儿童绒衫裤、鞋帽,进行义卖,所得款项全部捐献,第一笔捐款即达17.8万元。

为新四军输送物资和人才。上海慈善团体联合救灾会(简称慈联会),是1937年上海市市长吴铁城召集成立的,许世英为主任,中国佛教会主任秘书赵朴初任慈联会常务委员。八一三淞沪抗战爆发后,大批难民逃进租界,露宿街头,处境艰难,赵朴初等决定,在慈联会内设立一个救济战区难民委员会,上海地下党选派中共地下党员许晴、焦明、汤镛等到慈联会,同赵朴初一起做难民工作。经上海地下党和新四军军部商定,决定以"赴江西垦荒"名义,组织难民赴温州,新四军派人到温州迎接并转送至云岭军部。第一批自愿报名并通过审查合格的就有700多人。据不完全统计,1938年到1939年期间,经上海地下党秘密动员输送到皖南、苏南和上海周边各县抗日游击队的难民,总共有3000多人,其中送到皖南参加新四军的有1500人。[①] 抗战期间,上海人民通过多种渠道动员参加武装斗争的约有2.1万人,其中工人、店员占大多数,其次是青年学生、文教工作者、医务人员等,仅印刷系统在1939年和1940年两年中,参加新四军的就有100多名党员和1000多名工人。职业界仅百货业一个行业,参加新四军的就有600多人(其中党员200多人)。不少人毅然放弃大城市生活投奔新四军,参加艰苦的抗日斗争。

新四军军部驻皖南期间,上海八路军办事处负责人刘少文取得爱国人士姚惠泉的支持和帮助,将工商界爱国人士捐献的细布

---

① 中国新四军和华中抗日根据地研究会:《新四军与抗日战争》,南京:南京大学出版社,1995年,第507页。

7000匹、胶鞋4万余双和大量药品等部队急需物资,利用海关的关系,辗转运送到云岭军部,对新四军克服军需物资上的困难起了很大的作用。

上海煤业救护队对新四军的援助。上海煤业救护队是上海职业界的一个行业救亡组织。八一三淞沪抗战爆发后,上海煤业同业工会组成救护委员会,在中国红十字会的旗帜下,参加了淞沪抗战。1937年11月,煤业救护队随国民党军队撤到屯溪整顿,不久继续撤往南昌。1938年1月,煤业救护队在叶进明、忻元锡、王公道等共产党员的率领下,共120人,25辆汽车,集体参加了新四军,这批人后成为新四军后勤战线和各级兵站的骨干力量。他们加入新四军后,迅速投入紧张而又艰辛的运输工作,在很短的时间内将分散在粤赣、湘赣、湘鄂赣、赣东北、闽北等地的红军游击队领导人、伤病员和部分战士运送到皖南岩寺。煤业救护队以红十字会公开合法的身份长途往返于温州、宁波、金华、屯溪和岩寺之间,接运从上海输送到新四军的各种人员约2000人,还输送上海转来的大批医药、器械、印刷设备等物资到新四军,这对于成立初期的新四军,起到了雪中送炭的作用。

煤业救护队帮助新四军筹建印刷所。忻元锡、叶进明带领的煤业救护队对于新四军的一个最具建设性贡献,是筹建了一个印刷所。上海地下党为新四军采购全套印刷设备,动员了一些技术人员到皖南筹办印刷所。印刷所最完整的时候,有全套的铜模,有一、二、三号的轮盘机三台,有四开机一台,石印机一台,甚至还有打纸板和胶版的全套新设备。排字、铸字、刻字、印刷、装订、校对这些工种都是完备的。① 承担的任务主要是印制《抗敌报》三日刊和《抗敌》半月刊。除此之外,印刷厂还要印许多军政治部编印的文件和学习材料,如毛泽东《论持久战》等,为新四军的文化建设做出了独特的贡献。

二、海外华侨对新四军抗战的支援

海外华侨具有爱国爱乡的光荣传统,他们虽然远离祖国,但始终和祖国同呼吸、共命运。抗日战争爆发后,华侨积极参加抗日救亡运动,虽身在异域,但心系祖国,在经济、物资、人力方面不遗余力地支援祖国抗战,有的甚至直接回国参军参战,为抗日战争的胜利做出了积极贡献。

(一)华侨对新四军在经济、物资上的援助

战争不仅是军力的比拼,更是经济、政治的较量。在长达14年的抗战中,身为异乡他客的海外华侨时刻关注着战争的进程,迅速组织和行动起来,在经济上全力支援祖国抗战。华侨在"有

---

① 李一氓:《李一氓回忆录》,北京:人民出版社,2001年,第254页。

钱出钱,有力出力"口号的号召下,积极募捐各种款项,通过各种渠道汇回国内支援抗战。

全国抗日战争爆发后,华侨立即在侨居地建立各种援助祖国抗战的救亡组织。1937年8月15日,新加坡华侨筹赈祖国伤兵难民委员会成立,陈嘉庚被推选为主席。不久,菲律宾成立了以李清泉为主席的菲律宾援助抗敌委员会,该会提出"鼓励侨众开展爱国运动,以人力援助政府抗敌御侮"的宗旨,并在各省、市设立分会开展工作。为统一组织和发动南洋华侨支援祖国抗战,1938年10月,南洋华侨筹赈祖国难民总会(简称"南侨总会")在新加坡成立,马来西亚、新加坡、菲律宾、印尼、越南、缅甸、泰国、中国香港等地的华侨救亡组织参加,陈嘉庚被选为主席,庄西言、李清泉为副主席,各地代表作出了每月为祖国捐款400万元直到抗战胜利为止的重要决议。这些救亡团体再加上原有的数以千计的各类华侨社团,成为支援祖国抗日包括新四军抗战的重要力量。

华侨在筹赈会等的组织下,掀起了为抗战捐款捐物的热潮。陈嘉庚自南侨总会成立以后,就每月认捐2万元,直到抗战胜利为止;在南洋经营"虎标良药"的老板胡文虎,从抗战开始到1939年,1人就认购了抗日爱国公债250万元,加上义捐超过300万元。抗战期间,华侨捐款、购买救国公债及侨汇是国民政府外汇收入的主要来源,华侨捐款以国币计达50亿元以上,其中,陈嘉庚领导的南侨总会在从建立到太平洋战争爆发的4年中筹交国民政府的捐款、公债及侨汇以国币计达30亿元以上。马来西亚华侨从 1938 年至 1941 年平均每月筹捐 420 万国币,3 年合计 1.51 亿元,如果加上七七事变至 1938 年义捐款项,总数约在 1.8 亿元至 1.9 亿元。

在美洲,成立了由著名爱国侨领司徒美堂领导的纽约抗日救国筹饷会。司徒美堂出生于广东省开平市一个贫困农民家庭,1894 年在美国波士顿组织安良堂,在致力于安良堂工作的同时,还积极支持孙中山领导的民主革命。抗战时期,司徒美堂全力支持祖国的抗日救国运动。为了支持国内抗日,司徒美堂与旅美爱国华侨共同发起组织纽约华侨抗日救国筹饷总会,并与宋庆龄领导的"保卫中国大同盟"保持密切联系。他积极发动华侨捐款支持抗战,动员和组织爱国华侨团体,用筹赈箱、义卖、义影、义赛等多种形式集资,支援祖国抗战,其筹集的许多物资就是通过宋庆龄领导的"保卫中国大同盟"运送到新四军指战员手中的。泰国归侨,在新四军政治部敌工部工作的陈子谷,是泰国大富商陈峥嵘的孙子,1939 年接到泰国家信,说祖父去世,要他回泰国分遗产。叶挺军长得知此事,就让陈子谷以自己秘书的身份赴泰,一方面领回遗产,另一方面在侨胞中进行抗日爱国宣传,为新四军募捐筹款。陈子谷把在泰国分得的遗产 20 万元和华侨捐款 6 万元,全部寄给新四军,当时这笔钱相当于国民政府拨给新四军的两个月的经费,而自己只领每月 6 元钱的津贴费。据担任过新四军敌工部部长的林植夫回忆,在他任敌工部部长期间,一次就收到香港转来的华侨捐献款项 200 万元。

华侨的捐献成了祖国抗战所需财力、物力的重要来源之一。广大华侨急抗战所需,捐献大量布匹、衣服、器材、药品、汽车、飞机等军需物资。在华侨领袖陈嘉庚、司徒美堂的带动下,捐献了大量汽车,其中纽约、缅甸华侨各捐献100辆。旅美华侨有感于当时国内飞机奇缺,先后捐献飞机50架。1938年8月,马来西亚50名爱国华侨筹款,买了2辆救护车和一批急救药品,组织4名汽车司机回国服务,支援新四军和八路军,其中1辆救护车、2名司机安全地到达新四军军部。南洋华侨在药品方面的捐助,单奎宁丸一项,寄给祖国的价值就达250万元之多。菲律宾的粤侨联合会妇女慰劳分会,一次捐款2万元,买来一批医药用品和冬季服装,送给新四军。1941年8月25日,陈毅在《四年抗战与新四军现状》一文中曾经这样说:"特别是从民国二十九年(1940年)秋,(国民政府)每月13万经费也完全停止。以我军医设备而言,本军完全依靠国外侨胞与国际同情者之援助。"

(二)华侨对新四军在人力上的支援

华侨对祖国抗战的支援,除了以巨额财力、物力资助外,还派出上万名优秀儿女回国参战,他们活跃在各抗日根据地和游击区。到新四军工作的,有的分在政治部、教导队等军部机关,有的直接到作战部队,以自己的实际行动诠释了海外儿女热爱祖国的赤子情怀。

在华侨归国参加抗战的队伍中,以东南亚华侨居多。他们组成杀敌义勇军、华侨空军义勇军、华侨飞行员战斗队、华侨汽车工友归国服务团、菲律宾归国华侨青年乐队等救国团体,一批批回国参战。这些归国华侨,冲破种种封锁和阻挠,冒着生命危险,来到抗日的前线。以陈嘉庚为主席的南洋华侨筹赈祖国难民总会就输送了3200多名司机回国,在滇缅公路以及西南各省服务。在南方8省红军游击队改编为新四军时,许多华侨放下学业或职业,离别亲人,不畏艰险,长途跋涉,回到祖国参加新四军,投入到对敌作战中。

在东南亚各国华侨输送人力回国参战热潮中,菲律宾侨团对新四军倾注了极大的热情。1938年1月,菲律宾华侨救国义勇队在总领队沈尔七、队长戴血民、副队长余志坚的率领下,从菲律宾启程,克服重重困难,到达闽西并参加了新四军第二支队的整编,后更名为"菲律宾华侨回国随军服务团",随由闽西红军游击队改编的新四军第二支队北上抗日。第二支队到达皖南军部后,这批华侨编入军部教导总队学习,结业后走上抗日的前线。

1939年春,沈尔七、许振文奉军部命令重返菲律宾,动员侨胞回国参军参战。菲律宾侨劳联会很快组成了一支由24人组成的劳联会回国慰劳团(简称"慰劳团"),由共产党员王西雄为团长,沈尔七为副团长,主要成员有张匡时、王汉杰、吴华光、郭建等。当地侨团为慰劳团捐赠了一批药品和几十面锦旗,还捐赠了一套西洋乐器作为宣传工具,聘请指挥随团做艺术指导。经短期培训,乐队能够演奏《义勇军进行曲》《国际歌》《八路军军歌》等乐曲。5月,慰劳团抱着"不打走日本鬼子,绝不回家"的决心离菲回国。在八路军驻桂林办事处的帮助下,辗转桂林、湖南衡阳到达江西上饶。适逢叶挺军长在上饶,叶军长接见了慰劳团全体成员,欢迎大家到云岭军部去。在皖南军部,慰劳团受到项英等的欢迎。皖南军部安排他们在靠近中村教导队的一个村庄住宿,军部给大家发了棉衣、棉裤、棉大衣、棉帽、棉被等。慰劳团把菲律宾侨团赠送的几十面锦旗和一批药品献给了新四军。在军政治部安排下,慰劳团先后赴军部直属机关、第二支队第三团和第三支队司令部慰问。慰劳团在前线完成慰劳任务后,全团人员集体报名参加新四军。军政治部把大部分团员送往教导队学习、培训,结业后大部分人被分配到新四军各部队参加敌后游击战争,副团长沈尔七被安排到政治部搞民运工作。1941年,沈尔七奉命第三次回菲律宾组织人力、物力支援新四军;1942年,沈尔七在一次反顽战斗中牺牲,时年28岁。仅沈尔七就先后3次组织100多名菲律宾华侨回国参军参战,为抗战做出了巨大贡献。

  沈尔七是爱国华侨青年的杰出代表,他回国参加新四军,为抗战救国献身的精神,值得后人敬仰。新四军政治部组织部部长李子芳,也是菲律宾华侨,1927年李子芳回国参加革命,参加过二万五千里长征,新四军组建时担任政治部组织部部长,为新四军组织建设做了大量工作。皖南事变中他被国民党逮捕,被关押在上饶集中营。在狱中,他通过各种渠道联络被关押的新四军指战员,成立狱中党支部并任支部书记,领导狱友开展狱中斗争,最终惨遭国民党杀害。

被新四军军长叶挺赞为"一位'富贵于我如浮云'的爱国赤子"陈子谷,同样是一位在皖南事变中被捕并关押在上饶集中营的爱国华侨。新四军高级指挥员中,也有一批华侨,叶飞是其中的杰出代表,他出生于菲律宾的一个华侨家庭,自幼回国学习,新四军集中整编时任第三支队第六团团长,皖南事变后任新四军第一师副师长、师长,苏中军区司令员,苏浙军区副司令员,是一位令敌闻风丧胆的战将。

华侨对新四军其他方面的支持。除了经济、人力、物力的支援外,海外华侨积极开展抗日救亡宣传活动,动员和号召华侨积极行动组织起来,支援祖国抗战,从精神上给予援助。世界各地侨胞利用创办的报纸杂志宣传抗日救国主张,揭露日本侵略者屠杀无辜平民的残暴行径和汉奸、特务破坏抗战的阴谋。各地的华侨抗日救国会组织剧团演出抗日戏曲,教唱抗日救亡歌曲,宣传新四军奋勇杀敌的事迹,唤醒广大侨胞,使其成为祖国抗战的坚强后盾。菲律宾青年在马尼拉大光明剧院,经常公演《卢沟桥》《放下你的鞭子》《打回老家去》《最后关头》等抗日剧目。许多华侨团体组织了回国慰问团、服务团,到新四军军部和所属各部队进行慰问演出,带来了华侨们精神上的支持。不仅如此,海外华侨对新四军指战员精神上的支持,还体现在新四军归侨战士矢志抗日、忠贞不渝的信念和英勇斗争的行动上,他们以甘洒热血的献身精神,为新四军的光荣历史添上浓墨重彩的一笔。

归侨战士在皖南事变中经历了血与火的考验。皖南事变中,

新四军军部和直属队的归侨战士有七八十人,在突围中,一批归侨战士随新一团突围过江,坚持江北抗日斗争。军部青年科长泰国归侨陈惠、组织干事陈宜,原菲律宾"慰劳团"的张百钧、庄永民、杨民生、傅有志等没有战死在抗日战场,却牺牲在国民党顽固派的屠刀下。被俘的归侨战士被关押在上饶集中营,他们与难友一道,与法西斯特务进行了宁死不屈的斗争。

在上饶集中营,特务采取怀柔、恩威并重等卑劣手段,对爱国志士重刑摧残,企图灌输反共思想,诱使新四军战士自首自新。新四军归侨青年不为所动,始终保持革命气节。菲律宾归侨吴华光当面痛斥国民党第三战区特务头子张超:"我们广大华侨是爱国的","为了抗日救国,我们回来了","我们参加新四军打日本鬼子,有什么不对?"特务要他悔过自新,吴华光坚定地回答:"我抗日无罪,你们不让我抗日,要悔过自新的是你们。"特务对他施以酷刑,他宁折不弯,特务对他毫无办法,将他押送到茅家岭监狱,他又带头抗议特务的高压政策,呼吁改善待遇,与难友一起进行绝食斗争,后成功越狱。特务强迫越南归侨迪菲为狱中壁报写一篇反共文章《新四军叛国真情》,这位参加新四军只有两个月的青年义正词严地回答:"我不能写,我是中国人,我不能说抗日就是叛国,这样的文章只有汪精卫之流才能写出。"特务恼羞成怒,打断了他的肋骨,他也毫不屈服。

在上饶集中营开展的狱中斗争中,菲律宾归侨李子芳发挥了重要的领导作用。李子芳被俘后,与叶挺军长等作为"要犯"关押在上饶集中营李村监狱。在狱中他秘密与叶挺传递纸条,汇报狱中斗争情况,制定斗争口号,领导狱中斗争。他在狱中建立了秘密党支部并任支部书记,在难友中开展革命气节教育,要求新四军将士对残酷斗争要有充分的思想准备,只有斗争才能求得生存,提出要力争出狱,重返抗日战场,鼓励难友坚定斗争胜利的信心。

海外华侨在政治上给予新四军声援。他们反对妥协投降,抨击民族败类,维护国共合作,从道义上支援新四军。皖南事变发生后,在广大侨胞中引起轩然大波,东南亚、美洲侨团、侨领、侨报和侨民纷纷行动起来,以公正舆论指责顽固派,声援新四军。

新加坡归侨记者黄薇为了揭露皖南事变真相,采访了叶剑英、冯玉祥,及时把周恩来的"千古奇冤,江南一叶,同室操戈,相煎何急"诗作发往海外,使东南亚华侨了解到事件的真相。1941年1月21日,菲律宾7大侨团联合致电蒋介石,内称"闻解散新四军,全侨关怀,总攻在即,不宜自起分裂,请保存实力,共同对外"。马来西亚35个侨团联名致电蒋介石,指出:"新四军忠诚抗日,侨胞钦佩,此次事件,无论是军纪,抑或党派摩擦,均属不幸。望秉公善处,全侨誓死拥护团结,反对枪口对内。"《星槟日报》发表社论《新四军被缴械问题》,在揭露顽固派对新四军污蔑迫害之后,明确表示"海外二千万侨胞是拥护团结到底,而誓死反对枪口向内"①的。陈嘉庚、司徒美堂等著名华侨领袖,都公开表态,支持新

---

① 《皖南事变》编纂委员会:《皖南事变》,北京:中共党史出版社,1990年,第265页。

四军。陈嘉庚在致国民参政会转国民政府电文中指出:"值此敌寇横行,国仇未雪,如复自为鹬蚌,势必利落渔人,民族惨祸,伊于胡底。华侨无党派立场,无利害私见,值兹异敌,弥切隐忧。"①司徒美堂通电蒋介石,表示要"反对分裂,坚持团结,反对投降,坚持抗战"。海外华侨的正义呼声,给了新四军以道义上的支持,从舆论上直接打击了国民党顽固派。

三、国际友人和国际同情者的支持

中国人民的反法西斯战争不仅得到国内各阶层群众的广泛支持,还得到国际社会有识之士的关注与支持。新四军军部进驻云岭后,这个平日宁静的小山村,一下子聚集了来自五湖四海的铁军健儿,一时被誉为"江南的延安";同时,也吸引了全世界的目光,许许多多的国际友人,克服艰难险阻,跋涉万水千山,来到偏僻的云岭军部考察、采访、宣传。他们把支援中国抗战当作自己的职责,当作开展世界反法西斯战争的重要任务,与中国人民并肩战斗,如艾格尼斯·史沫特莱、琼·尤恩、杰克·贝尔登、爱泼斯坦、汉斯·希伯、埃德加·斯诺、王安娜、罗生特、安娜·路易

---

① 《皖南事变》编纂委员会:《皖南事变》,北京:中共党史出版社,1990年,第272页。

斯·斯特朗、路易·艾黎,有的甚至为中国人民的解放事业献出了自己的宝贵生命。

美国著名记者史沫特莱女士是中国人民的挚友,是在新四军中采访时间最长,也是最著名的战地记者之一。她的一生中有13年是在中国度过的,其中有一年零四个月生活在新四军,她深深地热爱中国,热爱生活在这片土地上的人民和中共领导下的八路军、新四军。1938年11月,史沫特莱到太平县小河口新四军后方医院,受到新四军军医处长沈其震的接待。后方医院虽然条件简陋,只有4个病房、200张床位、70多名医护人员,但医务人员的工作态度和献身精神值得称赞。在新四军访问期间,史沫特莱经常不辞辛苦去后方医院访问、考察,看护伤病员,为新四军伤病员喂饭、喂药、换药、洗澡,甚至端便盆。她勉励伤病员安心养伤,伤愈后重上前线打敌人。她看到这里医疗设备简陋,病床是用竹帘子做成的,仅有一部X光透视机,医药严重不足等,便想方设法帮助解决这些问题。史沫特莱觉得小河口后方医院虽然条件简陋,但它和其他野战医院一样,有一套以西方一流医院为榜样的工作制度,她认为"新四军有了中国军队现代医务工作的开端"。1938年底,史沫特莱写信给在上海的英国朋友,要他们帮助前去上海购买和募捐医药器材的沈其震等人。她还买了一批棉布,委托云岭妇抗会的同志帮助绣制成120个枕头,由妇抗会和儿童团送到后方医院慰劳伤病员。史沫特莱用她那支战斗的笔,写下在新四军的采访见闻,向全世界控诉日本法西斯暴行,讴歌中国人民艰

苦卓绝的反侵略的正义事业,呼吁国际友好人士支援中国抗战。1938年和1943年,史沫特莱先后出版了记述八路军和新四军英勇事迹的《中国在反击》和《中国的战歌》,在国际上引起强烈反响。

1941年,史沫特莱返回美国后,积极向美国国会和人民介绍她在中国所见到的一切,并做了数十场演讲,痛斥国民党军队的腐败无能。她还联合美国的进步作家与记者,在一些有影响力的美国报纸上发表评论,揭露蒋介石发动皖南事变的真相,从道义上、舆论上给新四军巨大的支持。

埃德加·斯诺是一位中国人民熟悉的老朋友,他的作家和记者生涯是和中国的命运紧密联系在一起的。他于1928年来华,1941年由于如实报道了皖南事变真相,受到国民党打击,被迫离开中国。斯诺对新四军非常关注,多次采访新四军领导人叶挺、项英,非常钦佩这支久经考验的部队,对它寄予深切同情,不断在物质上和道义上给予支持。在采访项英时,应斯诺的要求,项英介绍了新四军成立前这支部队的光荣历史,指战员参加3年游击战争的情况,并告诉斯诺,"有两年之久,我夜里从未解衣,有时甚至还穿鞋睡觉,全体人员,莫不全多如此",如此悲壮的经历,令斯诺由衷地感到敬佩。斯诺表示,要让全世界知道新四军是一支出生入死、久经锻炼的革命部队,是一支有坚定信仰、有坚强意志、与人民血肉联系的部队,是一支能够攻坚克难、不断取得胜利的威武之师。他因为第一个向世界报道了皖南事变的真相,被国民党政府剥夺了记者采访的权利,被迫离开了中国,但他的名字和他的著作《西行漫记》广为人知。

伊斯雷尔·爱泼斯坦,美国合众社记者。20世纪30年代以记者身份来到中国,抗日战争爆发后,遍访南北各战场,先后采访了周恩来、叶剑英、叶挺、陈毅等中共领导人和抗日将领。值得一提的是,爱泼斯坦是叶挺担任新四军军长后,最早采访他的外国记者之一。1938年初,爱泼斯坦在武汉看到与国民党军队有着天壤之别的新四军,这支军队穿着粗糙的军装,赤脚走在大街上。叶挺率领这样一支装备不整,但战斗力极强的部队,奔赴前线与强大的日军抗衡,而且充满胜利的信心。爱泼斯坦对叶挺军长肃然起敬,主动跑去采访叶挺将军。在采访中,叶挺告诉他,参加新四军的"都是老战士,过惯了艰苦日子。他们面临过粮食和装备奇缺的困难,吃过草。但是,他们同人民保持着亲密的联系,这就是他们能够战胜敌人的原因"。"新四军是一支准备战斗在长江两岸的游击部队。作为一支军事力量,新四军和八路军是没有联系的,但是作为共产党的成员,新四军中的许多指挥员和八路军及其士兵们当然是有联系的"。① 爱泼斯坦在1939年出版的《人民的战争》一书中,专门用一章《我所知道的新四军》来介绍新四军,宋庆龄为该书作序,序中写道:"本书与任何描写我国抗战的外国著作不同,因为他具体分析了斗争的过去的历史,以及我们

---

① 中国人民解放军历史资料丛书编审委员会:《中国人民解放军历史资料丛书·新四军·参考资料》(1),北京:解放军出版社,1992年,第35页。

民族的未来远景,每一个中国朋友都应该读它。"作为一名记者,他认为新四军的确是一支能得到老百姓真心全力支持以共同抗敌的战斗模范。爱泼斯坦生动、真实而又客观公正的报道,讴歌了中国人民英勇抗战、可歌可泣的感人事迹,揭露了侵华日军烧杀抢掠的残暴行径,在国际上产生了广泛的影响,赢得了国际社会对中国人民的广泛同情和支持。

加拿大护士琼·尤恩1937年底参加加拿大和美国共产党组织的"援华委员会"医疗队来华。医疗队以白求恩大夫为首,琼·尤恩作为医疗队成员和翻译,与白求恩同行,不远万里,来到中国。她冒着生命危险,先后到延安、晋绥解放区和皖南新四军驻地,那时她才二十多岁。1939年初,在小河口的史沫特莱写信给当时在上海的老朋友尤恩,请她给沈其震等人予以帮助,并在采购任务完成后,协助沈其震将医疗器材等运往皖南新四军。尽管尤恩身体有病,她仍然高兴地答应了。采购医药器材结束后,尤恩便和沈其震一道将采购和募捐到的医药器材往皖南运送。一路上尤恩不畏艰险,顺利通过国统区、敌占区,又机智地通过了第三战区顾祝同卫兵的盘查,经过几天的赶路,终于将医药器材运到了新四军后方医院。当他们运送物资到达小河口后方医院时,史沫特莱恰巧在这里,她高兴地与尤恩拥抱在一起。

在史沫特莱劝说下,尤恩决定留在军部后方医院工作一段时间。为了帮助培训医务人员,她和史沫特莱力排众议,在新四军后方医院进行第一次人体解剖,并做了骨架,为接受培训的医务人员增加了实物实践,打破了他们对人体的一些封建迷信色彩,同时还把自己精湛的护理知识和技术毫无保留地教给大家。尤恩在史沫特莱的陪同下,多次会见了叶挺和项英,在刚到小河口时还见到了陈毅。尤恩在云岭军部第三次见到了周恩来,前两次是1938年1月在汉口和1938年10月在长沙。周恩来见到尤恩时大为吃惊,他以为身体不好的尤恩已经回加拿大休养去了,想不到在云岭又见到了她。当周恩来了解到尤恩到云岭军部的情况时,深为感动,他真诚地感谢这位先后为八路军、新四军全力工作的异国坚强女性。1939年5月底,尤恩参加完军卫生部举办的第一期护士及卫生员训练班结业典礼后,离开皖南前往上海,返回了加拿大。1985年5月,尤恩在女儿劳拉·梅耶夫人的陪同下,终于第三次来到中国。在中国,她受到了热情友好的接待,当人们听说她是白求恩大夫的助手时,都向她投以敬佩的目光。人们请她介绍当年援华事迹时,她总是谦虚地说,自己是来学习的,白求恩是位出色的医生,他为中国人民的解放事业做出了贡献,而自己只不过在工作上支持了他。尤恩认为这次中国之行,满足了她一生中最大的心愿,若是白求恩大夫能够活到今天,他也一定会感到欣慰的。1987年10月31日,尤恩女士在加拿大维多利亚不幸病逝,终年75岁。生前,尤恩留下遗嘱,死后将她的骨灰安葬在曾经战斗过的地方——河北唐县晋察冀革命烈士陵园,与白求恩大夫葬地相邻。

《大美晚报》记者杰克·贝尔登,1939年随上海慰劳团慰问新四军后留在军部。在皖南期间,杰克·贝尔登采访新四军领导人,与士兵们同食共寝,体验他们的作战、训练、生活,并将所见所闻详尽地记录下来。返回上海后,贝尔登在《大美晚报》上连续发表10多篇报道,系统地介绍了在新四军的所见所闻,让世界人民、全国人民全面了解这支抗日的队伍。后来,他又把这些发表的文章,整理改编为单行本,取名《成为时局中心的新四军》,由《大美晚报》出版。贝尔登在文章中,称赞新四军是抗日的模范,是日本帝国主义的死敌,是中国未来的希望。贝尔登还在《大美晚报》上发表了在新四军拍摄的有关战士操练、讲演、慰劳团活动等情形的照片。他还用敬仰的笔调介绍项英,称项英是"新四军的灵魂",并评价项英说,"史沫特莱说项英是个铁人,我觉得很对。我不相信任何苦难,任何背叛以及任何不幸会伤害项英,也许他不会成为一个著名的领袖,但他是会忍受下去的"。

汉斯·希伯,1939年由新四军卫生部负责人沈其震安排,辗转浙江来到泾县云岭新四军军部进行采访。希伯1897年出生于奥匈帝国(现波兰)的克拉科夫,第一次世界大战后加入德国共产党,1926年、1932年、1934年先后3次来华。1939年初,希伯与美国作家史沫特莱、记者杰克·贝尔登等从上海出发来到云岭,他在云岭采访了周恩来和叶挺、项英、陈毅、粟裕等新四军领导人。3月6日,周恩来在军部大礼堂,向排以上干部传达六届六中全会精神,希伯聆听了周恩来的报告,不久在《亚美评论》上发表了文章《周恩来论抗日战争的新阶段》,报道了周恩来在新四军军部报告的要点，随后，访问了新四军后方医院和教导队。回到上海后，希伯把在皖南的所见所闻写成《长江三角洲的游击战》一文，宣传新四军抗战取得的战绩。1941年1月，国民党顽固派制造皖南事变，希伯对此无比愤怒，他在3月出版的《亚美评论》上发表《叶挺将军传》，用他1939年访问新四军时叶挺自述的历史，论述了叶挺"是一位争取中国的民族自由和民主进步事业的忠诚战士"，要求"立即释放叶挺并停止对新四军和八路军的一切进攻"，向世界人民报道了皖南事变的真相。1941年11月30日，希伯在山东沂南的一次战斗中不幸牺牲，年仅44岁。他牺牲后，徐向前、聂荣臻元帅分别为他题词："伟大的国际主义战士希伯同志永远活在中国人民心中"，"伟大的国际主义战士、中国人民的亲密战友汉斯·希伯永远活在我们心中"。

新西兰友人路易·艾黎，是"工合"主要创办人之一。工合运动的开展，对战斗在华中敌后的新四军，组织群众进行生产自救、克服战时经济困难，起到了积极作用。

1939年5月，艾黎在屯溪考察时，于安徽地方银行总行作了《中国工业合作运动之要义及其发展》的演讲，艾黎在演讲中指出："现代战争，以经济力量为决定胜负之最后关键，中国在抗战期中，如不能建设新兴工业，则此次抗战军事胜利后，仍难超脱次殖民地地位，人民生活需要仍不免处处仰给于人，据本人此次到皖南各地、各乡镇实地调查所见，多半仍是日货充斥，其原因即为本身无工业品可资替代。此外游击区内工业品，更感觉供给缺

乏,以安徽各地到处皆是之难民,原料及游资,实已具备兴办工业之各种条件。"①为了将"工合"办到新四军驻地附近,更直接地支援新四军,在艾黎帮助下,5月间,"工合"浙皖办事处在屯溪成立,由章秋阳担任办事处主任,骆耕漠任副主任。浙皖办事处成立后,办起了专门训练兴办工业合作社管理人才的讲习班。参加讲习班的学员,既有基层推荐的工会骨干,也有社会上招收的进步青年,还有中共派去的同志。"工合"浙皖办事处还主动与新四军联系,希望新四军派人参加"工合"工作。为此,新四军政治部派叶进明、蒋传源、侯蔚文参加办事处工作,他们回到新四军军部后,为"工合"在皖南的进一步发展起到了推动作用。10月,"工合"泾太事务所在茂林成立,蒋传源担任主任,并成为皖南规模最大的事务所。1940年秋,艾黎再次来到茂林,本想去云岭军部会见叶挺军长,商洽在新四军驻地多办一些工业合作社,由于日军正进犯皖南,且国民党顽固派又制造摩擦事端而未能实现。艾黎在泾太事务所活动了两三天,视察了附近几个合作社,就离开了皖南。此后,皖南事变发生,泾太事务所大部分人员被捕,"工合"运动遭到破坏。在皖南"工合"兴办、发展壮大的过程中,艾黎发挥了独特和不可替代的作用。

这些外国友人通过新闻报道,向海外全面介绍新四军及其在大江南北的抗战。新四军是一支什么样的队伍,干什么的,开始

---

① 中国新四军和华中抗日根据地研究会、广州新四军研究会、中共广东省委党史研究室:《叶挺研究文集》,北京:当代中国出版社,2004年,第193页。

人们并不知晓,通过这些报道,新四军及其抗战战绩开始家喻户晓,广为世人所知。

外国友人和国际同情者,不仅在舆论上、道义上宣传、支持新四军,有的还直接投身于新四军的各项建设,用自己的实际行动支援新四军的抗战。史沫特莱在访问长江以南新四军3个支队所属的20个医疗队,发现新四军医院缺医少药后,便把自己的稿酬全部捐给医院,供医院添置医疗设备。路易·艾黎、英国的乔治·何克参加"工合"的经济救亡运动,这些都在不同程度上增加了新四军的抗战力量。

国际友人和国际同情者作为一个颇为广泛的群体,从舆论上、军事上、物质上、经济上多方面支援新四军抗战,这不仅增加了抗战实力,鼓舞了中国人民抵抗侵略者的战斗意志,也激发了各国人民共同对敌的热情,使人们认识到只要各国人民团结起来,共同对敌,就一定能够战胜侵略者,取得反法西斯战争的最后胜利。

四、宋庆龄对新四军的支持和贡献

全国抗日战争爆发后,作为中共亲密朋友的宋庆龄,一直关注着党领导的抗日武装力量,呼吁全世界团结进步力量支援八路军、新四军,从精神上、物质上给予两大武装力量以应有的支持。

(一)宋庆龄领导的"保盟"对新四军的物资援助

1938年6月14日,宋庆龄在香港发起成立了保卫中国同盟(简称"保盟"),通过刊物《保卫中国同盟新闻通讯》,宣传新四军英勇抗战的战绩,号召大家从物质上、精神上支援新四军。在《保卫中国同盟新闻通讯》上发表的《中国的新四军》一文,称新四军是"一支活跃于上海—南京的日军敌后的爱国武装"。这支部队"不仅执行战斗任务,还要组织民众,改善他们的经济地位,提高教育和保健水平"。1938年夏,宋庆龄在香港会见到港拜望她的全国各界救国联合会干事吴大琨,希望吴大琨参加"保盟"组织的在国内外募集资金物资支援八路军、新四军的活动,吴大琨当即表示同意。经宋庆龄介绍,吴大琨回上海找到上海女青年会的耿丽淑(原名塔利塞·格拉克,美国人),成立了保盟上海分会,为新四军募集资金物资,经与上海地下党负责人刘少文联系,通过各种渠道运往新四军。保盟上海分会主要负责支援新四军,香港保盟主要负责支援八路军。① 保盟上海分会的主要任务是按照"保盟"指示,接应国外寄来的募捐物品,设法采购抗日根据地所需的医药等物品,并把这些物品运至皖南抗日根据地。

1938年,长江中下游地区的皖南一带疟疾等疾病流行,因抗战部队中的伤病员得不到及时救治,导致非战斗减员大增。时在

---

① 吴大琨:《在宋庆龄同志领导下工作》,见上海宋庆龄研究会等:《回忆宋庆龄》,上海:东方出版中心,2013年,第179页。

皖南的史沫特莱采访后向海外做了报道,她建议叶挺军长派人去香港向宋庆龄寻求援助。为此,史沫特莱专门写信给宋庆龄反映新四军缺医少药的严重情况,并开出一张急需清单。叶挺委派沈其震带上史沫特莱的信前往香港会见宋庆龄,宋庆龄说她已经从史沫特莱发表在《密勒氏评论报》的文章中得知新四军缺医少药的情况,并说她完全同意叶军长的看法,军医工作对鼓舞士气非常重要,军医工作做得好,胜利就有保证。她对沈其震说,现在国际上主持正义的团体和个人都在响应"保盟"的号召,有不少募捐得来的医药器材和其他物资,可以从上海运往皖南支援新四军。1938年冬,保盟上海分会通过上海慰劳团带去为新四军募到的7万多元捐款,以及新四军急需的手术器械、紧缺药品、营养品和被服等物资,其中一种叫"白浪多息安"的消炎药(磺胺的前身),当时国内还没有生产和使用过。"保盟"每月还向新四军医院提供1500元费用,支援新四军和各支队的医疗工作。①

1939年2月,保盟上海分会在中共地下党的组织与帮助下,以上海地方协会名义第二次派出民众慰问团,吴大琨为团长,殷扬为副团长,他们携带着6000码蚊帐用料、20万片奎宁、12万剂预防霍乱疫苗和2000个消毒包等赶赴皖南,送往云岭新四军军部。

1939年5月,宋庆龄得知新四军前线医院急需一批毛毯,便

---

① 朱敏彦:《心系皖南——宋庆龄与新四军》,见上海市新四军暨华中抗日根据地历史研究会:《第四届年会纪念特刊》,1993年,第106—121页。

立刻进行筹措。宋庆龄在她主持起草的《"保盟"工作报告》中,向国外援华团体恳切呼吁:"在9月份之前把两万条毛毯运送给我们,将在今后长期的斗争中,救护十万名伤兵。"由于宋庆龄的崇高威望,这一呼吁得到积极响应,以至于捐赠数量最后大大超过了实际需求。通过各种援助活动,新四军与"保盟"的关系愈来愈密切。同年冬,叶挺在沈其震的陪同下从重庆飞赴香港,专程去拜访宋庆龄。他代表新四军指战员向"保盟"表示感谢。宋庆龄高兴地设宴招待了他们。席间,叶挺介绍了新四军的战斗形势,宋庆龄则谈了"保盟"的活动和国际形势。当叶挺回到新四军军部时,他在"保盟"仓库里选定的一批急需物资也陆续运达。

1941年1月,蒋介石悍然制造了袭击新四军的皖南事变,叶挺被扣留。宋庆龄和何香凝等迅速联名发出电报,对之进行愤怒斥责。《保卫中国同盟新闻通讯》则连续发表了《中国的新四军》《在长江流域的游击战士中间》等文章,深刻揭露事变真相,热忱赞扬新四军的抗战战绩。

(二)"工合"对新四军的支持

中国的抗战不仅需要先进的医疗、医药等物资,同样也需要在抗日根据地维持小规模的生产,打破日军对根据地的经济封锁,满足军需民用。"工合"运动应运而生。

"工合"运动得到宋庆龄的大力支持。她说:"我相信在中国里面再没有别种运动能够比中国工业合作协会更为应时和重要的了。"她的呼吁得到广泛的响应,宋子文和孔祥熙都给予"工合"运动以财政上的援助。1939年5月,时在香港的宋庆龄组织成立中国工合国际委员会,亲任名誉主席,该委员会的任务主要是争取海外对"工合"运动的支持,募集发展"工合"运动的独立基金,推动中共领导的抗日根据地的"工合"运动。宋庆龄两次委托艾黎到新四军活动的浙皖地区,指导那里"工合"运动的开展。艾黎奔走于浙江金华,皖南屯溪、泾县一带,指导当地成立"工合"浙皖办事处和泾太事务所,对"工合"运动的广泛开展起到了推动作用。①

1941年5月,宋庆龄和"保盟"在香港发起"一碗饭运动",活动的收入用作工合国际委员会的救济基金。在"保盟"的资助下,解放区、游击区的"工合"创办了一些直接为新四军、八路军服务的工业。东南沿海地区的"工合"组织力量克服困难,把机器、物资从宁波等地运往皖南新四军驻地附近,建起机器生产、织毯、蚊帐合作社,帮助新四军制造手榴弹,修理卡车、机器等,直接为新四军抗日提供物资帮助。

抗战时期,宋庆龄以自己在国内外的影响力和感召力,呼吁各方力量支援新四军抗战,发挥了任何人都难以替代的作用。

---

① 朱敏彦:《宋庆龄对抗战时期"工合"运动的贡献》,见张世福:《宋庆龄与中国抗日战争》,上海:上海社会科学院出版社,1996年,第387—395页。

第六章

抗战时期泾县人口伤亡和财产损失

1937年12月,泾县周边的芜湖、广德、郎溪、宣城等地相继沦陷。国民党军第一〇五师、第十五师、第六十七师、第一四五师、第一四四师、第五十二师先后退守泾县及青阳、南陵一带,所以泾县成为抗日前线。新四军军部1938年8月进驻泾县云岭后,泾县又成为大江南北的抗日指挥中心。作为抗战部队的集结区、新四军军部所在地,泾县一直是日军重点攻击的目标。1940年,日军先后两次集结重兵对皖南进行了大规模"扫荡",目标直指新四军军部云岭。4月,日军集结万余兵力,分别向南陵、繁昌、泾县、青阳进犯。在繁昌、何家湾、父子岭,日伪军遭到驻守的新四军第三支队第五团、第三团和第一团的迎头痛击,伤亡惨重,只得狼狈而逃。同年10月,日军再次纠集步、骑、炮、空各兵种共1万余人,大举"扫荡"皖南,其中一股5000余人的日军主力,由南陵三里店直扑云岭新四军军部。叶挺军长亲自指挥皖南新四军部队，在三里店、草鞋店、汀潭、小岭、枫坑一路设下层层埋伏予以阻击，日军损失惨重，在飞机掩护下窜往泾县县城。叶挺亲率部队飞渡青弋江追击，几度激战后收复县城。日军溃败，企图向南陵、宣城方向逃窜，沿途又被新四军和国民党驻军在双坑、西峰山等处奋勇阻击。最后，日军在36架飞机的掩护下，才得以由泾县赤滩渡过青弋江败逃。

皖南新四军将士的英勇抗击和国民党驻军的协同作战，使得日军夺取泾县的企图始终未能得逞。实施轰炸是日军侵害泾县的主要方式，除1940年秋的大"扫荡"外，日军还不断地进行小范围侵扰。虽然日军侵入泾县境内的次数不多，但日机的连年轰炸加上大规模的"扫荡"，致使泾县百姓家毁人亡，经济财产损失惨重。日军侵犯泾县犯下的罪行，真是罄竹难书。

一、日军在泾县的暴行

（一）日军飞机对泾县的轰炸

日军对泾县的侵害方式主要是以轰炸为主，从1938年至1941年，泾县连年遭受日机轰炸。每次轰炸，日军都会出动数架甚至数十架飞机，对泾县的军事设施、商业区和新四军军部驻地

及周边,集中投放炸弹、燃烧弹,时常一月数次。日机轰炸之处,满目疮痍,房屋尽毁,死伤者血肉模糊,惨不忍睹。

1938年2月15日上午,1架日机在泾县县城北门外桂竹园投掷炸弹1枚,所幸并无人员伤亡。11月14日下午3时,4架日机在县城长塘北头投掷炸弹,炸死居民2人,伤5人。"大夫第"赵宅山墙被炸坍塌,楼阁坠毁,另毁房屋11间。自次日起,县城居民不得不每天白天下乡躲避空袭。11月19日早晨,5架日机在县城投弹多枚,城隍庙、夫子庙、荷花塘西、金谷春曹宅、南门郑宅等处被炸,共炸毁房屋55间,炸死居民2人,伤7人。此后,泾县县政府迁到戴家冲办公,居民都是早上出城晚上回家,商店也只在晚上开门营业。

1939年7月1日,12架日机先后窜入新四军军部驻地云岭上空,向云岭老村、罗里村、中村等处投弹十数枚并低空扫射,炸毁民房159间。中村董家祠堂(时为新四军教导总队驻地)、罗里村"种墨园"(时为军部驻地)脚屋一部分以及民居3间(时为战士食堂)被炸,炸死村民35人,伤43人,教导队卫生所护士冯玲牺牲。7月13日,5架日机在县城上空沿北门口至荷花塘一带投掷重磅炸弹近10枚,北门口被炸成深坑,天主教堂走廊被炸毁,泾川小学被炸,大安寺佛殿被炸毁,三尊石刻大佛毁倒在地,左甲祠正屋被炸毁,总计炸毁房屋121间,炸死居民20人,炸伤10人。

1940年4月18日,日机轰炸县城黄金坦,炸毁房屋65间,炸死7人。4月20日,日机再次轰炸县城黄金坦,炸毁房屋26间。4月

28日,日机轰炸县城黄金坦、赤滩镇,炸毁房屋83间,炸死4人,炸伤1人。5月间,4架日机,2次轰炸县城,投掷炸弹8枚、燃烧弹11枚,炸毁房屋11间,炸死7人;另有2架日机,轰炸赤滩镇,投掷轰炸弹3枚、燃烧弹1枚,炸毁房屋18间,炸死1人,炸伤3人。

同年10月,日军对皖南进行"大扫荡",由南陵进犯泾县,一路被新四军追击,沿途又遭国民党守军的阻击。日军为掩护其部队溃逃,对泾县进行了大规模的轰炸。10月8日,3架日机轰炸金锹岭一带,造成多人伤亡。第二天,7架日机轰炸泾县县城并投掷燃烧弹,南街自南水关至当铺巷一带沿街两边门市房百余间全被焚毁,炸死、炸伤多人。10日,日军出动36架飞机窜犯泾县上空,沿县城、双坑、琴溪、罗家冲、赤滩、马头一带轮番扫射轰炸,毁民房、祠庙数百间,炸死、炸伤村民多人。另有2架日机窜入桃花潭镇翟村、万村一带扫射轰炸,炸毁水东翟村竹梅居宅中间堂屋,炸死耕牛1头。

1941年7月11日上午,4架日机轰炸中村,投弹6枚,炸毁房屋62间,炸死5人,炸伤2人,后至县城,投弹2枚,炸毁房屋5间,炸死1人。①

(二)日军在泾县烧杀抢掠

1940年10月,日军第十五师团及第二十六师团各一部,集

---

① 《泾县人口伤亡汇报表》,安徽省档案馆,L3—7—598;《泾县空袭损害统计表》,安徽省档案馆,L3—7—599;《住户财产直接损失汇报表》,安徽省档案馆,L3—7—598;《安徽省泾县县政府防空情况报告表》,泾县档案馆,民国档案1772件;《泾县人口伤亡调查表》,泾县档案馆,民国档案1890件。

步、骑、炮、空各兵种,计万余人,对皖南进行大"扫荡"。熊谷旅团长率两个联队5000余人,由南陵等地进犯泾县。日军对所到的村庄、城镇,一律实行烧光、杀光、抢光的"三光"政策,大肆烧杀抢掠,罪行累累。

10月6日,日军攻入汀潭,汀潭全镇300多家,被毁达200余家,烧毁民房217间。7日,日军侵入小岭村,枪杀村民曹儒宜及曹一龙父子等5人,烧毁大小纸厂数十家,并烧毁了南坛殿和民房138间。村民衣物财物被洗劫一空,家禽家畜均被杀光。

8日,日机轮番轰炸小岭、枫坑、梅村。日军进犯枫坑时还烧毁民房、店铺,枫坑街成一片瓦砾。同日上午,日军侵入泾县县城,多处纵火。从南门外谏议第至南门口一带房屋、东门王氏宗祠、左姓八甲祠直至旧县衙一带沿街门市房约200间均被烧毁。下午,日军由县城北门窜至大幕山,烧毁幕山庵忠烈祠,并用刺刀刺伤显理和尚。

10日,日军一路逃窜,最后在36架飞机的掩护下,逃到琴溪的赤滩、马头一带。而泾县抗日部队则因日机轰炸过于密集,无法继续追击。暂时摆脱了追兵的日军便在赤滩、马头一带大肆烧杀抢掠,虽然很多百姓逃入山中躲避,但仍有数十人惨遭日军杀害。

在虹桥村,日军一进村就四处放火烧民房。躲在防空洞的村民卫毛子,想回家拿出将被烧毁的被褥,被鬼子发现后砍了一刀,他带伤逃向屋后树林中的防空洞,日军随后追来,向防空洞中开枪扫射,躲在洞中的卫毛子一家六人被打死。疯狂的日军在村内搜索,遇到了村民沈百鉴,举刀向他头上砍去,又复砍一刀,将他活活砍死。小小的虹桥村哪里经得起几处放火,不消多时,沈百鉴、沈廷学、赵寰弟、赵宗寒、左文浩、卫廷桢、卫朝刚、卫毛子、汤成子等9户人家,六七十间房屋,以及衣物粮食,全都被烧为灰烬,整个村庄成了一片焦土,惨不忍睹。

在罗家冲,日军让村民张小乐带路,他不愿意,日军用刀挑破其肚肠,又刺破其喉颈,将其残忍杀害。

赤滩、马头是青弋江水上航运要冲,当时是泾县的商业重镇,沿街商铺林立,市面繁华。日军逃窜至赤滩后,在上街头敞厅东边放火烧房子,顷刻间就烧掉村民郑海洲、卫长生、卫开松、孙东宏、卫连香、腊宝子(女)等人家的房屋40多间;又进街到各商店翻箱倒柜大肆抢掠。在马头镇,一些躲避不及的居民惨遭日军的杀戮。一位老奶奶被日军割去了舌头,一个小孩被日军用刺刀挑起摔死,还有村民被杀死后扔在河里。日军还放火烧毁了马头下街头的房屋,将居民家中的财物抢掠一空。

1944年4月,日军小股部队由南陵窜至泾县汀潭、童疃一带,烧毁民房,掠抢粮食衣物,并抢走民间私有字画古玩文物多件。数名未及时逃跑的民妇被轮奸凌辱,1人被枪杀。[①]

---

① 《泾县云岭乡(原汀潭乡)33年4月寇灾调查表》,泾县档案馆,民国档案1795件。

二、人口伤亡情况

泾县在抗日战争中的人口伤亡总计有112262人,其中,间接伤亡人口11.2万人,直接伤亡人口262人。在死亡的178人中,23人为在泾县作战牺牲的泾县籍士兵,其余均为平民,而从已知的伤亡人员名单来看,以青壮年居多。

(一)直接人口伤亡情况

泾县因抗日战争造成的直接人口伤亡共计有262人,其中死亡178人,受伤84人。

(1)从被害方式来看

以日机轰炸为主,另有大、小两次"扫荡"。其中因日机轰炸造成84人死亡,69人受伤。① 而1940年历时10天的"大扫荡"则

---

① 《泾县人口伤亡汇报表》,安徽省档案馆,L3—7—598;《泾县空袭损害统计表》,安徽省档案馆,L3—7—599;《安徽省泾县县政府防空情况报告表》,泾县档案馆,民国档案1772件;《泾县云岭乡(原汀潭乡)33年4月寇灾调查表》,泾县档案馆,民国档案1795件。

造成 70 人死亡,15 人受伤,①1944 年的"扫荡"造成 1 人死亡。②另在泾县作战牺牲的泾县籍士兵有 23 人。③

(2)从侵害的时间来看

1938 年共伤亡 20 人,其中死亡 8 人,伤 12 人;1939 年共伤亡 110 人,其中死亡 57 人,伤 53 人;④1940 年共伤亡 120 人,其中死亡 103 人,伤 17 人;⑤1941 年共伤亡 11 人,其中死亡 9 人,伤 2 人;⑥1944 年死亡 1 人。⑦

从以上数据可以看出,泾县在抗战期间直接人口伤亡集中在 1938 年至 1941 年间,其中,以 1939 年和 1940 年的人口伤亡最为严重,占总伤亡人口的 87% 以上,死亡人数也占总死亡人数的 89% 以上。因为 1939 年到 1940 年是日军集重兵对皖南进行"大

---

① 《泾县各乡镇保民众伤亡损害调查表》,安徽省档案馆,L3—7—600;泾县云岭镇云岭村陈应荣、琴溪镇赤滩村许秀林、泾川镇李国珍的证词,原件存于泾县县委党史办公室。

② 《泾县云岭乡(原汀潭乡)33 年 4 月寇灾调查表》,泾县档案馆,民国档案 1795 件。

③ 泾县地方志编纂委员会:《泾县志》,北京:方志出版社,1996 年,第 966 页(这 23 人均是在泾县当地参加新四军及游击队的,因此在国民党军队里没有他们的编制)。

④ 《泾县人口伤亡汇报表》,安徽省档案馆,L3—7—598;《泾县人口伤亡调查表 2》,泾县档案馆,民国档案 1890 件。

⑤ 《泾县人口伤亡汇报表》,安徽省档案馆,L3—7—598;《泾县各乡镇保民众伤亡损害调查表》,安徽省档案馆,L3—7—600。

⑥ 《安徽省泾县县政府防空情况报告表》,泾县档案馆,民国档案 1772 件。

⑦ 《泾县云岭乡(原汀潭乡)33 年 4 月寇灾调查表》,泾县档案馆,民国档案 1795 件。

扫荡"的两年,1939年日军虽未攻入泾县,但日机大规模的两次轰炸造成了110人伤亡;而1940年4~5月的5次轰炸造成19人死亡。①1940年10月初历时10天的"大扫荡"则造成70人死亡,②另有参加反"扫荡"作战的泾县籍士兵14人牺牲。③

(3)从遭受侵害的地区来看

抗战期间,泾县除现在的云岭镇、丁家桥镇、琴溪镇(包括赤滩、马头)、泾川镇(即县城一带)遭受过日军侵害以外,其他乡镇并未受到日军侵犯。云岭乡和县城的人口伤亡主要是因日机轰炸造成的。因为云岭是新四军军部所在地,县城则是泾县的政治文化中心,所以自然成为日军轰炸的重点目标。而丁家桥镇、琴溪镇一带的人口伤亡则主要是1940年10月日军"扫荡"时所造成的。

---

① 《泾县人口伤亡调查表》,安徽省档案馆,L3-7-598;《泾县人口伤亡调查表2》,泾县档案馆,民国档案1890件。

② 《泾县文史资料选辑》(一)中,沈席珍等人早年的回忆文章《十月战役始末》一文对1940年10月的大"扫荡"作了详细描述,文中记述被杀达70余人。沈席珍抗战时期在皖南行署任秘书,因此其所叙有一定可信度。随后我们又根据《泾县各乡镇保民众伤亡损害调查表》,安徽省档案馆,L3-7-600,结合泾县云岭镇云岭村陈应荣、琴溪镇赤滩村许秀林、泾川镇李国珍的证言,原件存于泾县县委党史办公室,综合分析最后认定死亡人数为70人。

③ 泾县地方志编纂委员会:《泾县志》,北京:方志出版社,1996年,第966-968页。

(二)间接人口伤亡情况

泾县在抗战期间一直属于国统区,因此,泾县没有被征为劳工、被俘这些人口伤亡情况。泾县地处皖南腹地,山多林密,交通闭塞,又驻有重兵,相对安全。因此,周边沦陷区的难民纷纷涌入泾县,一时间泾县人口剧增,加上驻军众多,使本来就山多地少、产粮不足的泾县粮食极为紧缺。雪上加霜的是,1940年春,泾县大旱,农田百分之七十不能栽插,粮荒严重。全县八成以上的乡镇遭灾,灾民达10万人。① 另根据善后救济总署安徽分署1946年4月编制的《善后救济》第一卷、第一期中的记载,泾县有无家可归人口0.6万人。②

除直接、间接人口伤亡之外,因参加抗日作战,在外地牺牲的泾县籍士兵有69人,③泾县驻军的伤亡情况因资料缺失未能找到具体数据,但日军1940年10月初的"大扫荡",历时10天,泾县驻军应该也有不小的伤亡。

---

① 泾县地方志编纂委员会:《泾县志》,北京:方志出版社,1996年,第596页。

② 《无家可归人口》,见善后救济总署安徽分署:《善后救济》(第一卷、第一期),1946年,安徽省档案馆 JXW369。

③ 泾县地方志编纂委员会:《泾县志》,北京:方志出版社,1996年,第966—975页。

三、财产损失情况

泾县抗战时期造成的财产损失共计 17507641 元,其中,居民财产损失 158587 元,社会财产损失 17349054 元。社会财产损失中直接损失 303024 元,间接损失达 17046030 元。这对于一个全县人口仅 20 万,总面积 20545 平方千米,年财政收入仅几万元的山区小县来说,损失是相当大的。

(一)社会财产损失

(1)社会财产直接损失

抗战时期,泾县社会财产直接损失总计 303024 元,主要集中在 1939 年和 1940 年。其中,工业损失 101120 元,商业损失 140484 元,文化损失 4167 元,教育损失 1301 元,公共事业损失 55952 元。工业和商业的损失最严重,共计约占 80%。①

①商业方面:商业造成严重损失的主要原因是日机轰炸都选在繁华地段,1939 年 7 月 13 日,日机一次轰炸造成损失 4532 元

---

① 这里的价值按各年的物价指数统一折算成了 1937 年 7 月的法币价值。

（折算前9200元）。① 而1940年日军"大扫荡"时，纵火加上轰炸，日军所经乡镇及县城的沿街商铺几乎全部被毁，共计约300家，② 损失135952元（折算前900000元）。③

②工业方面：工业部分的损失主要是纸业，小岭是宣纸的主要生产地，抗战前纸槽有90多个，年产量达数百吨。抗战爆发后，大部分停产。后在新四军帮助下，恢复生产，到1940年秋，生产点发展到40多个，50多帘槽，年产量达125吨。④ 1940年10月日军侵入小岭时烧毁了数十家纸厂，造成损失达100969元。⑤ 另外，裕琴煤矿公司损失151元（折算前1000元）的生产用具。⑥

③公共事业方面：公共事业部分的损失主要是各大祠堂被毁。泾县每个乡村都建有祠堂，县城则有好几座大型宗祠。这些祠堂是由当地同姓族人集资建造，进行祭祀和公共活动的场所。

---

① 《民营事业财产直接损失汇报表（商业部分）》，安徽省档案馆，L3－7－598。

② 泾县地方志编纂委员会：《泾县志》，北京：方志出版社，1996年，第589页。

③ 《泾县各乡镇保民众伤亡损害调查表》，安徽省档案馆，L3－7－600，根据表中各家商户损失的平均值约每家3000元计算。

④ 1939年新四军帮助小岭开办了4个纸槽的合作社，1年生产10吨宣纸，到1940年发展到50多帘槽，推算1940年年产量为125吨。

⑤ 根据《泾县志》第242页、268页和《泾川风云》第46页、47页，战前宣纸年产650吨，产值约70万银圆（1银圆相当于1937年7月的1法币），据此计算每吨价值1077元。1940年生产点40多个，年产量为125吨，根据《我们在胜利中战斗》一文，1940年10月日军侵入小岭时烧毁了数十家纸厂，若仅按30家计算，估算损失宣纸93.75吨，约100969元。

⑥ 《泾县各乡镇保民众伤亡损害调查表》，安徽省档案馆，L3－7－600。

这些祠堂大都选材精良,工艺精美,是当地最好、最大的建筑。特别是县城的王氏大宗祠,是花费 6 年时间,耗巨资,精心建筑而成的,雕梁画栋,金珠髹漆,乃是建筑中的经典。然而 1940 年秋日军对泾县进行"扫荡"时将所到之处的这些祠堂统统付之一炬,共计烧毁约 11 家,估算损失达 55135 元。① 另外 1939 年 7 月日机轰炸造成国民党泾县县党部损失 575 元(折算前 1167 元);②1940 年日军"扫荡"造成乡公所损失 242 元(折算前 1600 元)。③

④文化方面:1939 年 7 月日机轰炸造成图书损失 246 元(折算前 500 元),④佛教文化损失 3695 元(折算前 7500 元);⑤1940 年日军"扫荡"造成佛教文化损失 226 元(折算前 1500 元)。⑥

⑤教育方面:1939 年 7 月日机轰炸造成泾川小学损失 575 元(折算前 1167 元),泾县民众教育馆损失 575 元(折算前 1167

---

① 《泾县各乡镇保民众伤亡损害调查表》,安徽省档案馆,L3—7—600。
② 《县党部、民教馆、泾川小学财产直接损失汇报表》,安徽省档案馆,L3—7—598,表中对泾县县党部、泾川小学、泾县民众教育馆的损失统计是合在一起的,因此只有平均计算各为 575 元(折算前 1167 元)。
③ 《泾县各乡镇保民众伤亡损害调查表》,安徽省档案馆,L3—7—600。
④ 《县党部、民教馆、泾川小学财产直接损失汇报表》,安徽省档案馆,L3—7—598。
⑤ 《人民团体财产直接损失汇报表(宗教团体部分)》,安徽省档案馆,L3—7—598。
⑥ 《泾县各乡镇保民众伤亡损害调查表》,安徽省档案馆,L3—7—600。

元)。① 1940年日军"扫荡"损毁乡小学,估算损失151元。②

(2)社会财产间接损失

泾县在抗战时期属国统区,直接遭受日军侵害的损失相对而言不算大,但间接损失则较为严重。由于没有现成的档案数据,统计数据只能依据调研所得的各种资料换算或估算,同样是换算成1937年7月的等值法币。

泾县地处皖南山区,物产丰富,盛产茶叶、竹木等,手工业也十分发达,特别是造纸、缫丝等。这些产品大都销往外地,从而带动了泾县商贸业的兴旺。县内商铺林立,全县有规模商镇10多个,商店3000多家,外出经商者遍及18个省。抗战爆发后,泾县周边的县、市——宣城、芜湖、南陵相继沦陷,水、陆交通遭封锁,产品销不出去,各手工行业纷纷破产、停产。货物不能进出,加上日机连年轰炸,商店也大都倒闭。泾县的社会经济、文化教育等各方面都遭受了重大损失。

①工业方面

以外销为主的宣纸、土纸,在抗战爆发后,因销路受阻,产量

---

① 《县党部、民教馆、泾川小学财产直接损失汇报表》,安徽省档案馆,L3-7-598,表中对泾县县党部、泾川小学、泾县民众教育馆的损失统计是合在一起的,因此只有平均计算各为575元(折算前1167元)。

② 《泾县各乡镇保民众伤亡损害调查表》,安徽省档案馆,L3-7-600。

一落千丈。宣纸总减产 4000 吨,损失 4308000 元;①土纸总减产 40 万担,损失 2200000 元。② 由于宣纸、土纸的减产,其原料的生产也相应减少,宣纸原料总减产 24 万担,土纸原料总减产 160 万担,③共计损失 383200 元。④ 工业方面间接损失共计 6891200 元。另外,抗战前泾县有 16 家煤矿,年产煤约 3 万吨,抗战后煤矿纷纷关闭,⑤估算损失 24 万吨煤。另有 5 家火柴梗片厂、1 家宣笔厂停产,因无价值参照,无法估算。⑥

②农业方面

蚕茧是泾县一大农产品,抗战前蚕茧年输出百万元,抗战期间因销路受阻,产量锐减,到 1943 年输出量仅是战前的二十分之

---

① 根据《泾县志》第 242 页、第 268 页和《泾川风云》第 46~47 页,战前宣纸业有纸槽 156 帘,年产 650 吨,产值约 70 万银圆(1 银圆相当于 1937 年 7 月的 1 法币),据此计算每吨价值 1077 元。抗战爆发后,纸槽减至 36 帘(虽 1940 年秋全县宣纸生产达到 50 多帘槽,但 1940 年 10 月日军侵入小岭时又烧毁了数十家纸厂),比抗战前减少 77%,年减产约 500 吨。

② 《泾县志》第 320 页;《安徽泾县物产概况表》(四),泾县档案馆,民国档案 106 件,根据表中 1941 年 2 月的价值折算出 1937 年 7 月的价值。

③ 根据《泾县志》第 247 页,抗战前宣纸原料年产约 4 万担,而战前宣纸年产 650 吨,据此推算出宣纸与原料的比例,算出宣纸原料的减产量;同样根据《安徽泾县物产概况表》(四),泾县档案馆,民国档案 106 件,推算出土纸与其原料的比例,算出土纸原料的减产量。

④ 根据《安徽泾县物产概况表》(四)中 1941 年 2 月的价值折算出 1937 年 7 月的价值。

⑤ 泾县地方志编纂委员会:《泾县志》,北京:方志出版社,1996 年,第 221—222 页。

⑥ 泾县地方志编纂委员会:《泾县志》,北京:方志出版社,1996 年,第 205 页、第 228 页。

一,减少了950000元。若将1937年至1942年按年均递减计算,5年总计减少2400000元,1943年、1944年、1945年按年减少950000元计算,3年总计减少2850000元,保守估算共计损失5250000元。① 茶叶年产量在抗战期间也大幅下降,到1943年减产3200担,同样按照蚕茧损失的计算方法估算,损失154830元。②

另外,日军对泾县的连年轰炸加上两次"扫荡",造成泾县人民人心惶惶,农民无心耕作,一些主要农作物的生产也受到影响,如小麦原年均产量15万担,到1944年减产10万担,价值280000元,③若同样按上述的计算方法,估算损失也有1400000元。同理,稻谷等其他农作物产量也有减少,但因未能找到抗战期间的产量数据资料加以比对,所以无从估算。而仅以这种保守的估算方法,农业方面间接损失也有6804830元。

③商业方面

抗战前全县商铺有2000多家,抗战后关闭近一半,估算损失

---

① 根据《泾县志》第320页,1935年蚕茧年输出百万元,1943年是5万元,推算出1937年至1942年年均递减约16万元,5年总计减少2400000元,因1935年与1937年相比价值波动不大,所以未加折算。

② 《泾县志》第132页;《安徽泾县物产概况表》(一),泾县档案馆,民国档案106件,根据表中1941年2月的价值折算出1937年7月的价值。

③ 根据《泾县志》第126页,小麦1944年产量约5万担;同样根据《安徽泾县物产概况表》(二),泾县档案馆馆藏,民国档案106件,泾县小麦年均产量15万担,据此估算减产10万担。小麦的价值依据《安徽泾县物产概况表》(二)中1941年2月的价值折算出1937年7月的价值。

3000000元。①

④财政方面

抗战时期泾县的财政收入一落千丈,预算数与完成收入实绩相差甚远,而且预算数与抗战前相比也有大幅度的下降,下面列表说明。

年代	预算数	
	档案数据	折算成1937年7月价值
1939年	75343元	31657元
1940年	93514元	15876元
1941年	161082元	10906元
1942年	747100元	14850元
1943年	3512190元	17567元
1944年	7775760元	13054元
1945年	31795800元	15874元

从以上表格中的数据可以看出,从1940年起预算数有大幅度下降,由于1939年前的数据没能找到,仅以1939年为标准。而1939年和1940年是泾县遭受日军侵害最严重的年份,财政收入损失最重,虽没能找到实际收入数据,但可以推算出实收很少。而1942年实际财政收入只占预算的56.11%,1942年财政收入虽然有所增加,可与1939年相比,只占一半。据此,按年损失

---

① 根据《泾县志》第306页、第323页,全县年货物出入价值约600万元,据此估算。

20000元保守估算,共计损失160000元。①

⑤教育方面

抗战期间,县城泾川小学校舍遭日机轰炸,共搬迁5次,先后迁至上坊、董村、岩潭村、郑家祠堂、赵氏七甲祠。在此期间,为战时所需,皖南行署教育处还曾拨款,在东乡白花开办过省立临时小学1所,难童小学1所。此外,抗战期间由于很多外地人来泾避难,入学儿童人数增加,泾县城乡小学由战前75所增至143所,抗战胜利后,外地人纷纷返回家乡,很多小学关停。因此如果按2000元1所开办费用(含搬迁费用)计算,共损失150000元。②

⑥救济方面

抗战爆发后,宁、芜沿线及宣城、南陵等地流离失所逃难来泾的及本地难民计1万人。③ 当时县政府成立了泾县难民救济会,在上坊、湖山、水西等地设难民收容所,给以粮款、衣物救济,还开办了1家难民工厂、1所难童小学和难童收容所,这些费用加起来应该数目不小,但因缺少具体的数据资料无法估算。

此外,1940年春,泾县大旱,农田百分之七十不能栽插,粮荒

---

① 泾县地方志编纂委员会:《泾县志》,北京:方志出版社,1996年,第380—381页。

② 泾县地方志编纂委员会:《泾县志》,北京:方志出版社,1996年,第635—637页;《泾县文史资料选辑》(一),第62页,根据培风中学的办学费用,保守估算办学校1所约需2000元。

③ 《无家可归人口》中记载:泾县无家可归人口0.6万人;《泾县志》第598页记载:逃难来泾的难民数以万计。取保守数字1万人。

严重。全县八成以上的乡镇遭灾,灾民达10万人。1941年泾县旅居上海的同乡募集赈灾款20000元,泾县也成立"泾县赈济会"募集救灾粮、款、物分发给灾民。同样因缺少资料无法估算。①

⑦拥军优属、兵防方面

抗战期间,泾县驻有很多抗日军队,社会各界每逢新年都要进行慰劳活动。特别是新四军驻扎泾县期间,群众工作开展得很好,各乡农抗会、妇抗会等群众抗日团体,经常发动群众慰劳新四军。1940年10月的反"扫荡"胜利后,泾县政府曾召开祝捷大会,社会各界纷纷慰劳各部抗日将士。依据现有资料,一个乡一次慰问费400元左右,全县19个乡共计约8000元。新四军在泾县3年,加上期间及此后各界对其他抗日部队的慰劳,粗略估算约40000元。此外,抗日战争开始后,为响应国民政府提出的"优待抗敌出征军人家属"之号召,泾县政府制定了优待办法,每位壮丁家属发安家费30～50元,并有其他一些优待政策如代耕、子女免费读书等。因具体执行情况不详,无法估算出具体数据。②

抗战爆发后,为了防范日军入侵,泾县建立了很多地方抗日武装,如抗日人民自卫军、泾县游击队、农民自卫队、国民兵团等,

---

① 泾县地方志编纂委员会:《泾县志》,北京:方志出版社,1996年,第596页。

② 泾县地方志编纂委员会:《泾县志》,北京:方志出版社,1996年,第590页。

并设有"泾县防护团",在各乡设立防空哨,挖防空洞。① 还有很多抗日军队驻扎泾县,征用了大量民房;地方群众为支持新四军作战,组织担架队,为军队洗衣送饭;等等。这些都因没有具体资料依据无法估算。

综合以上各项,泾县抗战时期社会财产间接损失为17046030元,这还只是一个保守的数字,像救济、兵防等很多方面的损失,由于没有全面的资料依据因而无法统计。

(二)居民财产损失

泾县因抗日战争造成的居民财产损失相对于人口伤亡而言更为严重。一是日机轰炸专炸繁华地段,虽人员及时躲避,但房屋财产皆被毁;二是日军"扫荡"时,实行"烧光、杀光、抢光"三光政策,能带走的则抢走,带不走的则烧掉。"扫荡"时大多村民匆忙逃到山中躲避,遗留在家中的财物不是被抢光就是被烧光。

1940年,泾县县政府根据国民政府的要求,对泾县历年所遭受的日军侵害情况做了一次调查统计,比较详细。此后的1941年和1944年,泾县遭受的日军侵害的情况也都有调查统计数据。以此作为主要依据,同时对于缺失的部分,通过文献资料、调访资料寻找依据加以补充,得出泾县抗战时期居民财产损失总计

---

① 泾县地方志编纂委员会:《泾县志》,北京:方志出版社,1996年,第577、578、583页。

158587元。其中1938年是8597元,①1939年为39870元,②1940年为94072元,③1941年为2101元,④1944年为13947元(均折算为1937年7月的价值)。⑤

(1)从遭受损失类别来看

主要是以房屋为主,房屋总计损失2038间,计116745元,占到总损失的73%以上。这是由于日军侵害泾县的主要方式是飞机轰炸,房屋损害首当其冲。再者,1940年日军"扫荡"时专门有放火队,见到房屋就烧,特别是很多建筑精美的祠堂、庙宇都被毁之一炬,损失严重,令人痛心。

(2)从遭受损失年份来看

1940年最为严重,其损失占总量的60%左右。其次是1939年,占25%左右。其余年份加起来只有15%。这是因为1938年、1941年、1944年日军对泾县都是零星骚扰,无论是空袭还是"扫荡"的规模和范围都较小,而1939年至1940年是日军重点对皖南进行"大扫荡"时期。1939年,日军虽未进入泾县,但两次大规模轰炸(一次在云岭,12架飞机,投弹数十枚;一次在县城,5架飞

---

① 《住户财产直接损失汇报表》,安徽省档案馆,L3—7—598。
② 《住户财产直接损失汇报表》,安徽省档案馆,L3—7—598;《财产损失报告单》,泾县档案馆民国档案1891件。
③ 《泾县各乡镇保民众伤亡损害调查表》,安徽省档案馆,L3—7—600;《住户财产直接损失汇报表》,安徽省档案馆,L3—7—598;《泾县志》,第588页。
④ 《安徽省泾县县政府防空情况报告表》,泾县档案馆,民国档案1772件。
⑤ 《泾县云岭乡(原汀潭乡)33年4月寇灾调查表》,泾县档案馆,民国档案1795件。

机,投弹近十枚)造成较大损失。1940年,日军5000余众,集步、骑、炮、空各兵种,由南陵进入泾县,从汀潭、小岭、县城、琴溪、赤滩、马头一路烧杀抢掠。由于日军实行"三光"政策,加上飞机的轰炸,日军所经乡镇损失惨重。所幸泾县驻军英勇阻击使日军未能深入,狼狈而逃。但吃了大亏的日军,恼羞成怒,出动36架飞机沿县城、双坑、琴溪一带狂轰滥炸,并投掷大量燃烧弹,县城南水关一带繁华地区全部被夷为平地,大火烧了一天一夜。因此,1940年日军的"扫荡",是日军唯——次进入泾县县城,也是泾县遭受日军侵害范围最广、损失最严重的一次。

总体来说,由于泾县一直处于国统区,遭受日军侵害的次数不多,与周边沦陷区的县、市相比,损失不算太严重。但正因为泾县是一个山区小县,经济与社会发展更依赖与外界的交流,因此,抗战对泾县造成的间接损害和影响非常大。

首先,泾县山多地少,一直就是一个缺粮县,常年要靠从外地进口部分粮食才能解决本地人的口粮问题。而抗战时期,泾县地处抗战前沿,屯驻了大量军队,又有大量难民涌入,使得泾县粮食极为紧张,加上水陆交通遭封锁,外地粮食难以运入,很多百姓都只能以薯类充饥。1940年春的大旱更是雪上加霜,造成10万多人受灾。

其次,泾县的手工业发达,由于山多地少,泾县的很多百姓都以从事各种手工业为生,仅宣纸生产一项为其服务的工人就达

2万人之多①。而抗战后由于水、陆交通遭封锁,各项手工业生产厂家纷纷关闭,工人失业,百姓也就失去了生活来源,生活水平一落千丈,很多人在穷困中挣扎。

再者就是商业,泾县手工业的发达带动了商业的繁荣兴旺。抗战前全县商铺2000多家,外出经商者众多。然而抗战后,外地商铺倒闭自不必说,县内商店也因日机轰炸和日军"扫荡"损失一半。

手工业和商业可以说是泾县的经济命脉,它们因为抗日战争的重创,大伤元气,从此一蹶不振,直到抗战胜利后也未能恢复到以前的繁荣。这对于泾县社会经济发展的影响是相当巨大的。

综上所述,日军侵略对泾县造成的损害,间接损失远远大于直接损失,其对泾县社会经济发展的危害及影响,包括对泾县人民身心的伤害,都是统计数据难以反映的。面对不可一世的日军,泾县人民并没有被侵略者的淫威所吓倒,他们纷纷拿起手中的武器作殊死的抗争。新四军军部进驻云岭后,皖南包括泾县各地民众在中共领导下,与工、农、商、学、妇、青抗会以及儿童团等群众组织,全力支持新四军的抗日活动。新四军则广泛动员和发动一切社会力量,团结其他抗日部队一起,保家卫国,共同抵御侵略者的进攻,减轻了日军侵略给民众带来的苦难。

---

① 泾县地方志编纂委员会:《泾县志》,北京:方志出版社,1996年,第268页。

第七章

皖南事变

　　1941年1月4日,叶挺、项英遵照中共中央关于顾全抗战大局向国民党让步的决定,同时奉国民党第三战区的指令,率新四军军部及所属皖南部队主力共9000余人由皖南北上抗日。7日,途经泾县茂林地区时,突遭国民党顽固派7个师8万余人包围袭击,新四军被迫奋起自卫,终因众寡悬殊,弹尽粮绝,除2000余人突围外,一部分壮烈牺牲,一部分被打散或被俘,军长叶挺下山谈判时被顽军扣押,政治部主任袁国平英勇殉职,副军长项英、副参谋长周子昆遭叛徒杀害。这就是蒋介石国民党政府抗战时期蓄意制造、亲痛仇快的反共事件——皖南事变。

一、皖南事变前的形势

皖南事变,这一党史、军史上重大事件的发生,绝非偶然。① 它发生在中国抗日战争进入相持阶段,国际反法西斯形势出现重大变化,而国内"投降危险空前增长"的一个重要历史关头。

新四军自挺进华中开展敌后游击战争以来,不断打击、牵制日伪军,有力地配合了正面战场作战,取得辉煌的战绩。到1940年12月,在两年半的时间里,新四军与敌伪作战2742次,毙伤敌伪38086人,俘虏敌伪17134人,斩获颇多。新四军在华中敌后抗战取得的成绩有目共睹,赢得了全国各界各阶层的广泛赞誉,也得到国际社会的广泛认同。在与日军作战的过程中,新四军赢得了正义力量的支持,得到了快速发展,到1940年底,新四军全军兵力达到13.6万人,装备各种枪械7.44万支,迫击炮30门。与新四军成立时相比,兵力增长13倍,枪支增长12倍。然而,国民党顽固派对共产党领导的这支人民抗日武装和华中敌后抗日根据地十分嫉恨,想方设法阻挠、限制其发展,甚至冒天下之大不韪,阴谋以武力解决之。

---

① 中共中央党史研究室:《中国共产党历史》第一卷(1921—1949)下册,北京:中共党史出版社,2011年,第573—577页。

1940年秋,国际形势发生了新的变化。德国法西斯已将战火燃至大半个欧洲,开始向英国本土进攻。9月27日,日本与德、意在柏林签订军事同盟条约,幻想共同瓜分世界。日本为了称霸亚洲,准备南进发动太平洋战争并对美宣战,英、美两国本想牺牲中国利益以换取对日本妥协的图谋破产。英、美从自身利益出发,力图利用中国牵制日本南进,增加了对华的经济和军事援助,于10月8日宣布重新开放滇缅公路,拉拢蒋介石集团投靠英、美。苏联为防止日本北进,继续积极支援中国抗战。德、意也极力劝蒋介石集团对日妥协并加入德意军事同盟。在此局面下,蒋介石集团左右逢源、沾沾自喜,认为此时是解决新四军问题的最好时机。

10月,蒋介石先是指使新桂系李品仙在皖东地区挑起摩擦遭到失败,继而又指使韩德勤部在苏北黄桥向新四军发起进攻。陈毅、粟裕率苏北新四军发起自卫还击,歼灭韩部一万多人,取得黄桥决战的胜利。

蒋介石见一计不成,又生一计。10月19日,在蒋介石的指使下,国民党以国民政府军事委员会正、副参谋长何应钦、白崇禧的名义,向朱德、彭德怀、叶挺、项英发出"皓电",污蔑八路军、新四军"不守战区范围,自由行动"、"不遵编制数量,自由扩充"、"不服从中央命令,破坏行政系统"、"不打日军,专事并吞友军",强令黄河以南的八路军、新四军在一个月内全部开赴黄河以北。

蒋介石在大造反共舆论的同时,不断调兵遣将,加紧军事进攻部署。第一步以第三战区兵力于1941年1月底前"肃清"长江以南新四军,而后"肃清"苏北新四军;第二步以第五战区兵力于2月28日前"肃清"黄河以南八路军、新四军。1940年11月30日,国民政府军事委员会办公厅制发了《防制皖南新四军具体意见》,在军事方面,提出对皖南新四军的6条对策:(一)不划分该军作战区域;(二)由司令长官部命令该军第三支队仍归第二十五军指挥,不归还建制;(三)第一四四师与第五十二师应密切联络,以阻断第三支队与该军部之联系;(四)第二十五军与第五十军应常派小部队,向章家渡以南地区活动;(五)江南未复旧观以前,该军与江南交通线不应使之恢复;(六)为威胁有力起见,除第五十二师于泾县、南陵、繁昌,第一四四师位置于青阳、铜陵外,应控制有力之一师于旌德与太平之间。① 12月8日,国民党又以何、白名义发表致朱、彭、叶、项电(齐电),重弹"皓电"老调,进一步制造反共舆论。国民党顽固派还故意泄露新四军北移时间和路线,实际上等于向日军告密,以致日军加强了在新四军北移路线上的封锁,使新四军从铜陵、繁昌间渡江撤往江北几无可能。

12月下旬,第三战区在徽州秘密召开师以上军官参加的军事会议,确定由反共积极的第三十二集团军总司令上官云相担任指挥,拟定围歼皖南新四军军部的兵力编组方案。除在皖南的第五十二师、第一〇八师、第一四四师、第一四五师和新七师外,又选

---

① 中国人民解放军历史资料丛书编审委员会:《中国人民解放军历史资料丛书·新四军·参考资料》(2),北京:解放军出版社,1991年,第345页。

调第四十师、第六十二师、第七十九师、第一四六师以及第九战区第十九师到皖南,总兵力达9个半师共9万多人。12月29日,上官云相在皖南的宁国万福村召开军事会议,最后确定了"围剿"皖南新四军的方案。

实际上早在1940年四五月,中央就考虑让皖南新四军一部分兵力撤离皖南,一部分兵力留下坚持在皖南的斗争,但考虑到国共合作的统一战线,最终放弃了这一想法。国民党"皓电"发出后,中央不得已以朱德、彭德怀、叶挺、项英名义发出致何应钦、白崇禧的"佳电",驳斥了"皓电"对八路军、新四军的污蔑,拒绝其强令八路军、新四军全部开到黄河以北的无理要求。但从全国抗战大局出发,同意江南正规部队北移。

新四军军部接到中央北移指示以后,开始着手准备北移。"佳电"发出的第三天,叶挺前往上饶,与第三战区交涉北移路线、军需补给和保证北移安全等问题。军部多次对部队进行动员教育,说明北移的意义和必要性。派出兵站站长张元寿,率精干人员到长江沿岸侦察情况,筹集船只。自11月26日起,组织了北移先遣队,由非战斗人员组成,共1700多人携带重要物资1300多担,分3批移往苏南准备北渡,其中包括项英、袁国平、周子昆等新四军主要领导人的眷属。军部医院的药品和伤病员,移交给红十字会;在皖南购买的足够全军吃一年的粮食,悉数低价出让给专员公署、友军以及当地老百姓;军部印刷所的印刷器械及纸张,除一部分由陈昌吉取道浙江运往苏北外,大部分交给了国民党当地政府。

二、北移路线选择

在中共中央的严厉催促下,12月28日,项英主持召开新四军军分会会议,研究北移行动方案。鉴于国民党顽固派对新四军军部和皖南部队已作"一网打尽"计划,北移途中难免要遭受袭击。因此,与会者就如何选择北移路线,做了深入讨论,会上提出北移的3条路线。

第一条路线,苏南路线。从云岭军部出发,经马头镇、杨柳铺、孙家埠、毕桥、梅渚到竹簧桥,待机北渡苏北。

第二条路线,从铜陵、繁昌之间渡江到无为。它是沟通皖南军部和江北指挥部及第四、第五支队之间联系的交通线。张云逸率军部特务营赴江北加强那里抗日斗争的领导,叶挺率大批干部赴江北主持成立江北指挥部,走的都是这条线路。该线的最大优点是路程近,如果行动迅速,一天时间就可以到达铜、繁地区,第二天晚上就可以渡江;如果抓紧一点,拂晓动身,到铜、繁地区休息一下,当天晚上就可以渡过长江。更重要的是1940年11月下旬,军部就安排章家渡总兵站站长张元寿,带精干人员到沿线侦察,着手渡江准备。张元寿在第三支队和铜、繁游击队的协助下,很快征集到近200条船只,安排了12个渡口,一次可渡江7500人,仅铜陵就安排了流潭、梨桥到老观嘴,以及仇家店到胥坝等渡口,①部队登岸后,即进入江北游击纵队孙仲德活动地区。据军部参谋处叶超回忆,当时已做好了从铜、繁渡江的准备,参谋处"连行军命令、行军路线图都搞好了,只等军首长下决心,填上日期就行了"。②

但到了12月下旬,情况又起了变化。这时国民党顽固派已暗中部署部队在江北做好堵截准备,要趁新四军"渡江立足未定而歼灭之",并故意宣扬皖南新四军要从铜、繁渡江北上,使日军加强了对铜陵、繁昌到无为一线的江面封锁。如果再走这条路线,一是可能遭到日军舰的阻挠,二是渡江上岸后会遭到新桂系李品仙部的攻击,于是走铜、繁渡江的计划已难以实现。

第三条路线就是先南下茂林,再经三溪、旌德、宁国、十字铺到苏南溧阳待机北渡长江,即南线。北移前的种种迹象表明,国民党顽固派已经紧锣密鼓地在做堵截皖南新四军的准备,为防止遭到突然袭击,军部北移前把活动在铜、繁前线的第三支队的老五团、新三团调回,随军部一起行动。这条路线地形比较有利,隐蔽性较强。但不利方面是显而易见的,行程远,时间长,易遭顽军前堵后追;地形不熟,群众基础薄弱;偏向国民党后方运动,易为国民党顽固派攻击我军造成口实。

---

① 中共铜陵市委党史研究室:《中共铜陵地方史》(第一卷),合肥:安徽人民出版社,2001年,第111页。
② 叶超:《悲壮的史诗——回忆皖南事变的经过》,见傅秋涛、叶超等:《皖南事变回忆录》,合肥:安徽人民出版社,上海:上海人民出版社,1983年,第4页。

会议对以上方案逐一进行了分析,会议最终由项英决定采用第三方案。

三、皖南事变经过

1941年1月2日至3日,战斗在铜陵、繁昌前线的第三支队第五团、新三团奉军部命令分别集中到泾县云岭、北贡里和南陵土塘地区。

1月4日,新四军《抗敌报》发表社论《临别之言》和由叶挺、项英、袁国平、邓子恢署名的《新四军为离开皖南进军敌后告皖南同胞书》。《临别之言》和《告皖南同胞书》概述新四军3年来进军敌后、保卫苏皖的业绩,揭露反共分子在各地制造屠杀共产党员和新四军人员的惨案、事件,宣传中国共产党为反对投降、制止内战的主张和为团结抗战而采取的忍让政策,表达对皖南同胞的关怀。当晚,指战员们唱着《别了,三年的皖南》,与云岭民众依依惜别:

前进号响,大家准备好。

子弹上膛,刺刀出鞘。

三年的皖南,别了!

目标:扬子江头,黄河故道。

哪个来拦路,哪个被打倒!

穿过重重叠叠的封锁,

冲进日本鬼子的窝巢。

我们一定胜利,

我们一定达到目标。

出发前,军部将部队编为3个纵队:第一纵队为左路纵队,由老一团、新一团组成,约3000人,司令员兼政委傅秋涛,副司令员赵凌波,参谋长赵希仲,政治部主任江渭清。行动路线是从南陵土塘到大康王地区集中,准备翻过球岭,向榔桥河地区开进。

▲ 新四军在茂林召开告别皖南民众大会地——吴氏宗祠

第二纵队为中路纵队,由老三团、新三团组成,约2000人,司令员周桂生,政委黄火青,副司令员冯达飞,参谋长谢忠良,政治部主任钟德胜。行动路线是从北贡里到达凤村附近,准备经高坦、丕岭

向星潭开进。叶挺、项英、袁国平、周子昆和军直属机关约2000人，随第二纵队一同行动。军部计划4日晚在茂林以南的潘村宿营。

第三纵队为右路纵队，由老五团、军特务团组成，约2000人，司令员张正坤，政委胡荣，参谋长黄序周，政治部主任吴奚如。以特务团为全军先行团，先到达铜山，并前出麻岭，佯出太平，给顽军造成皖南新四军要南进黄山的错觉，吸引顽军第四十师西顾，再向星潭开进，纵队司令部率老五团进至茂林，担任全军后卫。

跟随军部一起行动的还有刚调来皖南只有两个多月、被毛泽东等中央领导人称为"小姚"的东南局副书记、新四军军分会委员饶漱石。

由于连日降雨，青弋江河水猛涨，各纵队到达章家渡时，军部工兵连用煤油桶架设的浮桥，因江面变宽而显短，又临时从桥两端将浮桥接长，但仅通过千余人，浮桥就被河水冲断。为争取时间，指战员们纷纷脱掉棉衣，徒涉过河，行军速度大为减慢。

云岭经章家渡到茂林仅40里，但军部整整走了一夜，5日天明后才到达茂林以南的潘村宿营地。其他各部到达时间也比预计的时间晚了许多。下午3时，各部相继到达预定位置。因部队过于疲劳，军部被迫改变了5日晚继续前进的计划，决定就地休息一天。就是这个小小的变化，给新四军下一步行动带来极大的不利，同时也给国民党顽固派提供了可乘之机。

6日拂晓时分，第二纵队老三团第三营派出警戒分队向高坦方向前进，在丕岭脚下的下长村与国民党第四十师第一二〇团一

▲ 潘家祠堂会议旧址

个搜索连遭遇,新四军被迫自卫。皖南事变的第一枪就此打响。

6日下午,军部在茂林潘家祠堂召开各纵队首长会议,研究下一步行动方向,决定仍按原计划行动,第一纵队全部出球岭;第二纵队要求3个营出丕岭,2个营出博道岭;第三纵队特务团出高岭,第五团作为全军后卫,随第二纵队前进。各部于6日黄昏开始行动,要求7日拂晓前通过各岭,午前在星潭会合。

国民党顽军方面,1月5日,上官云相获悉新四军皖南部队开始北移的情报后,当即下达命令:"对日军仅留少数部队守备防线,集中优势兵力一举索新四军主力包围而歼灭之。"[①]国民党第

---

① 武之棻:《上官云相策划指挥皖南事变经过》,见中国人民解放军历史资料丛书编审委员会:《中国人民解放军历史资料丛书·新四军·参考资料》(2),北京:解放军出版社,1991年,第825页。

一线兵力迅速搜索前进,第二线兵力逐次向前推进。6日下午,顾祝同命令上官云相:"迅速部署所部开始进剿,务期于原京赣铁路以西地区彻底加以肃清。"

7日拂晓,当新四军各路纵队分别通过指定山岭时,遭到国民党军的阻击。新四军广大指战员义愤填膺,被迫进行自卫还击,一场兄弟阋墙之战由此打响。

第一纵队通过球岭,向榔桥河地区开进,先头部队越过榔桥河,后续部队遭顽军第四十师第一一八团伏击,部队被分割。老一团渡过榔桥河,攻占了星潭东北方向的举山,准备会攻星潭。新一团在球岭被第一一八团包围,经奋勇冲杀,打退了顽军的数次进攻,损失很大,但守住了阵地。8日,国民党第五十二师第一五五团赶到白华,把第一纵队阻挡在榔桥河到白华公路的西侧,第一纵队从左侧攻打星潭的计划无法实现。

担任右翼的第三纵队特务团打垮了顽军第四十师第一一九团并占领高岭后,乘胜向星潭方向前进,沿途顽军被击溃,7日下午,特务团进至离星潭15里的牛栏岭一线。

中路的第二纵队先头部队刚到达丕岭,就遭到顽军第四十师第一二〇团的有力阻击。丕岭,形状像驼峰,两边高中间低,高的两边是悬崖峭壁,中间低凹处是一条通往星潭的山间小道。百户坑,在丕岭与星潭之间,是一条长约20里弯弯曲曲的山谷。星潭,是坐落在百户坑东面的一个小集镇,是丕岭的咽喉出口,也是通往旌德三溪的必经之地。当新四军第二纵队4个营冲到离星

▲ 皖南事变丕岭激战地遗址远景

▲ 丕岭古道

潭3里地的坑口时,顽军第四十师第一二〇团两个营凭借坑口东侧将军山、西侧曹家山、正面鹿公山修筑的3座碉堡阻击,附近的制高点也为其控制,顽军以猛烈的火力封锁住了坑口,第二纵队老三团、新三团分别组织了几次强攻,未能奏效,双方形成对峙。这时叶挺亲自到前沿阵地察看,让第五团第二营准备增援第二纵队,突破封锁。第二营接受任务后,立即进行战前准备。

由于顽军层层阻拦,新四军3个纵队预定7日午前会集星潭的计划没能实现。下午1时,项英率教导团配合第二纵队一部向顽军阵地发起攻击,仍然没有成功,项英不忍心将第二纵队主力全部拼掉,遂返回百户坑主持召开紧急会议。此时叶挺仍然准备从星潭方向打出去,据新三团政治部主任阙中一回忆,百户坑会议刚开,叶挺就对参加会议的阙中一说,星潭先头部队受阻,北面之敌已追来,左、右纵队也已打响,现在只能前进,不能后退,后退就是灭亡,天亮前阙中一部要肃清星潭外围之敌,择机占领星潭。阙中一表示坚决完成任务,就离开会场到前沿阵地布置攻占星潭任务。

7日下午3时,项英在百户坑的一个草棚里主持召开军分会扩大会议,讨论新四军的行动方向,参加会议的有叶挺、项英、袁国平、周子昆及军参谋处长赵凌波、第二纵队司令员周桂生、第三纵队司令员张正坤等。会议断断续续开了大约7个小时,讨论下一步行动方案。

▲ 皖南事变百户坑会议遗址

突围方向决定后,军部做出部署:第五团由后卫变前卫,向高岭进发;军部和直属队、第二纵队随后跟进;老三团一部防守丕岭,掩护各部后撤;第三纵队特务团由牛栏岭撤回濂岭,随后跟进,第一纵队由现地回撤,随后跟进。

百户坑会议后,叶挺来到第五团,命令第五团由后卫改为前卫,从原路返回,连夜翻越丕岭并于8日拂晓前占领高岭,并要求第五团占据高岭后,无论如何要在高岭坚持三天。高岭位于濂岭、麻岭之间,是阻击太平方向顽军北进、掩护军部和大部队向泾县方向突围的重要屏障。

8日上午,军部及第二纵队撤离丕岭,向高岭前进,因向导带错路,误走濂岭,又折回纸棚村,改向高岭前进,此时第三纵队司令员张正坤来汇报高岭受阻情况,叶挺赶到高岭了解战况,向太平方向突围已无可能。下午4时半,军部领导人获悉顽军各部开始紧缩包围圈,并调第一四四师去茂林堵截新四军后路,于是项英在纸棚村召开军委新四军军分会会议,决定特务团留原地坚持,第三团为前卫,第五团为后卫,抢先于敌,经高坦向茂林方向突围。

此时,形势朝着越来越不利于新四军的方向发展,顽军包围圈越来越紧。在南面,国民党第七十九师8日已占领了牛栏岭、濂岭等地;国民党第一四四师第四三二团已抵达南容,与新四军零星部队对峙;在北面,国民党第一〇八师主力已占领汀王殿、溪头、巧峰村等地,开始向黄村、大康王等地推进;在东面,国民党第四十师8日夜经山口、丕岭向高岭推进;在东北面,国民党第五十二师与新四军第一纵队在榜山、椰桥河等地终日激战,形成僵持局面;在西面,国民党新七师8日中午已到达青弋江北岸,国民党第一四四师占领了茂林镇和凤村后,其主力正向高坦方向攻击性前进。8日下午,顾祝同严令上官云相务将新四军皖南部队"包围于现地区,限电到12小时内一鼓而聚歼之,勿使逃窜分散"①。茂林地区上空阴云密布。

8日夜,军部和第二纵队、第五团按照纸棚村会上确定的路线,经里潭仓、高坦往茂林方向突围。部队一会儿向南面高岭行动,一会儿又要向西北茂林突围,行军路线不断变化,加上天气恶劣,指战员们苦不堪言。

这次从里潭仓出发时间仓促,只得把后卫变前卫,教导总队走在最前面,新三团上来后,周子昆让叶超招呼新三团跑步前进,赶到队伍的最前面。此时,顽军第一四四师先头部队已到达高坦,经激战,新四军控制了高坦以北和以东的高地。

9日凌晨,军部到高坦时,在顽军的强攻下,局面有些失控。项英、袁国平、周子昆站在路边淋着雨商量对策,并让叶超去找在徐家祠堂临时指挥所的叶挺前来研究处置办法。项英等许久不见叶挺前来,就带着警卫员郑德胜、夏冬青,与袁国平及其警卫员陈亚金、周子昆及其警卫员黄诚和军部几位领导人,在地下党赵允保的带领下,不辞而别,离开大部队,转向里潭仓想提前突围。

叶挺得知项英等人离开大部队的消息后,命令李志高等人抓紧去找项英等人。这时,第二纵队政委黄火星、东南局副书记饶漱石也来到祠堂,说项英等人在一位当地干部带领下,不知去了哪里。

---

① 中国人民解放军历史资料丛书编审委员会:《中国人民解放军历史资料丛书·新四军·参考资料》(2),北京:解放军出版社,1991年,第407页。

项英等人的出走,使军部机关大为震动。很快徐家祠堂里聚集了军部司、政、后的人,大家对此议论纷纷,叶挺认真地听完同志们的发言,站起来对大家说,目前情况十分危险,军部是有责任的,但现在还不是评论谁是谁非的时候。现在急需做两件事,一是司令部、参谋处组织力量迅速弄清自己的位置和顽军的方位,以及敌我的实力、处境等情况;二是请纵队领导和教导总队政治部主任余立金等人开会,讨论全军部队下一步行动方案。

叶挺、饶漱石向党中央、中原局发电,汇报项英等人离队出走的情况。

9日清晨,司令部和参谋处派出人员陆续回来,向叶挺报告前线战斗情况。叶挺决定把教导总队派出去,增援一线部队。余立金立即将教导总队,还有部分军部直属连队和零星人员集合起来,请叶挺做指示。

此时,顽军越聚越多,叶挺又急调特务团增援,仍无法打开突围通道。面对新情况,叶挺召开团以上干部会议,决定甩开茂林之敌向东北方向转移,沿东流山麓经石井坑、大康王从泾县城和章家渡之间渡过青弋江,再经田坊、孤峰,争取回到第三支队活动地区铜陵、繁昌。

黄昏时分,叶挺率新三团、教导总队和军部直属队开始向石井坑转移。从高坦到石井坑不过十多里,由于部队连续作战,没有时间休整,指战员们极度疲惫,沿途与顽军边战边走,十多里的路走了整整一夜。后经石井坑翻越一座山岭时,又遭到国民党军第一〇八师的伏击,部队被冲散,军部不得不退到石井坑进行守备。

四、石井坑守备战

石井坑位于茂林镇以东,是群山环抱中的一块盆地。在东西四五里、南北七八里的开阔地上,散布着由一百四五十户人家组成的七八个村庄。谷地的西南是东流山,西北是香炉墩,北边是狮形山,东北是坦头和白山。这里易守难攻,如果皖南新四军不是敌众我寡,弹药奇缺,还是能坚守一段时间的。

10日拂晓,完成阻击太平方向国民党进攻部队任务的第三纵队第五团也转移到达石井坑。项英等人因为白天无法行动,晚上走了一夜仍无法突破顽军的包围圈,正在犹豫之际,懂号谱的周子昆听到军部用军号调第五团的命令,项英等人随第五团到达石井坑。

项英等人走到石井坑狮形山下的军指挥所,向叶挺、饶漱石讲述了他们一行人在附近山上的活动情况。

项英向中央发过请罪电,并向叶、饶承认错误。饶漱石主持召开军分会会议,指出这次皖南部队北移,在困境中越陷越深,是项英事前抵制中央领导、事后不执行中央指示造成的。项英表态说,一切失败应由他负责,并根据他的严重错误,撤销他的职务。

▲ 皖南事变新四军军部石井坑临时指挥所旧址

▲ 石井坑守备战遗址

军部转移到石井坑后,叶挺迅速做出3条指示:第一,第五团占领石井坑周围有利地形,构筑工事,掩护部队休整;第二,各单位就地收容失散人员重新编组,加以整顿;第三,政治部协同后勤部与地方取得联系,做好群众工作,商购一部分粮食和牛、羊、猪,让部队吃一顿好饭,使战士们恢复体力。由于石井坑地方过于狭小,买不到多少粮食,叶挺下令宰杀自己心爱的战马,分给战士们吃。

10日,经过收容整顿,除第五团还是一个完整的建制团外,其余部队如新三团、老三团、教导总队及第一团的零星人员都会合到石井坑。这时部队剩下5000人左右,其中真正的作战部队只有2000多人,军部机关大部分人员和一些地方干部,许多人连枪也没有,子弹更是奇缺。部队集中起来经过组织整顿后,战斗力有了很大的恢复,叶挺也在考虑经高岭、高坦受挫后,皖南部队突围已是良机尽失,再以疲惫之师去冲击顽军的坚固阵地,无异于以卵击石,斟酌再三,向饶漱石提出新四军改取凭险固守的战法,以求多保存一些力量,多延长一些时间,等待党中央向国民党方面交涉。此时,叶挺对形势的判断还是有些乐观。

10日晚,叶挺、项英致电毛泽东、朱德:"我军被围于泾县、茂林以南,准备固守,可支持一星期。请以党中央及恩来名义,速向蒋、顾交涉,以不惜全面破裂威胁,要顾撤围,上下一致,决打到最后一人一枪。"①同时,又给刘少奇、陈毅发去电报,请求增援:"我军傅秋涛两个团已打到泾县、宁国间,余均被围于茂林附近山地,敌大我

---

① 中国人民解放军历史资料丛书编审委员会:《中国人民解放军历史资料丛书·新四军·文献》(2),北京:解放军出版社,1994年,第106页。

五六倍,突围困难,死守硬拼到最后一人,惟粮弹不济,恐守不住,二支队应即向苏皖边积极行动。"①1月11日,中共中央在弄清项英等人离队的情况后,致电刘少奇和叶挺,电文说:"希夷、小姚的领导是完全正确的,望全党全军服从叶、姚指挥,执行北移任务。你们的环境虽困难,但用游击方式保存骨干,达到苏南是可能的。"②

11日上午,军部在石井坑召开会议,检查受挫原因,研究行动方案,决定缩短防线,加强工事,以少数钳制多数,控制一个团以上兵力,选择顽军薄弱处予以打击。不料,当日顽军就对被围新四军发起第一次总攻击。一时间,石井坑东南的东流山、东北的白山、北面的狮形山等地,弹如雨下,硝烟弥漫,战况异常激烈,一些阵地失而复得,得而复失。夜晚,顽军第四十师攻占了东流山最高峰,军部及所属部队处于顽军炮火威胁之下,情况万分危急,叶挺一面电告中央,"计划又告失望,现将士疲劳过度,只好固守一拼,惟士气尚高"③;一面命令教导总队,不惜一切代价夺回东流山最高峰。教导总队各级指挥员身先士卒,拼死向前,经过浴血奋战,终于夺回了最高峰。

12日,中央致电叶挺、饶漱石:"中央决定一切军事、政治行动

---

① 中国人民解放军历史资料丛书编审委员会:《中国人民解放军历史资料丛书·新四军·文献》(2),北京:解放军出版社,1994年,第107页。

② 中央档案馆:《皖南事变》(资料选辑),北京:中共中央党校出版社,1982年,第133页。

③ 中国人民解放军历史资料丛书编审委员会:《中国人民解放军历史资料丛书·新四军·文献》(2),北京:解放军出版社,1994年,第110页。

均由叶军长、饶漱石二人负总责,一切行动决心由叶军长下。"[①]并指示,"如有可能,似以突围出去分批东进或北进为有利","因在重庆交涉恐靠不住,同时应注意与包围部队首长谈判"。

12日下午,顽军第四十师、第五十二师、第一〇八师、第一四四师、第七十九师对被围新四军实施向心攻击,包围圈越缩越小。敌人凭着火力、兵力的绝对优势,对新四军发起潮水般的攻势。面对数倍于己的顽军,指战员们毫无惧色,子弹打光了,手榴弹掷光了,就用石头砸,用刺刀和枪托拼,有的拉响了最后一颗手榴弹与顽军同归于尽。

▲ 东流山激战地远眺

战斗最激烈的地方要数石井坑的屏障——东流山,这里由新

---

① 中国人民解放军历史资料丛书编审委员会:《中国人民解放军历史资料丛书·新四军·文献》(2),北京:解放军出版社,1994年,第112页。

四军第五团负责把守。顽军在离东流山不远的一处山顶上架设重炮,朝东流山猛轰,成吨的炮弹泻落在阵地上,东流山顿时成为一片火海。叶挺站在远处的小山坡上,神情镇定,用望远镜观察周围战场情况,叶挺对坚守东流山的第五团指战员们说:"你们五团是一支老红军的部队,在场的许多同志从三十年代起就已经屡建战功,今天军部把坚守东流山的任务交给你们,大家一定要坚守住东流山阵地,东流山不能丢!"说完叶挺指了指山坳里的指挥所说:"我叶挺就在那里,与同志们同生死、共存亡!"

随即顽军向东流山发起总攻,顽军密集的炮弹几乎把东流山夷为平地,坚守东流山的第五团伤亡惨重,最后第五团不得不请求军部增援,此时新四军已没有后备兵员,叶挺只好忍痛把教导总队和工兵连剩下的人组织起来派往东流山,但已无济于事。战至黄昏,石井坑失守,南面及东、西阵地也相继失守,顽、我进入混战状态,形势更加危急。叶挺、饶漱石等军部领导人鉴于局势已无法挽回,难以继续固守,当即烧毁密码,砸了电台,决定分散突围,并请周子昆拟定分散突围方案。周子昆拟出的突围方案是,第二纵队老三团、新三团当晚向西北方向先行突围,以吸引顽军第五十二师、第一〇八师主力向西;军部率教导总队向东北方向突围,翻过火云尖,经西坑,到大康王,冲过顽军第一〇八师阵地,杀出重围;其余部队在原地坚持,以牵制敌人,在军部突围后根据实际情况向四面突击。军部领导也分成两路,一路由叶挺、饶漱石率领,另一路由项英、周子昆、袁国平率领分别突围。总的目标,一是经铜陵、繁昌渡江北

上；一是经苏南渡江北上，或就地坚持打游击。

12日深夜，新四军集中新、老三团十几个司号手，以吹开饭号为大突围的信号。突围大血战开始，虽然遭到顽军的层层阻击和抵抗，但新四军突围部队仍旧顽强地分成两路向西北方向杀出。在顽军密集炮火的围攻下，前面的人倒下了，后面的指战员奋不顾身地冲上去，与敌人展开殊死的搏斗，突围部队终于杀出了一条血路，虽伤亡惨重，但仍有一部分指战员经茂林、章家渡突出重围，在铜、繁间胜利渡江到达江北。

13日凌晨，分散突围开始后，叶挺、饶漱石随军直机关干部组成的突围分队，来到大康王西坑附近，同行的有李一氓、张元寿、余立金、钱俊瑞、军医处长王聿先、敌工部部长林植夫以及叶挺的警卫人员等。

西坑是一条渺无人烟、东西向的狭长山谷，三面被高山包围，只有一个谷口，谷口外的村庄就是大康王，顽军第一〇八师师部就设在大康王。向东北方向的突围部队到达西坑后，汇聚在一起的有2000人左右，于是又组织部队向顽军第一〇八师防守的山口进行几次冲锋，但无法冲出，突围部队被冲散，项、袁为一路，叶、饶为一路，因到处是顽军的搜山部队，叶、饶等人只得潜伏在山上比较隐蔽的地方，寻找突出重围的办法。

此时，党中央仍高度关注皖南新四军部队被围情况。1月14日，毛泽东等致电叶、项，询问新四军突围情况，称：蒋介石已令皖南停战撤围，如未停战望鼓动全军坚持，定有办法。皖南死伤情

况与干部伤亡名单查明后速报来,以便向蒋介石交涉。① 事实上,皖南新四军突围时,电台已经砸毁,新四军领导人已无法看到这份电文了。

14日中午时分,第三纵队参谋长黄序周带着军特务团部分突围部队到了西坑,见到叶挺后,黄提出请叶挺跟随他的警卫部队一起突围,叶挺指着聚集在周围的饶漱石、李一氓、钱俊瑞、黄诚、林植夫等同志,对黄序周说:"我不能跟你们走,还有这么多干部没有突出去,我要负责到底。"当晚,黄序周带着这支精干部队冲破顽军第一〇八师封锁线,后来安全撤到了江北。

被困在西坑山谷中的叶、饶,仍在思考如何突出包围圈。下午,大康王一带,双方仍频频交火,继续发生激战。在战斗间隙,顽军第一〇八师不断向被围新四军喊话,说什么"新四军别打啦,欢迎你们派人下山谈判,我们重归旧好,共同抗战"。隐藏在山上的新四军听得久了,产生了一点效果。军政治部敌工部部长林植夫,对国民党这次背信弃义围攻新四军极为愤慨,他向叶、饶建议说,既然第一〇八师说可以通过谈判重归旧好,他愿意下山一试,如果被抓,也心甘情愿。叶挺考虑过去第一〇八师同新四军关系不错,遂同意林植夫带几个人下山,林植夫下山后就被第一〇八师扣押。

不久,第一〇八师派来一个警卫排,手里高举白旗,一边走一边叫喊:"不要开枪,不要误会,我们是第一〇八师的,奉师长的命

---

① 中央档案馆:《皖南事变》(资料选辑),北京:中共中央党校出版社,1982年,第143页。

令,请叶军长下山谈判的。"

▲ 皖南事变叶挺下山谈判被扣处

叶挺果断地站起来,整理好戎装,临行前,他握住饶漱石的手说:"我这一去,凶多吉少。如若不能回来,请你组织部队继续突围,如果突围而出,请转告党中央和毛泽东同志,不论发生什么事情,我叶挺不会做出对不起共产党的事!"说完,叶挺与在场的李一氓、钱俊瑞等人一一握手告别,然后,带着自己的几个侄子和军医处长王聿先慢慢向山下走去。下山后,叶挺当即被第一〇八师扣押在泾县黄村大康王一幢地主老宅里,接着被押往泾县城第五十二师师部,后又转押到上饶集中营。从此,叶挺失去人身自由长达5年之久。

五、掩护新四军突围

早在皖南事变发生前,中共中央东南局为应对突然事变,在皖南特委随新四军北撤后,另组以黄耀南为书记的秘密皖南特委,准备长期坚持斗争。特委下设泾(县)旌(德)太(平)、铜(陵)繁(昌)芜(湖)、南(陵)芜(湖)宣(城)和徽州4个中心县委,分别由胡明、张伟烈、孙宗溶、崔思权担任中心县委书记。

事变发生后,泾县人民和地方党组织迅速行动起来,投入到掩护、营救、收容、护送新四军官兵的工作中。事实上,还在新四军与顽军激战中,不少当地民兵和群众就开始配合新四军与顽军战斗,第三纵队在铜山的战斗一打响,铜山民兵就与新四军一起向丕岭的顽军进攻。1月8日至10日,新四军被围部队与顽军激战正酣时,当地老百姓和民兵冒着枪林弹雨为新四军送饭送水,给新四军以有力支持。

石井坑、大康王、凤村一带的枪声逐渐平息下来后,皖南特委领导人黄耀南、胡明、孙宗溶等一边联系当地党组织,收容、掩护新四军突围官兵;一边联系苏南、江北党组织,做好接应事变中突围人员的准备。事变发生的第二天,泾县县委书记洪林到南容濂坑见到叶挺军长,把军部一些重要文件分装在两个箱子里,挑到

濂坑地方党员殷木春家,挖洞埋藏起来。在新四军被打散后,县委立即布置濂坑党支部做好收容工作。濂坑处在皖南事变最后突围地附近,是新四军突围必经之地,所以收容了许多新四军官兵。洪林带领殷木春等人先后收容了敖德胜、尹德光、刘奎、谢忠良、罗湘涛等人,后又与分散突围的项英、周子昆等取得联系,把他们先安排到濂坑地下党员姜启贵家里隐蔽,后转移到石牛窝附近的蜜蜂洞。事变后20多天,泾县县委共收容100多名新四军官兵,共4个队,罗湘涛拿出部分钱款解决了收容人员的生活费,但去留问题一时确定不了。安排妥当后,洪林到旌德请皖南特委副书记胡明来商量对策,特委派孙宗溶、胡明同李志高、罗湘涛、谢忠良、马长炎研究了突围计划,决定将这100多人送往江北。县委通过地下党员余本菊的父亲(时任国民党保长)搞了一张通行证,派人与江北取得联系,除留下刘奎、李健春坚持皖南山区的游击斗争外,其余人员由地下党员带领,安全到达江北第七师活动地区。

中共宣城县委在十分困难的条件下坚持工作,一边将身份已经暴露的党员转移到外地,一边帮助新四军突围人员解决住宿、通行方面的困难。当时,宣城县委活动的中心区孙家埠,是泾县到苏南地区的必经之地,县委为方便新四军突围人员通行,仿制了许多路条,并发动妇女、儿童给突围人员带路。傅秋涛、胡立教、扬帆等都是经孙家埠转移到苏南的。

铜、繁、芜等地党组织为新四军突围人员安全渡江、前往江北也做出了积极贡献。铜繁芜中心县委在江北的白茆洲江边设立联络站,较早从皖南突围出来的黄火星、刘别生负责做收容和整理部队的工作,游击队负责人金涛开辟了一条从繁昌西南山区到铜陵油坊嘴的渡江交通线,护送突围人员安全过江。1月20日,第二纵队政治部主任钟德胜、新三团团长熊梦辉、政治处主任阙中一、第二纵队供给处主任潘友宏等10多人突围后,从焦石埠过青弋江,经丫山到铜陵沙洲,在铜繁芜中心县委安排下顺利渡江至江北无为。1月25日,新三团第二营营长巫希权、第一营副营长张玉辉带领新三团、老三团、军直属短枪队共200多人,突破重围到达铜、繁交界的狮子山,在铜陵敌后游击队接应下分乘两条大船渡江到无为,这支部队是皖南事变中新四军突围过江人数最多的一批。1月下旬,中共皖南特委书记李步新和马慧芳、杨明、王保实4人突围到铜陵叶山冲,在铜陵敌后县委接应下,李步新一行4人在王近珂等人护送下,于坝埂头日军据点附近渡江至无为。[①]据曾希圣、孙仲德致张云逸、邓子恢关于在江北收容突围部队情况的电报中所说,到2月14日,"收容到皖南部队共有578人,长短枪35支,轻机枪20支"。

在掩护新四军突围人员的过程中,泾县人民群众舍生忘死、全力以赴为新四军官兵提供各种帮助,谱写了一曲曲军民团结、鱼水情深的感人故事。

---

① 中共铜陵市委党史研究室:《中共铜陵地方史》(第一卷),合肥:安徽人民出版社,2001年,第116页。

李一氓、钱俊瑞、余立金3人在突围隐蔽期间,得到当地老百姓的保护,百姓们不仅设法替他们弄来食物,还帮助设计脱逃的道具。李一氓打扮成一个进山收购皮毛的商人,钱俊瑞则提个竹篮,里面放一些香烛,装扮成因临近年关,准备回家过年的样子。1月18日,由张氏兄弟将他们送过二道河到王家,再由王家父子送他们到五里之外的山坳里的一个草棚中隐蔽,白天他们藏身于茅草丛中,晚上回到草棚休息。21日,王家拿来便装,让他们换装取道屯溪突围。李一氓在歙县潜口得到店主收留,并在其帮助下办到了潜口去往桂林的通行证,他凭着这张通行证顺利到了桂林。

泾县圣公会会长陆绍泉和吴葆萼,共同营救夏征农等4位新四军官兵突围。夏征农在殷冲涝得到群众保护才免遭顽军逮捕,为了脱险,夏征农致函陆绍泉,接信后,吴葆萼立即和吴寿祺商量,以教会福群小学(陆绍泉兼校长)名义开出通行证,让夏征农化装成茶商(陈铁军扮成夏的伙计),请圣公会教友冯染匠以到芜湖购买染料名义护送夏征农去芜湖,再从芜湖转往上海,最后由新四军上海办事处派交通员把他们送到苏北盐城新四军军部。事后吴葆萼被国民党泾县县党部逮捕,遭受严刑拷打,被关押2个多月,拒不承认护送夏征农的事,后经营救被释放。军部机要秘书周临冰突围后,在圣公会教友的帮助下,被秘密送到会长陆绍泉家。由于一时找不到适当的人选和时机把她转移出去,在国民党反动派到处搜捕新四军的白色恐怖之中,陆老先生不顾自家安危,把周临冰藏在自己家中的阁楼上40多天,供她吃喝且不说,每到夜深人静时,还让他的老伴把周临冰叫下阁楼,陪她到院子里走动。后来陆绍泉指派可靠教友将周临冰安全送往浙江。

涌溪坑群众吴金兰,在顽军搜剿部队尚未撤离时,冒着生命危险,趁夜走无人小道,将第一纵队司令员傅秋涛等30多人,护送到旌德县境内,再转请一位可靠同志带路去苏南。临别时,傅秋涛拿出几块银圆送给吴金兰,吴金兰坚决不收。后来,吴又以同样的方法,护送了几批突围的新四军战士离开泾县,使他们重返抗日前线。

新四军民运干部侯蔚文,北移前无法带着儿子侯小毛一起走,只得将儿子托付给丁家桥"工合"社员、麻袋厂工人丁从新抚养。皖南事变后,无论国民党地方当局如何拷打盘问,丁从新始终坚称小毛是亲戚的儿子,并一直抚养侯小毛直到中华人民共和国成立后,侯小毛回到父母的身边。

新四军第五团第二营营长陈仁洪、副营长马长炎,突围后隐藏在凤村木匠凤志旺家后的山上,多日粒米未进的马长炎趁黑夜摸到凤木匠家,并吃到突围以来的第一顿饱饭。凤木匠随后将陈仁洪、马长炎安顿到山后的旧木炭窑里,每天为他们送吃的。后来此举引起了顽军的注意。顽军抓住了凤木匠,用绳子将他倒吊在屋梁上,用皮鞭抽打;又捆紧他的双手,往指缝里钉松树枝。经受酷刑拷问,凤木匠始终没有透露半点新四军的消息。

第八章

将星陨泾川

一、寻淮洲

寻淮洲,1912年8月出生在湖南省浏阳县(今浏阳市)莲溪乡黄狮塘一个农民家庭。年少时即立下大志,要为改造社会做有益的工作,他在一篇文章中写道:作为青年人,对于学业,应该猛力前进,求一些丰富的知识;对于身体,应该竭力锻炼,求一个强健的身体;对于办事方面,更应该随时练习,养成很好的才干,预备将来与国家做些大事业。

1926年,北伐军进驻浏阳后,寻淮洲参加了当地的儿童团、学生联合会和农民协会。1927年初,他加入中国共产主义青年团,同年,年仅16岁就参加了浏阳工农义勇队。9月,他随队编入工农革命军第一军第一师第三团,参加毛泽东领导的湘赣边秋收起义。10月,他随部上井冈山,先后任工农革命军第一军第一师第一团排长、红四军第三十一团连长,并参加了井冈山革命根据地的历次反国民党军"进剿"和"会剿"的战斗。1928年2月,他经张子清、伍中豪介绍,光荣地加入中国共产党。1930年春,他被调红十二军第三十四师第一〇〇团任营长。在中央苏区第一次反"围剿"全歼敌张辉瓒师一役中,他身先士卒,率全营官兵奋力冲杀,战绩显著,并在战斗结束后被提升为红十二军第三十四师第一〇〇团团长。随后,他率部投入中央苏区第二次反"围剿"战斗,并在战斗结束后被提升为红十二军第三十五师师长,成为红军中最年轻的师长之一。在第三次反"围剿"战中,根据毛泽东诱敌深入的作战方针,他率部协同红三十五军向西佯动,引诱敌军进入伏击圈,为粉碎国民党军对中央苏区的第三次"围剿"创造了战机。1932年,他调任红三军团第五师师长。在中央苏区第四次反"围剿"战中,他指挥部队在黄陂地区英勇杀敌,多次予敌重创,受到中华苏维埃共和国中央革命军事委员会的特别嘉奖。1933年7月,他随红三军团作为"东方军"入闽作战。在入闽第一役——拔除宁化县泉上土堡一战中,他率全师成功运用挖地道战术突入堡内,歼敌400余人,为"东方军"首开胜局。接着,在沙县木芹山他率一个团全歼敌十九路军精锐主力"铁军团",创造红军以一个团兵力在运动战中歼敌一个精锐团、溃敌两个营的纪录。同年10月,他任红七军团军团长并率部投入第二次入闽作战。1934年

初,他当选为中华苏维埃共和国中央执行委员并荣获中央革命军事委员会授予的二级红星奖章。

由于王明"左"倾教条主义错误的领导,中央红军在第五次反"围剿"战斗中节节失利。1934年7月,为了宣传和推动抗日,减轻国民党军对中央苏区的压力,中央决定将寻淮洲、乐少华、刘英、粟裕等领导的红七军团改称中国工农红军北上抗日先遣队,执行北上抗日行动。先遣队的任务是:宣传中国共产党的抗日主张,推动抗日运动的发展,支援皖南休宁、祁门、太平、旌德一带农民运动。7月6日,寻淮洲率红七军团从瑞金出发,经长汀、连城、永安进入闽中地区。随后,他指挥部队连克大田、水口、古田等城镇,并一度攻入福州市区。8月中旬,他率部向闽东、闽北挺进。由于长驱直入连续作战,部队严重减员,且无根据地作依托,处境十分不利。为迅速扭转被动局面,他采取避实就虚战术,率部转向闽浙赣苏区。11月,红七军团与红十军团合编为红十军团时,因受宗派主义排挤,他被降职为第十九师师长。

11月18日,寻淮洲率领红十九师,从赣东北怀玉山、德兴通过敌人的封锁线,向浙皖赣边进发。敌浙江保安纵队副指挥蒋志英率两个团尾追过来。寻淮洲发挥红军擅长运动战的特长,在芳村地区给敌以痛击。接着,寻淮洲又率部经上方镇,突破敌补充第五旅的防线,强渡新安江,逼近昌化县,其先头部队抵达杭州以西的临安,震动了杭州国民党军。随后,寻淮洲率部由浙西转向皖南,12月5日,在绩溪县翻过"江南第一关",经伏岭下、际下,攻占扬溪镇,第二天一举攻克旌德县城。国民党旌德县县长弃城而逃,红十九师由泾县、宣城之间北上,渡过青弋江,再折向太平。在这段时间内,寻淮洲摆脱干扰,在皖南机动作战,充分展示了他卓越的军事指挥才能。

此时,中央军区命令红十军团,在开化、衢县(今衢江区)、常山之间集结兵力,争取以运动战消灭敌人,创造浙皖赣新苏区。为了统一领导,中央军区决定以方志敏、刘畴西、乐少华、聂洪钧和刘英等5人组成军政委员会,方志敏为主席,随红十军团行动;又调粟裕任军团参谋长,刘英任军团政治部主任。当时,中央军区在敌人重兵"围剿"下,采取大兵团活动的方针,打大规模的运动战。尽管寻淮洲对此有不同的意见,但还是率部按指定的时间、地点,于12月10日在黄山东南的汤口与第二十师、第二十一师会合。

先遣队在汤口会师,声威大震,蒋介石闻讯急电浙皖赣各省"会剿"。当时,敌调集了由顾祝同指挥的5个正规师、2个独立旅、4个保安团,还有宣城一带的反动地方武装近10万人,分成3路,自北向南,向汤口扑来,企图一举歼灭我军。12月13日,红十军团转移到黄山东麓的太平县谭家桥地区,召开了紧急会议,研究作战方案,决定利用乌泥关至谭家桥这段公路两侧的有利地形伏击敌军。作战部署是从乌泥关始,从南到北,按第十九师、第二十师、第二十一师顺序,依次排开,待敌人进入伏击地段时,封锁乌泥关断敌退路。14日上午9时,敌补充第一旅前卫团进入伏击圈,第十九师发动攻击,敌毫无防备,陷入被动状态。敌前卫团在我军猛烈攻击下,一片混乱,团长被我军打伤,战场形势对我军极为有利。但是，按方案部署兵力时，没有将战斗力最强的第十九师主力配置在乌泥关以北，而是摆到乌泥关以南去了。乌泥关以南是悬崖陡壁，战斗打响后，火力施展不开，而敌人抓住这个时机，重新调整了部署，集中力量攻我第二十师、第二十一师阵地。第二十师、第二十一师是游击部队改编，指战员虽奋力反击，但因不擅长打阵地战，很快陷于被动。第十九师主力以"有用之兵，置于无用之地"，增援不及，致使公路两旁我方的阵地被敌人冲垮。接着，敌以数倍于我的兵力争夺乌泥关制高点，原由第十九师一个连控制的石门岗高地被敌夺去，战局开始逆转，形成胶着状态。

为了扭转战局，寻淮洲率部向敌人发起反攻。敌人居高临下，处在有利地位，我军多次进攻，均被敌火力压回来。从上午到黄昏，激战了8个钟头，虽杀伤敌军200多人，但寻淮洲在火线指挥时不幸腹部中弹，身受重伤。因乌泥关失守，敌援军将至，军团领导决定部队撤出阵地转移。

寻淮洲受伤后，战士们就做了一个临时担架，抬着他闯出枪林弹雨，迅速向北转移。此时，敌军伤亡也很大，无力对我军展开追击了。先遣队经旌德庙首、三溪向泾县方向转移，战友们抬着寻淮洲到达茂林时，他因流血过多，昏迷不醒，虽经军医奋力抢救，终因医疗条件有限，不幸牺牲。他在停止呼吸前，口中还呢喃地念着："北上抗日……北上……抗日！"

指战员见状泣不成声，在当地群众的帮助下，将寻淮洲的遗体安葬在茂林南边的潘村蚂蚁山上。第二天，国民党反动派的一个营来搜山,掘开了寻淮洲烈士的坟墓,惨无人道地割去他的头颅,跑到南京政府去邀功请赏。当地百姓不忍烈士遗骸暴露,冒着生命危险,又重新掩埋了烈士遗体。

方志敏对寻淮洲的牺牲十分痛心,在其遗著《我从事革命斗争的略述》中,对寻淮洲作了高度评价:"十九师师长寻淮洲同志,因伤重牺牲了!他是红军中一个很好的指挥员。他指挥七军团,在两年之间,打了许多有名的胜仗,缴获敌枪6000余支,轻重机枪300余架,并缴到大炮几十门。他还只有24岁,很细心学习军事学,曾负伤5次。这次打伤了小肚,又因担架颠簸牺牲了!当然是红军中一个很大的损失!"①

四年后的1938年5月15日,陈毅率新四军第一支队的抗日健儿,踏着红军北上抗日先遣队的足迹和烈士们的血迹向江南敌后进军。途经茂林时,陈毅和第一支队政治部主任刘炎商议,寻淮洲同志的遗骸葬在茂林,应当整修一下。一到茂林,就寻访当地老人,终于在蚂蚁山找到了寻淮洲同志的荒冢。当夜,陈毅就在烛光下用毛笔撰写墓志铭——《寻淮洲同志略历》,碑文由刘炎书写。陈毅又让副官去找石匠杨师傅刻碑,杨师傅连夜把墓碑刻好。这块墓碑是青石质的,高75厘米,宽60厘米,当中直书"寻淮洲同志之墓"七个大字,铭文如下:

"寻淮洲同志,湖南浏阳人,农家子,参加民十五年到民十七年中国大革命。由农民自卫军追随毛泽东同志转入红军第四军,

---

① 方志敏:《方志敏文集》,北京:人民出版社,1985年,第96页。

任战斗员、排、连、营长之职,屡功晋升至红七军军团长。民二十三年冬,随方志敏同志率抗日先遣队转战皖南,谭家桥之役负伤,至茂林镇伤重不救身死。寻同志为红军青年将校,以游击战斗著称,毕生为革命利益、民族利益牺牲到底,在足为抗日战士之楷模。民二十七年夏,新四军出发东线杀敌,道经茂林,为修治墓道立碑,以示不忘,且为完成其遗志而奋斗。目前抗日斗争已成为全国人民之神圣事业,国共两党由过去之对立变为亲密合作,一致对外。前线战局日益开展,全部胜利可期,中华民族独立解放之基础已奠,谨以此告慰寻同志。新四军全体指战员,更进一步以东线胜利,驱逐日寇,回答先烈,庶几无愧。陈毅谨志中华民国二十七年五月十五日新四军第一支队全体指战员敬立。"

立碑仪式结束后,陈毅立即率第一支队指战员奔赴苏南敌后战场,去完成寻淮洲烈士未竟的抗日夙愿!

▲ 茂林寻淮洲纪念园

二、项英

项英，原名项德隆，化名江钧、张成、江俊，笔名夏英，祖籍湖北省武昌县（今武汉市江夏区）舒安乡项家村。

1898年5月22日，项英出生于武昌县一个职员家庭。7岁时，他入武昌育才小学读书，毕业后入武昌模范大工厂当学徒，深受阶级压迫之苦，萌生了寻求解放的思想。五四运动后，在董必武、陈潭秋办的武汉工人夜校学习，他开始接受马克思主义教育，提高了革命觉悟。在做工之余，他开始阅读《劳动周刊》等进步书籍，逐步树立了为工人阶级自己的事业奋斗的信念。

1922年4月，项英经包惠僧、李书渠介绍加入了中国共产党。7月，他作为湖北省代表，赴上海参加中国共产党第二次全国代表大会。会后，他被派往郑州筹备京汉铁路总工会并被选为筹备会的总干事。军阀吴佩孚阻挠京汉铁路总工会的成立，项英、林祥谦等领导2万多名京汉铁路工人举行了总罢工。项英始终战斗在第一线，在军阀血腥镇压罢工工人、逮捕工人领袖时，他率领工人纠察队冲进车站，营救被捕的工人。1926年5月，在广州召开的第三次全国劳动大会上，他被选为中华全国总工会执行委员，继续从事工人运动的组织和领导工作。同年秋起，他在武汉组织

工人纠察队,并任总队长,配合北伐军作战,维持社会秩序,参与收回汉口英租界和反夏斗寅叛变的斗争。在中共第三次至第五次全国代表大会上,项英均当选为中央委员。

大革命失败后,项英转移到上海,在白色恐怖下开展工会工作。1928年春,他出任中共江苏省委书记。同年6月,他赴莫斯科出席中共六大并在中共六届一中全会上当选为中央政治局委员和政治局常委,并被指定为中共出席共产国际六大代表团的主席团成员。在共产国际六大上,他被选为共产国际监察委员会委员。1929年11月,曾经是一个纺织学徒工的项英,以他在工人群众中极高的威望,当选为中共中央职工运动委员会书记、中华全国总工会委员长。

1930年8月,项英主持中共中央长江局的工作。年底,项英肩负组建苏区中央局的重任,由上海经福建进入江西苏区,与红一方面军领导人毛泽东、朱德会合。1931年1月15日,苏区中央局在宁都县小布成立,项英任代理书记兼中央军委主席,主持中央局的工作。苏区中央局和军委成立之初,正是第一次反"围剿"胜利和"富田事变"发生后不久,工作任务十分繁重,但组织机构和领导班子很不健全。项英克服各种困难,通过调研,提出较为切合实际的处理办法,妥善解决了苏区面临的肃反扩大化、土地革命等一系列问题。1931年11月,中华苏维埃共和国第一次代表大会在江西瑞金召开,他担任大会主席团常务主席,会上,毛泽东当选为中华苏维埃共和国中央执行委员会和中央人民委员会主席,他当选为副主席兼劳动人民委员。在毛泽东养病期间,他主持中央临时政府的工作,为根据地的经济文化建设和开展土地革命、反"围剿"斗争,做出了重要贡献。

在1934年1月召开的中共六届五中全会上,项英继续当选为中央政治局常委,并任书记处书记。在中华苏维埃第二次全国代表大会上,仍被选为中华苏维埃共和国临时中央政府副主席。

1934年10月,中央红军主力长征后,项英任中共中央分局书记、中央军区司令员兼政治委员,领导赣粤、闽赣边等地军民继续抗击国民党反动派的军事"围剿"。其后在极端艰苦的条件下,坚持南方3年游击战争,保持了南方游击区战略支点,保存了革命骨干。

1937年11月,中央电召项英赴延安,他在经过3年游击战的艰苦斗争后,回到党中央的怀抱。8日晚,党中央为项英召开欢迎会。毛泽东致欢迎词时说:我们之所以开会欢迎项英同志,是因为他领导南方红军和游击队,在坚持3年游击战争中进行了浴血奋战,坚持了十多块游击区。这是我们和国民党10年血战的结果的一部分,是抗日民族革命战争在南方各省的战略支点,是国民党在西安事变后还用"围剿"政策企图消灭的革命力量。这是中国人民一个极可宝贵的胜利,全党同志都应学习项英同志及南方各游击区的同志们艰苦奋斗的精神和模范事迹,更好地打击日本侵略者,完成党中央所确定的各项任务。12月13日,中央政治局在听取项英《三年来坚持的游击战争》的报告后,做出了《关于

南方游击区工作的决议》,决议指出:"他们的长期艰苦奋斗精神与坚决为解放中国人民的意志,是全党的模范,政治局号召全党同志来学习这些同志的模范。"中共中央政治局会议决定成立中共中央东南分局,负责东南地区党的工作,受中共中央和长江局双重领导。为加强党对军队的领导,会议同时决定建立中央军委新四军分会,项英任中共中央东南分局(后改为东南局)书记和新四军分会书记。这次会议将新四军组编的方针、原则和组织领导等重大问题,最后确定下来。

会后,项英到武汉,与王明、周恩来会面,传达了党中央关于新四军编组和组织领导的决定,还同叶挺就新四军组织编制的原则做了研究,并根据国共合作的情况,提出基本上按照国民革命军统一的编制,但各级政治机关应该加强,以利于党的路线、方针、政策的贯彻,保证作战和各项任务的完成。12月27日,项英向毛泽东、张闻天报告,新四军编为4个支队,并就干部配备提出建议。第二天,毛泽东复电项英,同意新四军编为4个支队及支队以上干部配备方案。

新四军成立后的首要工作就是将南方各省的红军游击队向皖南集中。1938年1月14日,项英致电中共中央长江局并转中央,请示部队向皖南集中,并提议黄道任东南分局委员,第二天,长江局复电,同意部队向皖南集中,同意黄道加入东南分局。①

随后,项英按照党中央的意图和长江局的意见,代表中共与国民党当局谈判并开展部队的集中整编工作,在坚持共产党对新四军的绝对领导、国民党不得插手干部配备的前提下,就新四军的编组达成协议。1938年二三月间,他和陈毅、曾山等分赴各游击区,传达党中央关于国共合作、共同抗战及部队整编的指示,动员各地红军游击队下山集中改编,开赴前线。4月,第一、第二、第三支队先后到达皖南岩寺;5日,新四军军部进抵岩寺(第四支队也按期到达皖中舒城等指定地区);8月2日,迁至泾县云岭。这样,项英、叶挺等新四军领导人仅用2个多月的时间,就把分散在南方8省14个地区的红军和游击队编成4个支队,共10300余人,分别在皖南、皖中集结,完成改编为新四军的历史使命。后来陈毅在谈到这段历史时指出:项副军长以其历史地位及在全党的威信,使南方8省游击队造成铁的力量。以后跟叶军长合作,使改编成功,这是本军成立的关键。

新四军在皖南岩寺集中后,如何部署是摆在新四军领导人面前的一个重要问题。早在1938年2月,项英、陈毅就向中央建议,部队应尽量前伸,向苏浙皖边区配置。4月28日,叶挺、项英命令粟裕率先遣支队去苏南溧水一带作战略侦察。5月4日,毛

---

① 中共湖北省委党史资料征集编研委员会、中共武汉市委党史资料征集编研委员会:《抗战初期中共中央长江局》,武汉:湖北人民出版社,1991年,第139页。

泽东电示项英：在侦探部队出去若干天之后，主力就可以跟行。在广德、苏州、镇江、南京、芜湖五区之间广大地区创造根据地，发动民众的抗日斗争，组织民众武装，发展新的游击队，是完全有希望的。① 据此，项英召集东南分局和军分会研究，与叶挺一起命令第一、第二支队向江南敌后进军。6月16日，陈毅率领第一支队东进苏南茅山，经过艰苦斗争，创建了以茅山为中心的抗日根据地。张鼎丞率领第二支队于7月抵达苏南宁芜铁路以东、宁杭公路以西的江宁、当涂、高淳、溧水地区展开斗争。谭震林率第三支队也迅速抵达铜、繁前线，第四支队于4月底到达皖中舒城、桐城、庐江、无为地区，随后进入皖东。这样，新四军初步完成了战略展开。

1939年春，为迅速挺进敌后，项英、叶挺向中央建议，提出拟在江北设指挥部。为此，从皖南抽调军部特务营、第四团第一营和第五团第三营赴江北，增强了江北部队的骨干力量。5月中旬，新四军江北指挥部在皖中庐江东汤池成立，张云逸任指挥，徐海东任副指挥，在江北指挥部的具体领导下，对第四支队进行整编，由徐海东兼第四支队司令员，同时成立第五支队，由罗炳辉任司令员。11月，在苏南溧阳水西村成立了江南指挥部，陈毅、粟裕分任正、副指挥。当江南抗日义勇军（简称"江抗"）西撤后，指挥部立即派何克希等东返主持，后又派谭震林任"江抗"东路指挥部司

---

① 中国人民解放军历史资料丛书编审委员会：《中国人民解放军历史资料丛书·新四军·文献》(1)，北京：解放军出版社，1988年，第111页。

令兼政治委员,命令第六团、第四团和管文蔚各一部,从扬中北渡长江,为陈毅、粟裕随后率江南主力北上苏北做了准备。在皖南,新四军紧紧依靠群众,采取运动防御战法,取得了五次繁昌保卫战和1940年4月、10月两次反"扫荡"的胜利,巩固了皖南抗战阵地。在新四军军部驻扎皖南的3年时间里,共歼敌9万多人,部队也发展到近10万人。

项英十分重视加强党对军队的领导。他针对新四军编组时主要成员是农民的情况,强调加强党的领导的重要性。他指出:如果没有共产党的领导,则这种农民部队不但不能循着正确路线,坚持革命,任其自流,还会变成流寇土匪。他要求共产党员,在任何时候、任何工作中都要起模范带头作用。共产党员要在新四军内部,最能团结友爱;在行动上,最能服从命令、遵守纪律;对群众,最能爱护群众、关心群众利益;在战场上,最坚决勇敢,不怕流血牺牲。事实上,在因作战伤亡的新四军指战员中,共产党员占60%以上,这是共产党员在作战中发挥先锋模范作用的生动体现。

项英注重新四军的思想政治工作。在新四军第一次政治工作会议上,他强调各部队要提高对政治工作重要性的认识,推进政治工作建设,健全政治工作机构,保证军队政治团结和战斗力的提高,从而保证作战的胜利。他认为,加强军民关系是新四军思想政治工作的重要内容,因而新四军成立后做的第一件事,是向农民证明自己是具有革命纪律的队伍。他指出:没有纪律就不能赢得人民真正的友谊。没有人民的友谊,军队就不能吸引地方的领导人;而没有地方的领导人,群众运动就不能成功。所以,他要求新四军发扬红军时期艰苦奋斗、密切联系人民群众的传统,这种革命传统是新四军的最大财富,只有这样,才能使民众以军队的利益为他的利益,才能使军民团结一致。

新四军在皖南时期,项英非常重视东南地区党的工作。他指导各地党组织,以抗战初期新四军在各地建立的办事处、通讯处作掩护,联络失掉关系的党员,发展新党员,恢复和建立党的组织。新四军军部驻扎云岭期间,项英于1939年7月16日在云岭石头尖村主持召开中共新四军第一次党代会。这次会议是新四军从1937年10月组建到1947年1月撤销番号的十年中,召开的唯一一次党代会。它对新四军党的建设,保证党在新四军的绝对领导地位和路线、方针、政策的贯彻落实都有重要意义,这是作为中共中央东南局书记、中央军委新四军分会书记的项英,在领导新四军工作中的一个重要贡献。

在项英的领导下,1940年底中共中央东南局管辖的党组织扩大到浙江、福建、皖南、苏南、赣东北等地,党员共约5万名(其中仅中共泾县县委就下辖9个区委、15个中心支部,350个支部,1353名党员)。[1] 这些党组织和党员带领群众,为支援新四军抗日,创建抗日游击根据地,开展当地革命斗争做出了重要贡献。

---

[1] 《中共中央东南局》编辑组:《中共中央东南局》(上卷),北京:中共党史出版社,2006年,第27页。

1940年6月,周恩来在主持南方局常委会,听取袁国平有关新四军和东南地区党的工作汇报时指出:一年来东南局的工作在项英领导下是正确的,①这是对东南局工作和地位的总体评价。

1941年1月4日,项英、叶挺率领新四军军部及皖南所属部队9000余人,编为3个纵队,按照事先计划的北移路线,怀着依依惜别之情,唱着告别皖南的歌曲,踏上北上抗日的征途。7日,部队在到达泾县茂林地区时,遭到预先设伏的国民党顽军7个师共8万多人的包围袭击。

石井坑守备战失利后,叶挺决定部队分散突围,项英带领警卫连的李德和、郑德胜、夏冬青和军部机关部分人员转移到泾县南部山区的螺丝坑、濂坑,并与周子昆和他的警卫员黄诚会合在一起。2月下旬,项英等人转移到泾、旌交界的赤坑山蜜蜂洞隐蔽,他和周子昆、黄诚住在山上的洞里,郑德胜、李德和等住山腰的草棚里。3月14日凌晨,叛徒乘项英、周子昆、黄诚熟睡之际,开枪将项英、周子昆打死,打伤黄诚,下山向国民党政府投降。

应当肯定,项英在领导新四军的工作中有着不可抹杀的功绩。但他对统一战线中的独立自主原则认识不足,在敌占区未能放手发动群众,对中共中央"向北发展,向敌后发展"的正确方针理解不够,贯彻措施不力。他存在着以皖南为中心,待日军向浙赣路进攻时向南发展,恢复原南方根据地的不切实际的思想。

---

① 《中共中央东南局》编辑组:《中共中央东南局》(上卷),北京:中共党史出版社,2006年,第39页。

1940年10月以后,当国民党顽固派进攻新四军的迹象已经十分明显的时候,项英对皖南部队的北移,迟疑犹豫,结果丧失迅速东进或北移的有利时机。在部队北移受阻后,又指挥失当,因而未能粉碎国民党的围歼,致使新四军在皖南事变中遭受严重损失。①

▲ 项英、周子昆遇难地南容蜜蜂洞

1955年6月19日,经中共中央批准,项英的遗骸被迁葬至南京雨花台烈士陵园。

---

① 中共中央党史研究室:《中国共产党历史》第一卷(1921—1949)下册,北京:中共党史出版社,2011年,第577页。

三、袁国平

袁国平,原名袁幻成,又名袁裕,字醉涵,1906年5月26日出生于湖南省宝庆县袁家台村(今属邵东县)的一户手工业工人家庭。

少年袁国平从宝庆循程小学毕业后,考入湖南省立第一师范学校。在校读书期间,他积极参加进步学生运动,被推举为一师学生代表,并参加长沙市学联,还当选为湖南省学联执行委员。1925年10月,袁国平考入黄埔军校第4期政治科学习。在军校学习期间,他参加左派学生组织"青年军人联合会"的活动,同国民党右派进行针锋相对的斗争,并与周逸群、蒋先云、徐向前、陈赓等结下深厚的情谊。同年12月,他加入中国共产党。1926年7月,他参加国共合作的北伐战争,任国民革命军第四军左翼宣传队第四队队长,第十一军政治部宣传科长,亲历了汀泗桥、贺胜桥和攻克武昌城战役,以及讨伐夏斗寅的战斗。

1927年,四一二反革命政变后,袁国平先后参加了著名的南昌起义和广州起义。同年底,参加广州起义的部队和工人赤卫队在撤退到花县(今花都区)后,编为工农革命军第四师,袁国平任党代表。他和师长叶镛一起率第四师于1928年1月到达海丰,与彭湃领导

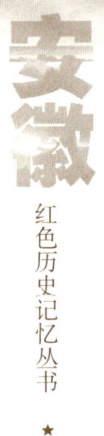

的农民武装会合，开创了以海陆丰为中心的农村革命根据地。

1928年10月，袁国平奉调到上海从事地下工作，不久，被派往中央苏区，任湘鄂赣边特委常委兼宣传部长。1929年11月，他任中国工农红军第五军政治部主任。1930年6月，根据中央指示，红五军扩编为红三军团，袁国平任政治部主任。在中央苏区历次反"围剿"期间，袁国平领导部队开展政治工作时，紧密结合战场和部队的实际情况，因而很有针对性。

由于对红军和根据地政治工作的贡献，袁国平接连升任红三军团副政委兼政治部主任、红一方面军政治部副主任和代主任、红军总政治部副主任，并在1934年1月召开的中华苏维埃共和国第二次全国代表大会上被选为中央执行委员，还荣获中央革命军事委员会颁发的二等红星奖章。

长征期间，他先后担任红三军团（后改称红三军）政治部主任、红一方面军政治部代主任等职，坚决贯彻执行党中央的决策和指示，遵义会议后坚定不移地维护毛泽东在党和红军中的领导地位。1935年8月20日，袁国平与正在患病的红一方面军政治委员周恩来联名发出《关于北进前的政治保证工作指示》，要求部队不但要做好政治动员，而且要做好充分的物质准备。历史证明，这一文件是切合实际和非常适时的，在长征的艰苦岁月里，袁国平协助彭德怀带领红三军这支英雄部队，胜利完成了两万五千里长征。1935年10月，在中央红军即将胜利到达陕北时，毛泽东写下了雄伟诗篇《七律·长征》，袁国平在拜读这首诗后，用原韵写了一首和诗：

> 万里长征有何难？中原百战也等闲！
> 驰骋潇湘翻浊浪，纵横云贵等弹丸。
> 金沙大渡征云暖，草地雪山杀气寒。
> 最喜腊子口外月，夜辞茫荒笑开颜。

字里行间渗透着藐视一切艰难困苦、对革命必胜充满信心的豪迈情怀。

红军长征到陕北后，袁国平任军委后方办事处政治部主任。1936年6月，中央决定创立红军大学，袁国平任该校下属红军学校的政治委员；12月，红军大学扩编成两个分校，他任第二分校（后称庆阳步兵学校）政治委员，主持教学和训练工作，为红军培养了大批干部。

抗战爆发后，1937年8月，袁国平任中共陇东特委书记兼八路军驻陇办事处主任。在陇东地区极力宣传中共的团结抗日主张，并亲自赴国民党军营地宣传建立抗日统一战线的重要意义，使陇东地区的抗日统战工作开展得有声有色。

1938年3月，中央任命袁国平为新四军政治部主任，是新四军领导成员之一。3月18日，毛泽东向新四军主要负责人项英介绍说："袁政治开展，经验亦多，能担负独立工作。"这是毛泽东对袁国平的高度评价。

4月26日,袁国平到达皖南歙县岩寺(今属黄山市徽州区)新四军军部,当天军部正在岩寺召开会议,袁国平在会上传达了中共中央、中央军委和毛泽东关于新四军任务的指示。他指出,新四军目前的任务就是宣传群众、武装群众,团结各阶层爱国人士和武装力量,共同协力抗战,要迅速做好开赴敌后的准备工作,深入敌后去开辟游击区。袁国平到达皖南时,新四军军部正在组织先遣队赴苏南敌后作战略侦察,他参与先遣队的组建工作,听取了先遣队负责人粟裕、钟期光的汇报,要求先遣队在深入敌后的过程中,发扬红军游击队的优良传统,广泛开展抗日民族统一战线工作,宣传和发动群众,团结各阶层爱国人士共同抗日,以打击日本侵略者的实际行动,来扩大共产党和新四军的政治影响。

到新四军工作后,袁国平在协助叶挺、项英指挥部队作战的同时,在部队中建立起一整套的政治工作制度。为加快新四军的政治工作建设,袁国平两次主持召开全军政治工作会议,分析政治工作的形势,总结经验,找出问题,研究政治工作的任务和完成任务的措施、方法,建立健全各项制度。

新四军军部移驻南陵土塘期间,1938年6月17日至19日,袁国平主持召开新四军第一次政治工作会议。会上,他提出了政治工作的四项基本任务:健全党的组织,发挥党支部在连队中的作用;正确执行干部政策,发挥干部的聪明才智;深入进行政治教育,使干部、战士树立为伟大理想奋斗到底的信心;确立政治工作制度,健全政治工作系统。他在总结讲话中详尽论述了新四军政治工作的方针、任务、领导方式与工作方法,使来自南方游击区的干部深受启发,为做好全军的政治工作奠定了坚实的基础。

这次会议后,袁国平到位于南京、江宁、丹阳、芜湖一带敌后的新四军部队做调查研究和指导工作。在抗战前线待了约两个月,他对江南的地形、敌情、社情,对部队的政治工作现状,都有了深入的了解。他对坚持敌后抗战更加充满信心,认为:敌愈深入愈困难,兵力分散,交通延长,后方空虚,地形不利,而我则前有正规军顽抗,后有游击队积极行动,前后夹击,必使敌人之泥足越陷越深。中国的抗战前途很好,最后定可战胜日本,只不过要经过一个长期的艰苦奋斗。①

1939年2月7日至17日,新四军第二次政治工作会议举行,袁国平在会上做了《新四军一年来政治工作总结及今后任务》的报告。他对一年来政治工作的进步与不足都有充分的估计,并且从中总结了经验教训,对新阶段的政治工作做了更加全面的部署。他强调政治工作的重要性:把游击队造成正规军,又以正规军分散执行游击战争,新四军的任务是一方面作战,一方面建军。政治工作如何才能保证这两大任务的顺利完成,是极其艰巨的工作。② 在这次会议上,袁国平还做了《江南敌后游击战争中的军队

---

① 袁国平:《致袁振鹏信》(1939年),见江苏省新四军和华中抗日根据地研究会:《袁国平纪念文集》(下卷),北京:中共党史出版社,2014年,第623页。

② 中国人民解放军历史资料丛书编审委员会:《中国人民解放军历史资料丛书·新四军·文献》(1),北京:解放军出版社,1988年,第733页。

政治工作》的报告,并刊登在1939年2月15日出版的《抗敌》杂志创刊号上。会后,为了使新四军的政治工作更加系统化、条例化和制度化,适应战时抗日统一战线政策的要求,他主持编写了《新四军政治工作组织纲要草案》,于4月份颁布全军试行。

袁国平十分重视部队政治工作组织和制度建设。袁国平到皖南军部时,新四军尚属建军之初,他抓紧配备各级政治工作主官。支队配副司令员(政治委员)、政治部主任,团配副团长(政治委员)、政治处主任,营配副营长(政治教导员),连配政治指导员,这样各级政治工作都有人负责。他对军队政治工作的基本方针和任务、领导方式和工作方法,以及战时政治工作的指导等问题,都有比较系统的论述,对军队政治工作组织和制度的重要性有非常明确、清醒的认识。他在《江南敌后游击战争中的军队政治工作》一文中指出,军队政治工作是坚持和发展敌后游击战争的先决条件,政治工作是军队的生命线,而建立和健全军队的政治工作组织和制度则是军队政治工作得以开展的基础,并认为,"没有坚强的政治工作,江南敌后游击战争的坚持是很困难的","只有具有最高度政治觉悟和自我牺牲精神的军队,才能忍受困难,克服困难,战胜困难,持久的坚持到底"。

袁国平始终坚持共产党对人民军队的绝对领导,高度重视加强军队党的建设。新四军是在国共两党合作抗日形势下组建的,隶属于国民革命军的序列,在统一战线环境中,袁国平强调新四军是中国共产党绝对领导的革命军队,只有在党的坚强领导下,新四军才有正确的方向,才有强大的战斗力。1939年7月,他在新四军第一次党代表大会上,做了《过去党的工作总结及今后党的建设》的长篇发言。他指出,"革命军队在中国革命运动中有特殊重要的作用,因此革命政党必须特别注重对军队的领导,如果忽视这一点必然会使革命受到挫折","党在军队中的领导其意义有两方面,不仅要有正确的政治路线的领导,同时还必须在军队中建立强固的党的组织,才能保证正确的政治路线执行"。他对于加强军队党的建设的一系列基本问题,以及党的工作与政治工作的关系等问题,都做了深入系统的阐述。会后,他的讲话精神在全军得到较好的贯彻。1938年4月,新四军在岩寺整编时的10329人中,党员有2580人,约占部队总人数的25%;到1939年底,新四军发展到49901人,党员有19636人,约占部队总人数的40%。共产党员在战斗中较好地发挥了先锋模范作用。

袁国平高度重视干部培养教育工作。他认为,要以"建军必须建人"和"十年树木,百年树人"的精神,致力于部队的干部教育。红军长征到陕北后,他参与创办红军学校,在条件异常艰苦、物资极度匮乏的情况下,克服重重困难,为红军培养了一批优秀干部。1938年9月,为适应新四军发展壮大和开辟抗日根据地的需要,军部研究决定将教导队扩编为教导总队,周子昆兼任总队长,袁国平兼政治委员,负责主持总队的日常工作。他把总队看成培训干部的熔炉,非常关注和关心教导总队的工作,从办学方针、教学计划、学习内容到教学方法,都亲自过问。他要求总队以

延安抗日军政大学(简称"抗大")为榜样,认真贯彻毛泽东为延安抗大制定的"坚定正确的政治方向,艰苦朴素的工作作风,灵活机动的战略战术"的教育方针和"团结、紧张、严肃、活泼"的校风,运用延安抗大办学经验,把总队办成抗大式的学校。他亲自给学员们授课,并编写了政治教材《新四军政治工作十讲》。这一教材紧密结合新四军敌后游击战争的实际情况,遵循红军政治工作的优良传统和原则,系统地总结了北伐战争、长征时期和抗日战争中军队思想政治工作的新经验,就抗战中的部队、民众和日伪军的思想政治工作和宣传鼓动工作,做了深入浅出的论述。美国进步记者贝尔登在《新四军漫记》一书中写道:"新四军在江南也有一个教导营(教导总队),一方面受教育,一方面从事工作","这一千多位青年都在一种紧张的空气下学习与工作着。因为这里,着重的是自发学习,集体研究,而不是所谓'填鸭式'教育。"学员经过3个月至6个月学习后,都先后奔赴抗日前线,其中许多人后来成为新四军的骨干。

袁国平重视发挥群众工作的作用。他认为,军队"只有与民众打成一片,真正做到军队如鱼,民众如水,造成克服环境困难的另一有利作战环境,才能胜利"。"军队所到地方,应该扩大民众中坚持长期抗战、坚持敌后游击战争的宣传。"他要求部队每到一个地方,应该迅速开展宣传鼓动工作,激发群众的阶级觉悟和革命热情。在皖南新四军时期,袁国平把群众工作作为敌后游击战争政治工作的重要组成部分,要求新四军人人都会做群众工作,把群众工作深入到敌人统治的营垒中去,使敌人完全陷于政治上的孤立。

新四军政治工作的另一重要部分,是开展敌伪军的工作。袁国平认为,敌后游击的环境,利于向敌伪军喊话和散发宣传品,利于通过群众把工作做到敌伪营垒附近甚至敌营垒内部去,从而削弱敌伪军的战斗力。袁国平高度重视敌伪军工作,早在1938年7月,就组织制定了《敌军工作纲要》印发部队。每次布置政治工作任务时,都把瓦解伪军工作作为一项重要内容,并亲自作具体深入的调查,制定一整套瓦解伪军的政策和方法。1939年5月,袁国平在《论江南伪军工作》一文中,论述了敌人重视扩大伪军的原因和我们争取伪军反正的重大意义;详尽介绍江南伪军的种类、数量、成分、组织系统、敌人控制伪军的手段和伪军的思想动向,提出了瓦解伪军工作的指导思想、采取的政策和宣传工作的方针。它从一个侧面体现了袁国平从实际出发、注重调查研究,重视对各项工作具体指导的优良作风。

袁国平多才多艺,善于运用文艺的形式教育干部、战士,提振士气。作为一名杰出的军队政治工作者,他对报刊、文艺在鼓舞士气方面的作用异常重视,早在任红四师(广州起义部队撤退到花县时整编而成)党代表时,即领导创办《红军生活报》和通俗文艺刊物《造反》。1930年7月,时任红三军团政治部主任的袁国平随军攻占长沙后,立即派兵接管当地报社,动员报社工人赶排《红军日报》,宣传红军政策。在皖南时期,他领导创办了《抗敌报》

《抗敌》杂志以及《战地青年》(和中共中央东南局青年部合办)、《抗敌画报》等,并经常在报刊上发表文艺作品。他先后发表了《抗战中的艺术观》和《论〈繁昌之战〉及今后戏剧创作的方向》等文艺研究文章,全面而系统地阐述了文学艺术在抗战中的重要意义、任务、内容和表现形式,以及艺术创作和生活的关系等。他还积极组织并参与《新四军军歌》的创作,对《新四军军歌》的确立付出了辛勤的劳动。军歌歌词蓝本是陈毅所写的《十年》,袁国平组织陈毅、李一氓、朱镜我、朱克靖、马宁等对歌词进行了集体修改,他还特别对曲谱作者何士德说:"抗战时期的新四军,军歌曲调应高昂雄伟,要有一往无前的气魄。"何士德后来回忆说:"在军歌谱曲过程中,对我有启发的主要是袁国平同志。"军歌于1939年7月1日在云岭军部建党十八周年纪念大会上试唱,得到项英、袁国平等军首长的肯定,很快在全军流行开来。

1940年4月,国民党顽固派对新四军不断施加军事和政治压力,无理要求新四军江北部队开到江南,同时调兵遣将,加紧对皖南新四军的包围。在完成包围后,第三战区司令长官顾祝同要求新四军派代表到上饶谈判,企图逼我军就范。4月11日,袁国平受军部指派到上饶与第三战区谈判,根据党中央指示精神,据理力争,使其阴谋未能得逞。随后,中共中央决定新四军问题由周恩来直接与重庆当局谈判,因而袁国平返回皖南军部。

1941年1月4日,皖南新四军9000余人,在《别了,三年的皖南》的悲壮歌声和难耐的凄风苦雨中,踏上北移征途。7日,顽军

在茂林地区打响皖南事变的第一枪。面对突然的事变,袁国平义愤填膺,率被围指战员拿起武器奋力自卫,经7昼夜英勇战斗,除少数突出重围外,一部被打散,大部壮烈牺牲。14日晚,分散突围开始后,在离石井坑军部指挥所六七里地的周家山洼,军部卫士连副连长李甫发现身负重伤的袁国平。见战士们来到身边,袁国平有气无力地说:"你们走你们的,赶快突围出去,不要管我。"战士们说什么也不愿丢下自己的首长,他们找来树枝搭了一个临时担架抬着袁国平继续突围。15日凌晨赶到青弋江边的章家渡,涉水过河时被顽军发觉,密集的子弹扫射过来,许多同志都牺牲了。袁国平也几次掉进水里,又一次次被战士们从河里捞起,顶起来继续前进。强渡青弋江用了40分钟,这支约100人的突围队伍最后只剩下40多人。[①] 过江后,战士们在章家渡下游的一座破庙里稍事休息。袁国平知道,如果自己不死,战士们是不会放弃他的,肯定还会有更多的战士牺牲,于是趁大家不注意,他掏出手枪,对着太阳穴扣动扳机,就这样壮烈殉职了。

袁国平,这位不到35岁的新四军领导人,将宝贵的生命献给了中国人民的革命事业,践行了在战地政治动员时说的"如果有一百发子弹,要用九十九发射向敌人,最后一发留给自己"的庄严诺言。

---

① 李甫:《回忆皖南事变中袁国平同志牺牲的经过》,见江苏省新四军和华中抗日根据地研究会:《袁国平纪念文集》(下卷),北京:中共党史出版社,2014年,第536页。

四、周子昆

周子昆,原名周维宽,字仲和,1901年出生于广西桂林一个贫寒的中学教员家庭。

1919年,周子昆从广西甲种工业学校毕业,第二年到桂系军阀刘震寰部当兵。1925年,投身国民革命军,参加孙中山领导的建国陆海军大元帅府铁甲车队,任班长;同年10月,由廖乾吾、卢德铭介绍加入中国共产党,随叶挺独立团参加北伐,一路攻占汀泗桥、贺胜桥、武昌等地,先后擢升为连长、营长。1927年8月1日,担任独立团营长的周子昆率部参加中国共产党领导的南昌起义。起义军南下广东失败后,他随朱德、陈毅等转战闽赣粤湘边界。1928年初,参加湘南起义。4月,朱德、陈毅率领南昌起义的一部分部队上井冈山,与毛泽东领导的秋收起义部队会师,成立了工农革命军第四军,朱德任军长,毛泽东任党代表。周子昆后历任红四军教导队副队长、红六军第二支队支队长、红三军参谋长、红三军军长、红五军团参谋长、江西军区参谋长等职,参加了中央苏区历次反"围剿"和赣州、南雄水口等重要战役。

在中央苏区第五次反"围剿"中,由于共产国际军事顾问李德推行"御敌于国门之外""以堡垒对堡垒"等错误方针,中央红军接连受挫。1934年4月,周子昆临危受命,调任粤赣军区独立二十二师师长。他认真总结部队作战失利的教训,指出:敌强我弱,"叫花子岂能和龙王爷比宝",决不能跟敌人死打硬拼。与敌斗争中,他按照毛泽东的人民战争战略战术,采取"零敲牛皮糖"的打法,组织精干部队,抓准战机,接连取得几次战斗的胜利,初步扭转了赣南战场的被动局面。

1934年10月,周子昆参加长征,后任红四方面军红军大学上级指挥科科长、红军总司令部第一局局长。在长征途中,他坚决执行党中央关于红军北上抗日的战略决策,同张国焘的错误主张进行坚决的斗争。

红军长征到达陕北后,周子昆入中国人民抗日军政大学学习,并兼任学员队长。1937年2月至4月,中共中央、中央军委为援助西路军,决定组织援西军,由红军总参谋长刘伯承任司令员,率领前往救援。此时副总参谋长叶剑英随军委副主席周恩来忙于国共谈判,周子昆代理总参谋长,协助军委首长处理总部日常工作。

全国抗日战争爆发后,国共两党通过谈判达成协议,将南方8省14个地区的红军游击队改编为国民革命军新编第四军。11月,叶挺、项英先后赴延安,向中共中央汇报请示新四军编组的有关事宜,时任延安抗日军政大学训练部长的周子昆前往看望,畅叙友情。叶、项深知周子昆是能打仗、会治军的难得人才,表达了希望他能到新四军工作的想法,加之党中央、中央军委决定派一批骨干去新四军,周子昆去新四军工作的问题很快确定下来。

对于周子昆到新四军的安排,党中央、中央军委曾考虑请他出任参谋长,毛泽东除同他当面谈过外,1937年11月6日致博古电中也是这样说的。①后由于原红军总部副参谋长张云逸与叶挺军长联系较早,最后确定由张云逸任参谋长,周子昆任副参谋长。他对此毫不计较,愉快服从,展现了革命军人的豁达与高尚风格。12月下旬,周子昆带着30多名干部,离开延安,赴新四军。临行前,毛泽东和陕甘宁边区政府主席林伯渠、秘书长谢觉哉、延安抗日军政大学副校长罗瑞卿等亲自到周子昆住处送行,并和周子昆合影留念,直到车子开动后才离去。

1938年1月3日晚,周子昆一行到达武汉,与在那里进行新四军筹建工作的叶挺、项英、张云逸会合。他从延安带来的一批干部,随即充实到军部机关各处。第二天晚上,他和项英、张云逸一起,率新四军军部机关人员从汉口乘船东下,在九江转乘火车,于6日到达南昌,军部入驻南昌书院街高升巷张公馆。

新四军军部进驻南昌后,当务之急是要把分散在南方8省的红军游击队迅速集中起来,搞好编组,开赴抗日前线。为此,项英、陈毅、曾山、张云逸等领导人分赴各游击区,传达党中央关于国共合作、游击队改编为新四军的指示,动员他们迅速下山集中,留周子昆在南昌军部负责掌握情况、联系各方、落实好军分会和军首长所决定的整编集中等事宜。1月22日,周子昆在写给毛泽

---

① 中国人民解放军历史资料丛书编审委员会:《中国人民解放军历史资料丛书·新四军·文献》(1),北京:解放军出版社,1988年,第58页。

东的信中,报告了新四军军部由武汉移至南昌的情况等。

在从1月中旬到2月中旬的一个多月时间里,周子昆留在南昌处理军部各项事务,实际上主持着新四军军部的日常工作。2月12日,项英在到湘赣、赣粤边传达中央指示精神,动员部队集中编组后,返回南昌军部。当晚,军机关为欢迎叶挺、项英举行欢迎大会,周子昆主持大会。他首先对为新四军组建而奔波操劳的叶挺军长、项英副军长的胜利归来表示亲切的慰问和热烈的欢迎。在讲话中,他介绍了叶挺军长、项英副军长的光荣历史,要求军部机关的全体同志认真执行两位军首长的指示,在叶、项军长的领导下,加强团结协作,加速部队改编和集中,争取早日开赴抗日前线,抗击日本侵略者。欢迎会后的第二天,叶挺就主持会议,听取周子昆等关于部队改编和集中的情况以及亟待解决问题的汇报。周子昆特别汇报了军需方面须解决的问题。他说,目前国民政府每月拨给新四军的军费只有五六千元,但根据军需处的计算,除了军部机关和直属队以外,各支队每月就需9.65万元。根据掌握的情况,叶挺决定和陈毅、李一氓一起去屯溪,与第三战区司令长官顾祝同进行交涉。而交涉的准备工作,周子昆令参谋处和军需处立即整理出作为交涉依据的相关材料交给叶军长。

1938年3月28日,周子昆率军部参谋处、副官处等部门人员先行赴皖南岩寺,为军部设营做准备。经过实地考察,军部和直属队驻岩寺镇,叶、项等军首长驻该镇金家大屋,第一支队驻潜口,第二支队驻琵琶塘村,第三支队驻西溪南、砖桥。同时,组织

开展社会调查，布置作战室，设立前线指挥所，便于部队在移动中实施不间断的指挥。实际上，在新四军组建之初，周子昆领导下的军部机关作为军首长的参谋和助手，发挥了很好的作用。早在2月中旬，周子昆就组织军部机关的有关部门，一边研究第一、第二、第三支队在岩寺集中（第四支队在皖中地区集中）的问题，提出和规定各支队的进军路线；一边抓紧部队组编问题，这些对军首长的工作都是非常重要的支持。

新四军主力在皖南岩寺集中编组后，"点验"提上了日程。国民党当局为了限制新四军的发展，要求在岩寺集中的部队上报花名册，接受"点验"，才能发给军饷和军需物资，才能开赴抗日前线。第三战区派罗卓英率一批将校级军官来岩寺"点验"。叶挺、项英和张云逸、周子昆研究后认为，这是国民党当局显摆威风、对付非嫡系部队的一种手段，目的是通过"点验"来卡新四军的编制员额，但如果不接受"点验"，就会影响军饷和军需物资的发放，还会延迟向抗日前线进发的时间。在这种两难的局面下，军部决定派周子昆和张云逸去应对。为此，周子昆指令各单位编造好花名册，凑足名额；在列队"点验"时，力求队列齐整，军容整洁，以扩大影响；各单位领导分工专人应付"点验"，随时处理"点验"中出现的问题。在周子昆、张云逸的周密安排和上下共同努力下，顺利通过了第三战区的"点验"，为新四军开赴前线抗日创造了有利条件。

与此同时，周子昆还参加了先遣队的编组工作。1938年

4月,他和张云逸一起,遵照毛泽东关于苏南有利于新四军发展的指示精神和叶、项军长的意图,同参谋处研究了派先遣队赴苏南进行战略侦察的设想。24日,在毛泽东就同意派先遣队去溧水一带侦察给项英复电后,周子昆立即按照军首长的要求组织落实。他用了短短三四天时间,就从3个支队抽调了部分团以下干部和侦察分队计200多人组成先遣支队,于28日由粟裕率领向苏南进发。为保证粟裕和先遣队同各方的联系,周子昆遵照毛泽东电文中关于派电台随行的要求,命参谋处调军部无线电台通信大队报务员廖辉携带电台一部随同行动,使先遣队通过这部电台同军部及第一、第二支队随时保持沟通和联系。

此后,根据军部命令,第一、第二和第四支队分别挺进到苏南、苏皖边和皖中敌后地区开展抗日游击斗争,第三支队也进至铜、繁抗日前线,这些部队先后取得蒋家河口、卫岗、新丰、马家园等战斗的胜利。周子昆及时组织参谋处向延安和第三战区报告,在《新华日报》《抗敌报》等报纸上刊登胜利消息,以鼓舞抗战军民的斗志,扩大中国共产党和新四军的政治影响。

在新四军工作的3年时间里,周子昆在加强干部教育、培养高素质军政人才、领导全军参谋工作、协助军首长指挥对敌作战方面,都发挥了建设性和难以取代的作用。

随着新四军接连取得胜利和影响的扩大,东南地区爱国青年投奔皖南新四军参军参战的人数与日俱增。部队发展和根据地的开辟都急需大量干部,使新四军领导人感到干部培训的重要性。为此,新四军军分会于1938年8月决定将教导队(营)扩编为教导总队,由周子昆兼任总队长,筹建工作由周子昆主持。教导总队于同年9月在云岭中村正式成立,下设军事、政治两个大队6个队,加上各种专业的队,最多时达到13个队,1200多人。教导总队的教学计划、学习内容和学习方法,基本上和延安抗日军政大学相同,学制一般是3个月到半年。

周子昆在主持新四军教导总队工作期间,是一位名副其实的"总教头",受训的学员大部分是来自南方各省的青年,也有来自泰国、菲律宾、新加坡、印尼等国的归侨。他以毛泽东为延安抗日军政大学的题词"勇敢、坚定、沉着,在斗争中学习,为民族解放事业,随时准备牺牲自己的一切",作为学员的座右铭。周子昆十分重视加强思想政治工作,严格军事训练,以极大的热情和干劲,亲自编写教材,讲授游击战的战略战术,组织实战演习。他曾说,"演习是为了检验对抗敌人能否取得胜利的手段,不是为了演习而演习,要讲效果"。教导总队的口号是"平时多流汗,战时少流血""操场就是战场,演习就是作战"。在3年时间里,教导总队将四五千名坚持抗日、训练有素的军政干部一批批地输送到敌后抗日根据地,增强了大江南北的抗日力量,因而教导总队被誉为"南方抗大"。

1938年11月,新四军参谋长张云逸奉命率干部数十人和军部特务营赴江北工作,以加强江北抗日斗争的领导。这样,领导全军参谋工作的重担就自然落在了副参谋长周子昆肩上。

周子昆在主持新四军全军参谋工作期间,首先,注意同各方的联系,上传下达,经常向延安总部和八路军前方指挥部报告新四军的情况,便于总部适时进行指导。其次,重视敌情研究,总结作战经验,参与重要军事工作的研究和决策的制定。1939年,他布置侦察科长谢忠良注意掌握芜湖一带敌情,在该市建立起谍报网。同时,他派作战科参谋叶超、王征明各带一个班,分东、西两路,用五万分之一的军用地图将繁昌、南陵地区图上标明的村庄一一核实,以备作战之需。再次,重视军部机关的组织、思想、业务、作风建设,注重提高机关人员的军政素养。他还注重参谋人员素质的提高和参谋人才的培养,为此,从教导队中抽调学员举办参谋培训班。在他的建议和倡导下,新四军于1939年3月18日至24日在云岭召开了第二次参谋工作会议,他主持会议并做题为《一年来参谋工作的总结和今后任务》的报告,会议最后通过《参谋工作条例》。这次会议的召开及会议精神的贯彻,对新四军参谋工作建设产生了深远的影响。

周子昆不但能治军,而且善于指挥作战。在红军时期,他就以带兵打仗出名。皖南新四军时期,他参与指挥繁昌保卫战、皖南反"扫荡"战斗和云岭保卫战,都取得重大胜利。

1938年下半年,日伪军先后出动2000多人,数次进犯繁昌。根据项英指示,周子昆率军部特务营前往第三支队防区,协同第三支队副司令员谭震林指挥部队,在峨山头、塘口坝、马坝等地同日伪军进行了拼死搏杀,毙伤敌400多人,使繁昌城失而复得,不仅保卫了繁昌,也保卫了皖南地区的抗日力量。

1940年4月下旬,日伪军出动一万多人,再次对南陵、繁昌等地进行大规模"扫荡"。在敌强我弱的情况下,周子昆协助项英指挥第一团、第三团和第三支队第五团以及军部特务营等部队,利用有利的地形条件,以游击战为主,在父子岭、何家湾、九郎庙等地与敌周旋,给敌以重大杀伤,共歼敌900余人,迫使敌人撤退。同年10月初,日军再次纠集一万余人,对皖南进行第二次"扫荡",其中一路5000多人从南陵出动,于10月7日进犯云岭以北的汀潭。汀潭是云岭军部的屏障,一旦失守后果不堪设想。根据军首长的安排,周子昆率军部特务营和教导队一部在汀潭东北狙击来犯之敌。① 那一天,战况异常激烈,他在前线指挥所里指挥战斗时,突遭敌机袭击,炸弹掀起的泥土将他的半截身体埋住,警卫员拉他出来后,他吐掉嘴里的泥土又镇定自若地继续指挥战斗。在他和其他军首长的指挥下,新四军指战员与敌人激烈搏杀,终于击退敌人的进攻。当天夜里,新四军派出小分队从多个方向对敌人营地进行袭击,逼敌撤兵。敌军败退时,新四军部队发起追击,并乘胜收复泾县城。至10月11日,皖南新四军在第二次反"扫荡"中共歼敌2900多人。

1941年1月4日,皖南新四军踏上北移之路,7日到达泾县茂林地区时,遭到预先设伏的国民党顽军7个师共8万多人的突然袭击,经7昼夜激战,因顽我力量过于悬殊,被迫分散突围。突

---

① 中国新四军和华中抗日根据地研究会、广州新四军研究会、中共广东省委党史研究室:《叶挺研究文集》,北京:当代中国出版社,2004年,第186页。

围后,周子昆和警卫员黄诚在大康王附近隐蔽了两天,16日,在转移途中意外地遇到项英。见面后,项英拉着周子昆的手说:"这次部队遭受这么大的损失,主要责任在我,我回到中央,要做检查,请求处分。"周子昆也表示要对皖南新四军失败承担责任。随后,会合到泾南濂坑一带的新四军突围人员达到40多人,并建立了临时党支部,周子昆和项英隐蔽在赤坑山上的蜜蜂洞,准备伺机北渡长江。不幸的是,3月14日凌晨,周子昆被叛徒杀害,一代战将就这样陨落了。

1955年6月19日,周子昆、项英、袁国平三烈士的遗骸被归葬于南京雨花台烈士陵园,烈士伟大而光辉的一生永远值得后人景仰!

五、李子芳

李子芳,1910年5月3日生于福建晋江县(今石狮市)永宁乡岑兜村一户贫苦人家。父亲李兹螺早年出洋到菲律宾谋生,后与人合开一杂货铺维持一家人生计。

李子芳8岁时入家乡的银江小学读书,学习成绩优秀,后来父亲与人合开的杂货铺破产,不久又因病辞世,李子芳不得不辍学。14岁时随乡亲南渡菲律宾,侨居岷里拉,在店铺里当学徒,后

得亲友资助,以半工半读形式入岷里拉中西学校读书。当革命风暴席卷祖国大江南北、波及南洋时,广大华侨青年心中燃起了革命火花。此时,李子芳也受到新思潮的启迪,他向往祖国,立志投身革命洪流。1927年夏,他毅然回到故乡,先后就读于泉州的培元、晋中和黎明高中等校,这时,他进一步攻读革命理论和进步书刊,如《向导》《新青年》以及他从南洋带回的有关唯物史观等哲学著作,开始寻找革命道路,逐步树立为共产主义事业奋斗的理想。时值蒋介石叛变革命,白色恐怖笼罩全国,但他不畏艰险,坚持斗争,抨击时弊,组织学潮。因此,他被学校当局认为是"过激派",被开除出校。1931年,李子芳到泉州东郊清江小学任教,这时仍用多种形式,在学生中宣传革命道理,更加激怒了反动当局,受到当地国民党党部的监视,一学期未满,就被迫离开。不久,他前往南京中央大学旁听,随后又转回家乡,加入了"反帝大同盟"和"革命互济会"组织,在泉州、厦门一带从事地下革命斗争。

1932年4月20日,毛泽东率领的中央红军东路军攻克福建漳州,李子芳于5月间经厦门互济会介绍,赶赴漳州石码参加红军,被分配在红四军政治部组织部任统计干事。6月,东路军回师江西,他随部队进入中央苏区。同年底,红四军政治部改编,他调任红一军团政治部组织部干事。在中央苏区,他参加反击国民党反动派的第四次、第五次"围剿"的激烈战斗。1933年4月,经彭祜、钟衍英等介绍光荣地加入了中国共产党。

中央苏区第五次反"围剿"失利后,红军被迫实行战略大转移，李子芳随军参加两万五千里长征，任红一军团组织部干事，后任军团直属队政治干事。长征途中，他虽然是知识分子出身，但非常能吃苦，克服重重困难，协助军团领导做好军中各项繁重复杂的组织、政治工作，在斗争中显示了突出才干。红军抵达陕北后，李子芳升任红一军团政治部组织部部长。

新四军组建后，为了加强党对新四军的领导，中央决定抽调部分干部充实新四军各级领导。1937年11月，正在延安抗日军政大学第三期学习的李子芳，奉命任新四军政治部组织部部长。接受任务后，立即率30余名干部从延安出发，途经西安八路军办事处，于12月初抵达武汉，协助新四军政治部主任袁国平筹建新四军军部机关。当时袁国平、邓子恢均未到职，李子芳除参与全军的组建工作外，还肩负起政治部的筹建工作。按照新四军政治工作的要求，他带领政工干部迅速把政治部机关组建起来，并对新四军的政治工作，包括组织、干部、青年，还有保卫、宣传、民运等工作都做了具体的分工，使新四军政治部较快地开展了工作，为保证新四军各支队的集中和整编、动员开赴抗日前线做出积极贡献。他对新组建的政治部机关的组织建设和思想建设工作，做得细致耐心，他在工作中待人诚恳热情，深得新四军中各级干部的好评。

在新四军政治部组织部长任上，李子芳按照中央对新四军的指示精神，根据新四军干部来自五湖四海的特点，创造性地开展工作。李子芳在干部问题上很讲原则，讲团结。他是从八路军调到新四军工作的，他常说："八路军和新四军都是中国共产党领导

的军队,是兄弟。"他要求大家团结一致,同心同德,一道工作。针对新四军是由从各个山头下来的红军游击队组成的状况,李子芳认为首先要承认山头和地域问题;其次,要照顾山头和地域之间的关系;最后,要克服山头和地域观念,否则,部队会成为一盘散沙,就不能同心协力地去打击日本侵略者。

随着抗日战争形势的发展,新四军不断向东南敌后挺进,其影响越来越大。泾县云岭被称为江南的"延安",吸引了大江南北许多青年工人、学生、店员到皖南参加新四军。根据党中央的指示,新四军要在敌后积极发展抗日力量,大量训练干部。为此,军部领导决定成立一个教导队,担负培训这些爱国青年的任务。李子芳身为组织工作者,深深地感到,这是发展抗日力量的一个重大决策,要办好教导队,关键在于干部配备,在于很好地发挥干部的积极性,因此,在教导队各级干部赴任之前,他都亲自找他们谈话,鼓励他们,使他们能勇挑重担。一天,他找来于晶谈话,告诉她军部决定成立教导队培训干部,并打算将女同志单独编成一个女队,任命于晶为队长。听到这个消息,于晶既兴奋又激动,但怕挑不起这副担子,一时陷入沉默。李子芳看出了于晶的心思,笑着说:"你不是在延安抗大学习过吗?"于晶有些担心地说:"我从来没有做过领导工作,就怕做不好,不能完成党交给的任务。"李子芳鼓励她:"能力是锻炼出来的,只要我们在实际工作中重视学习,认真总结经验,一定能把工作做好。"一番话让于晶打消顾虑,愉快地接受了任命。教导队女生(八)队成立后,参加培训的学员接踵而来,这些学员大都是来自南京、上海、杭州等地的青年学生、自由职业者,一部分是来自江南游击区的知识青年和新入伍的工作人员。她们的家庭出身和社会经历不同,文化程度不一,年龄、性格、爱好、特点各异,但她们抗日救国的革命意志、热爱新四军的心愿、不怕流血牺牲的精神是一致的。教导队的成立,为这些进步青年在皖南小山村这个革命熔炉经受锤炼创造了有利的条件。他们中的大部分人后来都成长为新四军各方面的骨干。

李子芳经常了解干部的工作、学习、生活、身体等情况,处处关心干部的疾苦、成长和进步。如第三团连长林浩成文化水平低,要求到教导队学习,便去组织部找李子芳,不巧他开会去了,由组织部干部科一位科长接待,这位科长问明林连长的来意,立即打电话与团长黄火星联系,经同意后,林连长马上就在组织部办好去教导队学习的手续。

李子芳善于从实际出发,有针对性地处理各种复杂的问题。在一次同干部接触交谈中,李子芳了解到归国华侨陈子谷,接到在泰国的两个叔叔的来信,因祖父去世,要他迅速回到泰国继承遗产。陈子谷刚穿上新四军的军装,就要回泰国,还会不会回来?李子芳觉得对于爱国华侨知识青年,首先应在政治上信任,在工作上大胆使用。于是,他趁开会的机会,当面向叶挺军长建议:让陈子谷以叶挺军长秘书的名义,回泰国为新四军募捐,同时处理自己的遗产继承问题。叶军长采纳了李子芳的建议。陈子谷回泰国后,为新四军募捐了一笔款子,并卖掉自己应得的遗产,凑成一笔 26 万元的巨

款,寄给了新四军,三个月后,他又回到云岭新四军军部。①

李子芳严于律己,宽以待人,充分体现了一个政治工作者的高度党性原则和严谨的工作作风。他有一句名言:"组织部就是干部的家。"他以自己的谦虚谨慎、平易近人的作风,使每一位到组织部来的干部都觉得特别温暖,仿佛到了自己的家里一样。李子芳注重用自己的模范带头作用去影响部队。一次,他率领军部服务团到第六团指导工作,并与第六团团长叶飞率部队行军开赴新的地区。一路上,他同战士一起行军,由于他的身体较弱,叶飞将全团唯一的一匹乘马给李子芳骑,他坚决不同意,最后,他将那匹马送到了卫生队,给伤病员骑。

在新四军的创建、发展过程中,李子芳领导下的组织部对于在军中加强党的建设、提高部队的军政素质,都发挥了积极作用,为把新四军锻造成一支铁军做出了突出贡献。

1941年1月4日,遵令北移的皖南新四军9000余人行进到泾县茂林时,背信弃义的国民党顽军向新四军发动袭击,皖南事变发生。事变前,军部决定先把老弱病残的指战员撤至江北。李子芳因阑尾炎刚刚开刀,且有严重肺病,也属军部指定的先撤人员,但他坚持要与部队一起行动,他不顾自己的病痛,坚决贯彻军部决定,领导组织部迅速办理其他所有先撤人员的组织手续,使许多年老体弱多病的同志得以事先顺利渡江。皖南事变发生后,

---

① 徐则浩、宋霖:《新四军军部在皖南》,北京:当代中国出版社,2003年,第348页。

北移部队陷入重围,军部领导再次决定李子芳和宣传部长朱镜我(胃病出血)先行撤出,李子芳表示"我从来没有离开过部队,要死,就和大家死在一起",充分显示了共产党人临危不惧、革命到底的献身精神!

皖南新四军在遭受敌人重重包围的恶战中,全体将士与顽军进行殊死搏斗,伤亡十分惨重,李子芳躺在担架上,从容镇定地率政治部机关人员随部队冲杀。当战斗到最后关头,军部在石井坑召开紧急会议,叶挺军长决定分散突围时,李子芳立即将政治部机关和从各阵地撤退下来的指战员,集合起来编为突击营,指定邹耀堂担任营长,李洪为教导员,实施突围。在生死存亡之际,他对突击队员们说:一定要在重围中杀出一条血路,突围出去。在突围出去后,不论面对什么样的情况,同志们都不要泄气,因为我们离革命胜利已经不远了。

经过七昼夜的浴血苦战,由于敌我兵力差距过大,我军除少数部队突出重围外,大部分壮烈牺牲或被俘。李子芳拖着病体,行走艰难,不幸落入敌人的魔掌。李子芳被俘后,起初被囚于上饶集中营的李村监狱,和叶挺军长的囚室相邻,与军政治部秘书长黄诚、敌工部部长林植夫等高级干部关在一起。囹圄之中,李子芳利用吃饭、劳役、上厕所等机会传递信息,鼓励大家同敌人斗争。大家不屈不挠的斗争精神,使叶挺军长深为感动。叶军长暗中鼓励大家要"团结一致,斗争到底",并设法照顾李子芳等负伤、体弱多病的同志。

1941年7月,李子芳、黄诚、王丰先、徐锦树、廖振文、陈子谷、胡崇德等10名干部,被转囚到石底监狱。这里岗哨林立,戒备森严。在这样艰难的环境中,李子芳不顾病痛,建立起狱中秘密党支部,他被推选为支部书记,黄诚、徐锦树为支部委员,领导狱中支部开展对敌斗争。作为秘密党组织负责人的李子芳,提醒大家对眼前严酷的现状要有充分的思想准备,坚持在斗争中求生存,"力争越狱,能逃就逃",同时也要做好不能越狱的最坏打算,那就"斗争到底,准备牺牲"。针对敌人的欺骗、利诱和劝降活动,党支部加强对党员的革命气节教育。

李子芳被囚石底监狱时,上饶集中营特务头子、国民党第三战区政治部情报室少将专员张超亲自出马,三番五次来到石底监狱,以"不咎既往"、高官厚禄为诱饵,企图劝诱李子芳等人"幡然悔悟"、脱离共产党。李子芳不为所动,严词驳斥国民党外战外行、内战内行,专干亲痛仇快的蠢事。不久,张超再次来到囚室,向大家劝降,李子芳率党员同志一起高声背诵文天祥的《正气歌》,从而挫败了敌人劝降的把戏。在李子芳和党支部的领导下,难友们经受住了敌人的酷刑拷打和利诱。他们严守党的机密,痛斥国民党顽固派背信弃义、破坏抗日统一战线的罪恶行径,并多次组织越狱、绝食,使国民党顽固派无计可施。

1942年4月,日军发动浙赣战役,逼近上饶一带,国民党第三战区决定把上饶集中营迁入福建。转移前夕,敌人下毒手杀害了一批坚持狱中斗争的抗日将士。接着又用卑鄙凶残的手段,毒杀

了关押在石底监狱的李子芳、黄诚等同志。4月23日晚饭后,李子芳突然感到腹部剧痛,立即意识到敌人在食物中下了毒药。他拼尽最后的力气,支撑着身子,向难友们控诉道:"我们都中毒了。这伙杀人的魔鬼,迟早有一天会受到人民惩罚的……"这时,失去人性的敌人又把绳索紧紧地套在他们的脖子上,李子芳等4位年轻的抗日将士就这样倒下去了,他牺牲时年仅32岁。英雄虽然离开了我们,但李子芳在狱中写下的铿锵有声的诗句,永远为后人所传颂。诗云:

> 铁军战士不弯腰,岂能怕死去求饶。
> 人生百年终一死,留得青山上云霄。
> 铁军战士不发愁,革命何须怕断头。
> 留得子胥豪情在,三年归报楚王仇。

第九章

坚守皖南战略支点

一、泾旌太地区的坚持与发展

皖南事变后,国民党以新四军活动地区为重点,相继进行了大规模的"军事清剿"和"政治清剿",皖南各地的基层党组织、抗日群众团体都遭到严重破坏。国民党在新四军和中共地方党组织活动、影响的地区,分别设立了所谓"感化训练班",强迫群众集中受训,威逼群众自首登记。皖南山区特务横行,群众遭受摧残,一片白色恐怖。在这危难时刻,中共皖南秘密党组织发动群众,收容掩护突围新四军指战员,将他们安全送到江北,并很快建立起皖南新四军游击武装,在敌人的残酷"清剿"中,顽强坚守,站稳脚跟,并取得了发展,坚守住了皖南阵地。

(一)组建秘密地方党组织

新四军北移前,国民党顽固派加紧了限共、反共步伐。考虑新四军北撤后,皖南必将面临严峻的政治局面,为了坚持斗争的需要,必须把党的活动转入地下。中共皖南特委决定派洪林到泾(县)旌(德)太(平)山区开展工作。1940年3月,洪林来到铜山、樵山周边一带开展单线联系,发展党员,建立秘密党组织。经过一段时间的工作,共建立20多个支部,并成立中共泾旌太中心区委,洪林任区委书记。5月,皖南特委将中共泾县县委撤销,分别建立泾旌太、泾太、泾南3个县委。中共泾旌太县委是以泾旌太中心区委为基础成立的,书记为苏托夫,洪林任组织部长,县委机关设在铜山,下辖铜山、榔桥、马渡、榔坑、李村、黄村、章渡、茂林、水东9个区委。

1940年11月,国共之间摩擦事件越来越多。皖南特委召开了县委书记会议,布置撤退工作。会议决定,不能撤退的共产党员,在环境恶化的条件下,可以跟在群众后面以农抗会的面目自首,但不得以共产党员的面目出现。不久,皖南特委又召开了第二次会议,讨论布置北移工作,要求各县委动员已暴露身份的中共党员可以参军,不愿意走的,要借助亲戚朋友关系转移隐蔽。

皖南特委书记李步新特意找洪林谈话:"这次新四军准备北上抗日,新四军撤走后,你们应该保存力量,坚持斗争",并向他介绍了一套打游击的经验,布置撤退的准备工作。洪林回到铜山后,立即召集各支部委员和面目较红的党员开会,动员他们参加新四军,随新四军转移,对于留下来坚持斗争的,则规定了各个支部联络代号,进行单线联系。经特委同意,苏托夫也随军北撤,由洪林接任中共泾旌太县委书记。

1940年12月,在新四军北移前夕,中共中央东南局决定撤销皖南特委,成立新的秘密皖南特委,黄耀南任书记,驻地移至休宁,特委副书记胡明任中共泾(县)旌(德)太(平)中心县委书记兼旌德县委书记,洪林任泾县县委书记。

东南局领导分别与每位特委委员进行了单独谈话,指示皖南地方党组织:要按照隐藏精干、长期埋伏、积蓄力量、等待时机的方针,准备长期坚持斗争;要坚决反对国民党的镇压和破坏,保护党的组织,保护群众利益,保护新四军的家属;在有利时机还要适当发展党的组织,争取同苏南党组织连成一片。

东南局副书记饶漱石和胡明进行了长时间谈话,大意为:(1)新四军北移后,国民党一定会搞白色恐怖,你们准备挨打三个月,三个月后,看情况再派政治交通员来接续关系;(2)介绍了一套秘密工作经验;(3)要胡明赶快回去,把黄耀南送到隐蔽地点休宁去。胡明接受指示后,即回到旌德。从1940年开始,胡明就有计划地在旌德黄高峰、王家庄一带建立秘密支部和交通站,这里也成为皖南事变后,中共泾旌太中心县委领导皖南山区地方党组织开展斗争的指挥中心。

新四军部队开拔前两天,孙宗溶奉组织命令连夜赶到旌德与胡明会合,临行前李步新交代,到旌德后,要保持和宣城县委的联系,通过宣城打通南芜宣县委的联系,打通江北和苏皖区党委的联系。

根据上级党组织的部署,皖南地方党组织做好了如何应对新四军北撤后的困难局面的准备。然而皖南事变的发生,是他们始料未及的,皖南地方党组织面临的是更为严酷的斗争局面。

(二)收容掩护突围新四军指战员

皖南事变的发生,使新四军遭受巨大损失。胡明领导的中共泾旌太中心县委召开会议,决定加强党员教育,组织收容突围失散的新四军人员。

洪林于皖南事变发生后的第二天在茂林里潭仓的临时军部见到了叶挺,根据叶军长的指示,洪林带着两箱军部的重要文件,隐蔽到茂林濂坑殷木春家屋后的山头上。1月15日左右,洪林带领殷木春、姜启贵和通讯员小牛等人,化装成帮工的模样,到濂坑口、石井坑等处的树林和石洞内,寻找突围失散的新四军指战员,并发动群众做好掩护收容工作。他们首先找到了何继生、敖德胜、耿连英等同志,接着又找到了刘奎、尹德光、陈立发、钱安国、谢忠良、罗湘涛、李桂英等同志。不久,通过铜山党组织和刘奎的寻找,洪林与分散突围的项英、周子昆等取得了联系,并将他们转移到濂坑姜启贵家,后转移至蜜蜂洞隐藏。

经过近一个月的搜寻,洪林等共收容了100多人,编为4个分队,分别带到铜山、濂坑一带的山林深处隐蔽起来。罗湘涛(负责新四军财务后勤工作)拿出一部分钱款,解决收容人员的生活费用。根据项英的指示,突围人员成立了临时党支部,由李志高任总支书记,项英强调:"在隐蔽过程中,一切行动要以党支部为核心。"

3月初,国民党一个多月的军事"清剿"接近尾声,形势有所缓解。大家开始考虑收容人员的去向问题,有的主张留在泾县就地隐蔽,有的主张撤到江北。为解决这百余名指战员的去向问题,奉项英之命,洪林到旌德找胡明汇报请示。然而等洪林回到濂坑,得悉项英、周子昆遇害。形势再次变得严峻起来,必须迅速将这100多人送往江北,洪林立即派交通员小牛送密信给胡明,请求胡明前来研究商定新四军人员突围问题。胡明派孙宗溶到泾县与洪林商量突围事宜。

孙宗溶与洪林见面后,第二天晚上在铜山与李志高、谢忠良、马长炎、杨汉林等新四军突围人员开会商定突围计划,经过3天的研究讨论,最后确定了突围路线:由章家渡附近渡过青弋江,经中村和泾县、南陵交界的山地,然后插向繁昌,再渡江到无为。突围计划制定后,需要立即和江北取得联系,请他们派人到繁昌配合,安排渡江。洪林找到地下党员繁昌人周正文,派他带着孙宗溶写给李步新的信到繁昌与上级党组织取得联系。不久,老周带回上级指示:一定要将收容来的同志安全送到江北。4月13日,这100多人的突围部队顺利渡江抵达江北皖中地区。

(三)创建游击武装

皖南事变发生后,皖南地方党组织的同志们义愤填膺,纷纷要求用武装打击敌人的嚣张气焰。胡明写信给代军长陈毅请求指示,陈毅很快回信,批准了他们的请求,指示皖南山区必须发动游击战争,坚决以武装斗争回击国民党顽固派的进攻。

搞武装斗争要有懂军事、会打仗的干部。1941年4月初,胡明到铜山给准备到江北的新四军突围人员送行时,向军部作战科科长李志高提出希望留下几位军事干部、少数枪支,帮助皖南地方党组织建立武装。临行前的一天晚上,经过新四军突围人员临时党支部开会研究,决定留下军部参谋刘奎、李健春等人,并留下部分经费。很快,在泾县濂坑,由新四军突围人员和地方党员组成的皖南第一支新四军游击队成立,刘奎任连长、李健春任指导员,共13人,武器有2支驳壳枪、6条长枪、3条土枪,称泾旌太游击队(后改为黄山游击队)。

游击队成立后,为打击国民党顽固派的嚣张气焰,鼓舞群众的斗争情绪,必须要打一场胜仗。恰在此时,旌德西乡国民党庙首乡公所乡长江端逮捕了中心县委派往西乡开展工作的区委书记徐建新。江端十分反共,皖南事变后,他向特务机关告密和直接杀害的共产党员就有包括中共旌德县委副书记谭笑萍在内的10多人。江端在乡里横行霸道,他认为皖南新四军已经消灭了,趾高气扬,无所顾忌。

▲ 皖南新四军游击队成立地遗址

中心县委经过开会讨论，决定第一仗就打旌德庙首乡公所。一是营救徐建新；二是该乡靠近中心县委所在地，周围有较好的群众基础，地形熟悉，也便于撤退隐蔽；三是敌人最反动、最嚣张，但战斗力较弱。

会议结束后，游击队便悄悄地从濂坑秘密运动到黄高峰附近的山地隐蔽下来，并进行了周密的布置和安排。他们派熟悉当地情况的同志到庙首乡公所侦察敌人的动向，研究进攻路线和撤离路线，在战术上采取速战速决、出奇制胜的偷袭方案。1941年7月9日晚，胡明、刘奎、李健春等率领游击队悄悄地从黄高峰出发，在离庙首乡公所20多里路的地方，游击队再次召开一个简短的动员会，进行了明确分工。当晚10点多钟，游击队向庙首乡公所进发,大约11点钟,战斗打响,不到几分钟就解决了乡公所全部武装,打死敌乡兵2人,活捉5人,缴步枪7支,手榴弹10多颗,子弹200多发。

虽然当天下午,徐建新突然被押往县城,而乡长江端晚上不在乡公所内,解救徐建新和惩办江端的目标没有达到,但庙首首战的胜利,振奋了游击队的士气,鼓舞了群众继续斗争的信心,也向国民党顽固派宣告新四军是消灭不了的,大大震慑了那些气焰嚣张的反共分子。

庙首战斗后,游击队由刘奎带领去别处开辟新的游击区。洪林、尹德光又在濂坑创建了第二支游击队。最初仅8人,群众戏称"八大仙";武器有手枪1支、长枪1支,还有1支枪是打不响的,以及大刀1把,队员们戏称是"两条半枪闹革命"。

游击队成立后,首先惩办了李坊保长赵保元,迫使其开放关卡,使濂坑百姓可以到旌德卖炭买米。随后不久,又在茂林附近解决了4个下乡捉壮丁的国民党第八十八军士兵,缴步枪4支,释放壮丁80多人。泾旌交界的三溪镇有个大地主吕佩卿,在家私设公堂,逼租逼债,强迫党员和群众办理自首,民愤极大,洪林与游击队商量后决定前去将其处决。游击队沿途张贴宣传一致对外、共同抗日、揭露国民党反共阴谋等主张的标语,扩大了影响,营造了声势。群众纷纷相传:新四军又回来了,有好几千人呢。吕佩卿被镇压后,地主张保列被吓跑,李家村保长李占如也弃职逃走。一时间在这些地方无人再敢当保长,而新保长一定要

由中共泾县县委任命。至此,中共泾县县委直接掌握了铜山、南容、三溪3个乡和1个保,建立起两面政权。

为扩大游击队实力,洪林把当地保、甲隐藏的武器弹药和散落在老百姓手中的枪支弹药逐一收集起来。又派人到皖南事变激战地,寻找遗弃的弹药武器。再就是打乡公所,收缴武器弹药,既消灭敌人,又充实游击队武装。当年底,游击队已经发展到34人,30多条枪,正式命名为"皖南新四军游击队"(即泾旌太游击队),并制定了规章制度。游击队提出的斗争口号是:广泛发动群众,建立单线联系,坚决打击坏人,争取中间人士,建立精干武装,开辟游击根据地。

当年冬,泾旌太游击队打击了樵山最反共、势力也最强的地主丁永定,没收其法币二千元,光洋二百块,解决了游击队3个月的活动经费。并以樵山和濂坑山地一带为中心,建立起第一块皖南新四军游击根据地,活动范围包括泾县厚岸、茂林、马渡桥、椰桥河、旌德西乡、太平龙门等地。与此同时,在中心县委的帮助下,太平县委仅7个人,3条半枪,使用内线关系,就解决了太平谭家桥乡公所,缴获驳壳枪1支、步枪9支、手榴弹10多枚。这是继庙首之战后取得的又一次胜利。

庙首、谭家桥战斗的胜利,震动了皖南事变后气焰嚣张的国民党地方当局,国民党很快调动第六十三师一个营及泾县、旌德、绩溪3县地方武装对游击区进行"清剿"。为了适应形势的变化,扩大力量,中心县委向绩溪、歙县一带转移开辟新区,王家庄地区交通由唐辉（原新四军民运干事）负责，开辟旌、绩边的游击区，洪林则坚守在泾旌太地区。到1941年底，在敌人的不断"清剿"下，皖南新四军游击武装发展到90多人。

（四）在反"清剿"中发展壮大

1942年2月，国民党皖南当局决定发动一次大规模的"清剿"，专门在泾县章家渡召开"剿共"会议，确定了"三分军事、七分政治"的"清剿"方针，调集第五十二师、第一四四师、第一四五师各一个团，加上泾县、旌德、太平、绩溪、歙县5县自卫队共4000余人，对皖南山区新四军游击队分割包围，进而采取蚕食办法逐步缩小包围圈。① 并在包围圈内设立多个"自觉室"，强迫当地群众说出游击队的下落，再把这些"自觉"的人组织起来，作为反共骨干。同时，又把18岁至40岁的男人编为"清乡"大队，每天给这些人出操、上课、灌输反动思想。此外，还实行"五户连坐法"，广泛设立步哨、秘密哨、监视哨，大量修建碉堡，构成严密封锁网。平时禁止包围圈内的群众进行生产、走动，连吃的菜、油也由保长代买，企图隔绝群众与游击队的联系。敌人称之为"车水捉鱼"，即"共产党说群众是水，他们是鱼，我们就把水车干了再捉鱼"，扬言在6个月内彻底消灭皖南山区的游击队，消灭不了就困死，困不死就赶到江北去。

---

① 泾县县委党史办：《中共泾旌太县委》，见中共宣城地委党史工作委员会：《云岭烽火》，合肥：安徽人民出版社，1991年，第80页。

洪林领导的泾旌太地区形势也十分严峻,敌人逐渐缩小包围圈,并化装成新四军骗取地方党组织信任,相继破坏了樵山、铜山、茂林等地党支部。敌人十分嚣张地说:"水车干了,只等拿绳子钓鱼了。"游击队员和群众情绪低落,洪林决定找机会打击敌人,鼓舞士气。

不久机会终于来了,游击队得到情报,有一个国民党高官将于2月28日从茂林经太平到屯溪,正在茂林雇挑夫。虽不知此人是谁,去屯溪干什么,洪林还是决定打个伏击。2月27日夜,洪林带领21名游击队员赶到樵山岭埋伏。28日晨,果然从茂林方向来了一顶约被一个营兵力护送的轿子,同时从太平方向也来了一个连的兵力接应。由于兵力、武器的悬殊,游击队没能抓住轿子里的人,但俘虏了一名军官,缴获了敌人的"清剿"计划、一份皖南地区军用地图及电报密码。经审讯后得知,原来那个高官就是陈淡如,被俘者为陈淡如的机要秘书王凤歧。此次伏击鼓舞了军民士气,也使敌人原定于3月1日进攻泾旌太地区的"清剿"计划推迟了半个月。

3月中旬开始,国民党当局派重兵对泾旌太游击区进行"围剿"。根据地中心濂坑是敌人"清剿"的重点,"清剿"部队一到濂坑,就抢光百姓的东西,烧掉房子,挖断道路,实行移民并村,将老百姓全部赶到团仓集中居住,并在山头、山脚、村庄、路口布满兵力,拉网式搜索每一座山头、每一片树林。泾旌太游击队利用熟悉的地形,采用灵活机动的游击战术,与敌人捉迷藏,一次次巧妙地躲过了敌人搜捕。然而，与群众的联系被切断，游击队失去了后勤供给，生活异常艰苦。子弹打完了，衣服扯烂了，鞋子跑破了，几个月不见粮食，无油无盐，游击队全靠野菜、竹笋充饥，躲在深山密林中不能下山，且时常遭到敌人包围袭击，随时准备转移，下雨时，只能几个人打一把伞或顶块油布过夜。

泾县国民党县党部书记熊子良，以1万元的悬赏，到处张贴布告，要取洪林、尹德光的人头。洪林、尹德光则回他一张布告：凡取到熊子良首级的，赏铜板一枚。熊子良气急败坏，指使叛徒在酒中下毒请洪林和尹德光赴宴，幸亏尹德光及时发现，免遭毒手。

在艰难的处境中，一些游击队员产生了动摇，有的开了小差，有的甚至叛变投敌。当部队转移到小河口时，洪林部只剩下十几人。人数虽少，却都是经受住考验的革命战士，他们昼伏夜出，与敌周旋，顽强坚守着。面对国民党当局的残酷镇压，意志坚定的共产党员和进步群众，仍然不畏艰险，想方设法同游击队保持着密切联系，冒险给游击队送情报、送粮食，帮助游击队。如樵山的查文连、铜山的徐兆堂等，他们有的曾多次被敌人逮捕，受到严刑拷打，但一被释放，他们仍会继续为游击队工作。

敌人长期"清剿"未能达到目的，于是叫老百姓传话，说愿意让路给游击队到江北去。洪林则让传话的人告诉敌人，皖南一天不解放，游击队一天不走，他们要坚持到底。

1942年8月，日军为了打通浙赣线，开始进攻江西上饶和大

别山区,国民党第三战区司令长官部仓皇撤退,原留在皖南的国民党主力部队奉命转移,对皖南新四军游击队的大规模"围剿"行动草草结束。只留下一些地方土顽和一小部分顽军由陈淡如指挥,继续执行"清剿"任务。

利用这个短暂的缓和时机,中心县委及时在歙县兰荫滩召开了由各县委和游击队负责人参加的扩大会议,总结了近6个月的反"清剿"斗争经验与教训。同时,受新四军第七师所派,陈洪率10多人的武装也从江北来到皖南与中心县委会合,带来了皖中区党委的指示信。会后,洪林、尹德光等随胡明到江北汇报斗争情况,参加整风学习。新四军第七师及皖中区党委负责人对皖南山区的游击斗争给予了高度评价,指示皖南山区今后的具体斗争任务是:组织精干的游击队,广泛开展群众工作,开辟游击根据地。特别强调要"以政策胜人",并拨了一部分钱款,在皖南开展一次"还债运动",以补救游击队初建时期筹款中的一些偏差,争取中间人士。

1942年底,洪林随胡明回到皖南,根据上级指示重新建立以樵山为中心的游击根据地。重回樵山后,洪林吸取之前"根据地少、隐蔽不好、党组织没有建立单线联系、打击面过宽"的教训,整顿发展党组织,帮助群众恢复生产,开展还债活动,组织短小精干武装,隐蔽活动,开展小规模的斗争,逐步扩大游击队。特别是1943年春开展的"还债运动",规定凡是借中农的粮款一律归还,借富农和不反动的中小地主的可归还一部分,为此,洪林亲自给

樵山茶商丁永定、丁永清兄弟写了一封信,信中写道:

"新四军自到皖南以来,一贯本着我党主张,联合社会各界人士,发动群众抗日,深得皖南人民拥护。国民党反动派消极抗日反共,不顾民族存亡和人民的痛苦,不断制造摩擦,使老百姓受害不尽,而日寇汉奸却在拍手称赞。你们过去借款支援抗日,这是爱国行为,帮助我们解决了困难。现在我们遵照上级指示,归还当初一部分借款,除表示感谢外,并附上传单一份。"这在游击区的地主乡绅中影响极大,它与国民党当局频频的"剿共"筹款形成鲜明对比,不少中间人士转而同情、支持游击队。

通过"还债运动",地下党和游击队的威信大大提高。洪林率泾旌太游击队乘势而上,不断取得武装斗争的胜利。1943年6月下旬,洪林率查国英等12名游击队员攻下查村沙洲乡公所,缴获步枪12支,手枪1支;11月间,洪林率查文和等20多名游击队员打垮了旌德西乡江康仕反动武装,缴获步枪12支,短枪2支。1944年春,洪林又率游击队攻打了厚岸乡公所,缴获长短枪10支,同时积极开辟新的游击区。1943年4月初,洪林率游击队依靠樵山,向北开辟了泾县、青阳、南陵边区,建立通往第七师的武装交通线;向西往九华山以南,石埭的七井山一带发展。① 到1944年秋,泾旌太先后开辟了黄柏岭、龙门、水东、龙王山、雨台山、七溪、余溪、吴村、三溪等大小18块活动区,建立党支部70多

---

① 胡明:《坚持皖南山地游击斗争的回忆》,见中共宣城地委党史工作委员会:《云岭烽火》,合肥:安徽人民出版社,1991年,第243页。

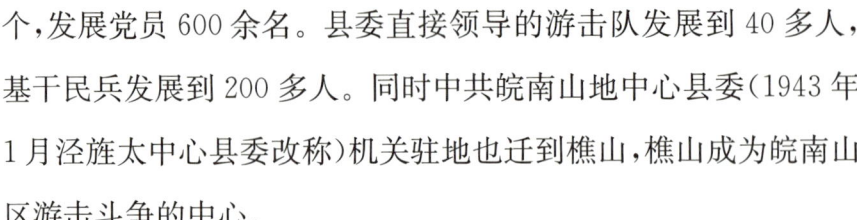

个,发展党员600余名。县委直接领导的游击队发展到40多人,基干民兵发展到200多人。同时中共皖南山地中心县委(1943年1月泾旌太中心县委改称)机关驻地也迁到樵山,樵山成为皖南山区游击斗争的中心。

二、樵山保卫战

1944年11月,中共皖江区党委派雷维和率巢湖大队(简称"巢大")侦察连70多人,携轻机枪2挺,来皖南配合开展游击斗争,并带来了区党委和第七师领导的指示:转变山棚战术,放手发动群众,积极争取武装斗争的胜利。经缜密分析研究,中心县委决定组织洪林、刘奎、唐辉带领的3支游击队,配合"巢大"部队再次攻打谭家桥。12月8日拂晓,200多名游击队员奔袭敌在谭家桥的红庙据点,打死打伤敌人13名,俘敌60多名,缴枪60多支,就地处决了叛徒、行动队队副王承先和乡长王延寿。战斗结束后,"巢大"侦察连的两个排分别配合唐辉、刘奎部向东、向南活动,洪林则率泾旌太游击队和中心县委机关返回樵山。

皖南游击武装和群众运动的不断发展,特别是谭家桥战斗的胜利,极大地震动了国民党当局,苏浙皖赣挺进军总司令陶广调国民党第一九二师的一个营加一个机炮排、保五团和泾县、旌德、

太平3县的自卫队,共计600人,于12月底向樵山根据地发起进攻,企图摧毁皖南游击指挥中心。

当时樵山的守备力量,只有洪林带领的游击队和民兵,共计50多人,面对十倍于己之敌的进攻,游击队负责人沉着冷静,细致分析敌情,共同研究对策。樵山居民也积极参与,军民群策群力,积极进行战前准备。樵山山势险峻,自古以来只有五道口子可以出入,有"一夫当关,万夫莫开"之势。只要能守住上山的哨口,就能守住樵山。洪林将游击队员与民兵混合编班,以主力守卫3大哨口——樵山岭、奎岭坑、西南岗,留下两个班作机动增援,小的哨口由民兵和群众守卫。武器装备不够,则因地制宜采用古老的"礌石战"。在最大的樵山岭哨口,民兵在陡坡上,用树藤、绳索固定滚木的两端,在滚木上堆垒了近两米高、七米长的礌石墙,以便在敌人进攻时,放礌石阻击敌人。同时,妇女们由妇女会组织起来,负责送饭、送水到各哨口阵地,老人、小孩到高山密林里搭棚隐蔽,樵山军民严阵以待。

12月30日凌晨,国民党第一九二师的一个营、一个机炮排和保五团、太平县自卫队,趁着浓雾由南路向樵山发起进攻,刚进入樵山岭哨口第一线浮溪口,即遭到游击队哨口守卫部队的迎头痛击。随后,洪林亲率守卫主力,巧妙地将敌人引进礌石冲击区。樵山岭哨口上的民兵砍断固定礌石、滚木的绳索和树藤,硕大的礌石顺着山势直冲而下,发出轰隆隆的巨响,犹如山崩地裂。敌人猝不及防,乱作一团,慌不择路,连滚带爬,仓皇逃命,被砸死、

砸伤的有数十人。此后,敌人虽以迫击炮、重机枪的猛烈火力掩护,再次组织进攻,但士兵早已无心恋战。加之,太平通往旌德、泾县的电话线事先已被游击队切断,无法与旌德、泾县的自卫队取得联系,不能配合作战,下午4时,敌人狼狈撤退。

第二天,旌德、泾县两县自卫队才从泾县铜山方向进攻樵山。这次游击队改变了战术,他们三五人一组埋伏于西南岗至王家岗的20多座小山坡后面,以山坡、丛林为掩护,打几枪换个地方,与敌人巧妙周旋,俗称"麻雀战"。当大批敌人攻上山后,游击队已经主动转移,敌人不见游击队踪影,又害怕遭埋伏,只得悻悻撤退。

国民党军两次进攻樵山都失败,苏浙皖赣挺进军总司令陶广大发雷霆,亲自到茂林督战。1945年1月6日,除之前的"清剿"部队外,陶广又调来了保六团、挺二纵队各一部,共计1300余人,从泾县、旌德、太平3路同时向樵山进攻。① 由于敌人的兵力增加了一倍,加上陶广的督战,攻势猛烈了许多。下午1时左右,樵山附近的查家峰、丁家山阵地失守,眼看敌人就要攻上樵山,危急时刻,回到樵山增援的"巢大"侦察连发起强攻,击溃敌人夺回阵地,游击队乘胜追击,敌大败,逃回茂林。

敌人几次进攻樵山都失败,但国民党当局并不甘心。2月5日,顽敌再次纠集原班人马向樵山发起新的攻击。这次他们不

---

① 黄山区委党史办:《樵山保卫战》,见中共宣城地委党史工作委员会:《云岭烽火》,合肥:安徽人民出版社,1991年,第89页。

敢贸然进山,先在山脚下用六〇炮、迫击炮向山上一阵乱轰,再用重机枪一通扫射,见没有什么动静,才一拥而上向西南岗进攻。而游击队也改变了战术,不再固守一处,而是利用熟悉的地形,声东击西,与敌展开"麻雀战"。此外,为解决武器弹药的不足,在运用"礌石战"的同时,洪林亲自设计,并请来茂林、樵山的能工巧匠,制造了"檀树炮"(将檀树木内心挖空,装入土硝、碎铁粒制成的土炮)和"过山鸟"(即小型檀树炮,方便携带)。这些土制武器在樵山保卫战中发挥了巨大威力。敌人又一次惨败而退,一个多月不敢再贸然进攻。

3月21日,不甘失败的国民党当局,决定孤注一掷向樵山发起更大规模的进攻。从江北汇报工作返回樵山的洪林带来了皖江区党委的指示:"不要死守一地,而要保存力量;可暂时撤出樵山,转到外线打击敌人,分散敌人的兵力,扩大游击区。"遵照上级指示,除留下一个武工队在樵山坚持斗争外,游击队主力撤出樵山。

历时83天的樵山保卫战,共毙、伤敌40余人,游击队仅牺牲1人,轻伤几人。国民党顽固派费了九牛二虎之力占领的樵山,竟然是一座"空山"。

敌人占领樵山后,找不到游击队的踪影,疯狂地烧掉了樵山余、项两村30多户群众的100余间民房,抓捕游击队、民兵家属和革命群众,并构筑了6座碉堡,在樵山长期"驻剿"。然而游击队虽撤出樵山,武装斗争并未停止,为打击敌人的嚣张气焰,洪林带领游击队在外线狠狠打击敌人,在樵山至茂林途中伏击泾县行动队三中队,活捉全部敌人,还穿插到石埭、太平、青阳一带开展武装活动,多次成功伏击敌人,缴枪 10 余支。经过游击队的几次打击后,嚣张的敌人成了缩头乌龟,不敢再胡作非为。樵山实际仍为游击队所控制,游击队内外穿插,泾旌太地区的游击斗争仍继续在坚持和发展。

三、中共皖南地委的成立

抗战胜利后,以蒋介石为首的国民党统治集团在美国的支持下,疯狂抢夺抗战胜利成果,积极准备内战。为争取时间准备内战,蒋介石三次电邀毛泽东赴重庆谈判。为力争实现和平建国,毛泽东不顾个人安危,亲赴重庆。由于国民党方面"假谈判、真内战",谈判未能够获得进展。1945 年 9 月 19 日,中共中央在致各中央局的《目前任务和战略部署》指示中,提出了"向北发展、向南防御"的战略方针,指示还提出"浙东我军即向苏南撤退,苏南、皖南主力撤返江北"。[①]

10 月初,新四军第七师和苏浙军区奉命北撤。中共皖江区党委、新四军第七师命令以胡明为书记的皖南山地中心县委所领导

---

① 中共中央党史研究室:《中国共产党历史》第一卷(1921—1949)下册,北京:中共党史出版社,2011 年,第 688 页。

的游击武装坚守皖南,包括洪林部(活动于泾旌太边区)、吕辉部(活动于泾宁宣边区)、唐辉部(活动于绩歙宁边区)、刘奎部(活动于黄山周围地区),共计300多人。

同时,考虑到皖南沿江地带的重要战略地位,决定从北撤的新四军中,抽调得力干部和武装部队回师皖南坚持游击斗争。10月初,新四军第七师皖南支队第三团政委杨明率300余人从江北返回铜陵,随后,朱农、陈爱曦等人也相继回到铜陵,与在铜陵、繁昌、南陵、青阳一带坚持斗争的王文石、张良士、尹彬等人领导的3支游击队共60多人会合,根据上级党委的指示,成立中共沿江中心县委,杨明任书记,王文石任副书记,朱农、陈爱曦分任组织部长、宣传部长。10月10日,中心县委在铜陵肖家村召开会议,讨论坚持沿江斗争的方针任务,确定"背靠山区,面向平原,积蓄力量,隐蔽坚持,争取时机与胡明同志打通联系"的方针。同时成立南繁芜和铜青南两个县委。南繁芜县委由王文石任书记,铜青南县委由朱农任书记。并决定派陈爱曦、张良士带少数武装进入泾县、青阳交界的盘台、宾山,与地方党组织联系,建立隐蔽基点。紧接着,整编了所有留在沿江地区的游击武装,编为第一、第三、第五、第七、第九、第十一6个区队,部队番号为"皖南人民自卫军"。

1945年12月上旬,国民党第四十四军所属第一五〇师、第一六二师开到贵池、青阳、铜陵一线,向沿江中心县委部队发动"清剿"。为保存实力、坚持斗争,中心县委决定由朱农率第三区队进入泾青南地区,在宾山一带开辟游击区。主力部队随中心县委机关抢在敌人"清剿"前,撤离铜陵,经盘台于1946年元月进入泾县樵山与胡明会师。

胡、杨会师后,以山地中心县委和沿江中心县委为基础,组成中共皖南地委,胡明为书记,杨明、刘奎、唐辉、洪琪为委员。1946年2月,在绩溪王会山召开了第一次地委会议。① 会议决定:山地中心县委撤销,所属游击队在黄山以东至青弋江地区活动;以唐辉为书记的旌绩县委在旌绩歙宁昌边区活动;以洪林为书记的泾旌太县委以樵山为中心活动;吕辉部以宁国板桥、泾县涌溪为中心,坚持老区,开辟新区。转入皖南山区的沿江中心县委领导黄山以西直至沿江地区的斗争;以朱农为书记的铜青南县委以泾、青、南交界的宾山、盘台为中心展开活动;以陈爱曦为书记的泾太石县委以太平龙门为中心开辟新区;以王文石为书记的南繁芜县委以创造灰色区为主,分散在繁昌境内隐蔽坚持斗争。② 从此,在中共皖南地委的统一领导下,皖南地方党组织积极发动群众,发展武装,巩固老区,开辟新区,游击斗争在皖南全面开展起来。

吕辉部在以宁国板桥、泾县涌溪、桃岭为中心的游击区的基础上,不断扩大活动范围,连连主动出击。1945年冬,游击队突袭了泾县漕溪冬防队,俘敌20多人,缴获步枪19支。1946年4月,

---

① 胡明:《解放战争时期的皖南游击斗争》,见中共宣城地委党史工作委员会:《皖南曙光》,合肥:安徽人民出版社,1992年,第226页。

② 中共宣城地委党史办:《解放战争时期皖南游击根据地的建立和发展》,见中共宣城地委党史工作委员会:《皖南曙光》,合肥:安徽人民出版社,1992年,第5页。

又攻下宣城黄渡乡公所，缴步枪 11 支，并缴获驻在该地的新七师一个卫生所的全部药品。连续的胜利扩大了影响，壮大了武装，并初步建立起泾旌宁宣游击区。同时，也使活动于苏皖边的中共苏浙皖特委了解到泾旌宁宣地区有党领导的游击武装，为之后苏南、皖南部队的会师提供了联络通道。

苏浙军区奉命北撤时，苏浙区党委成立了苏浙皖边特委，以陈立平为书记，熊兆仁、倪南山、孙章录为委员，下设茅山、太滆、浙西、郎广 4 个工委；同时设立苏浙皖边区司令部，熊兆仁为司令，陈立平为政委，倪南山为参谋长，所属武装有：350 人的特委主力营，各工委一个连及各县武工队，共计 1000 人左右。然而，新四军北撤后，苏浙皖边游击武装遭到国民党军两万多人的反复搜剿。至 1946 年春，茅山、浙西两工委相继被破坏，边区武装力量减少到不足 300 人。

1946 年 6 月，全面内战爆发。国民党为集中兵力向江北解放区进攻，把原驻扎在皖南的整编第四十师的第一五〇旅、第一六二旅和第二挺进队全部调往苏北，皖南地区仅剩下安徽省保安第四纵队和保安第六团，加上县、市一些地方武装，总共不到七个团的兵力，形势对皖南游击队的发展十分有利。7 月 1 日，中共中央华中分局写信给熊兆仁、倪南山（简称"七一"指示），详细分析了长江以南革命斗争的有利形势和不利条件，提出江南党及其领导的武装斗争的总任务是，"放手发动群众，壮大人民力量，积极开展群众游击战争，打击反革命势力，壮大革命武装力量，争取江南人民革命的胜利。开展配合解放区粉碎国民党军阀的内战,反对新侵略与新卖国的运动"。同时还决定"建立苏皖边区军政委员会,以胡明同志为主席兼政委,以熊兆仁同志为军事部长,参加地委,熊兆仁之主力与胡明之主力,可以集中领导统一指挥"。①7月10日,熊兆仁收到交通员送来的指示信,随即召开由特委、司令部机关人员,以及太滆、郎广工委负责人参加的会议进行传达。苏浙皖边党员干部、游击队指战员深受鼓舞,积极开展对敌斗争,主动向敌人薄弱之处进攻。司令部则组织优势兵力,重点打通进入皖南的通道。当年9月,熊兆仁、倪南山率骨干30多人向皖南进发,在中共郎广工委的协助下,与吕辉部取得联系。9月14日,到达板桥后,倪南山留下配合吕辉行动,熊兆仁率一个班于10月到达樵山与胡明会合。

　　1946年11月,苏南、皖南部队会师后,中共皖南地委在泾县濂坑召开了地委扩大会议,胡明、熊兆仁、杨明、洪林、刘奎、唐辉参加了会议,会议主要内容是贯彻华中分局"七一"指示精神。根据"七一"指示精神和对敌斗争形势,改变皖南游击斗争方针,由隐蔽坚持改为公开活动;由积蓄力量改为积极发展力量;由等待时机、寻求机会开展游击战争改为积极开展群众游击战争。会议决定成立苏皖军政委员会;游击队从分散走向集中公开活动,大力发展群众运动。会后熊兆仁、倪南山回到苏南传达地委扩大会

---

①　熊兆仁:《从苏南到皖南》,见中共宣城地委党史工作委员会:《皖南曙光》,合肥:安徽人民出版社,1992年,第250页。

议精神,并对苏南工作做出部署和安排,1947年1月,再次率主力返回皖南。

胡明、杨明、熊兆仁领导的3支游击武装集中统一指挥后,武装力量达800人,作战能力大大增强,取得了一连串的战斗胜利。倪南山配合吕辉部在泾旌宁宣地区,接连打下东岸和上坦两个乡公所,俘敌9人,伤敌2人,缴枪9支。熊兆仁率部配合洪林的泾旌太游击队,一天内打下章渡、茂林两个乡公所,缴枪60多支,俘敌5人。

与此同时,活动于泾青南地区的朱农部,根据濂坑会议精神,由分散隐蔽活动转入积极公开活动,频频主动出击。1946年至1947年上半年,相继取得黄石溪埋伏战、丫山、九保战斗胜利,又先后打掉刘庙、陵阳、厚岸等乡公所。其中,智取厚岸乡公所最值得称道。厚岸乡公所在附近山上建有碉堡,常驻有一个自卫队。游击队通过内讧出逃的两个士兵提供的情报,经过进一步侦察,制订了智取方案。朱农派连长姚生带一挺轻机枪和战士30多人于凌晨赶到厚岸,趁自卫队空手列队走出碉堡到山下祠堂洗脸、吃饭之时,一部分战士冲进碉堡将两个岗哨缴械,碉堡内32支步枪、一挺轻机枪、一支手枪全部缴获。另一部分战士则冲进祠堂内,一枪没放,使自卫队40多人全部投降。连续不断的胜利,推动了泾青南游击根据地的开辟与发展。

至此,泾旌太、泾旌宁宣、泾青南3个游击区,基本连成一片。游击斗争在泾县全面展开,泾县也成为皖南山区游击斗争的中心地区之一。

四、"三八"指示的贯彻

面对有利形势,中共皖南地委于1947年3月在泾县樵山荷花坑召开扩大会议(简称"三月"会议),研究进一步贯彻"七一"指示精神,迅速打开大发展局面。会议提出,要抓紧当前有利时机,迅速转入大发展阶段;军事上要创建主力,进一步提高战斗力;强调重视群众运动,特别是在新区要放手发动群众开展斗争;要建设革命的两面政权,创建根据地。"三月"会议后,正值皖南农村青黄不接时节,饱受剥削与压迫的农民群众严重缺粮,忍饥挨饿。在皖南地委领导和各游击队的武装支持下,皖南包括泾县等地都掀起大规模的群众破仓分粮斗争。

洪林领导的泾旌太县委游击队于6月5日攻打泾县马渡桥敌据点,全歼守敌,缴长短枪20多支,同时组织1000多名群众把据点仓库内的100多担粮食分光。马渡桥破仓分粮行动,大大地鼓舞了广大群众的斗争情绪。接着泾县西乡11个保1000多名群众和黄村周围5个保的800名群众,分别把国民党军库存放在孤峰、大坑的总计1200多担粮食分光。云岭、黄田、榔桥河、蔡村坝、北贡、查济、厚岸、包村、大坑王、李村等地也先后开展了破仓

分粮运动,其中厚岸乡囤粮最多,一次分粮8万多斤。破仓分粮斗争推动了群众运动的展开,激发了群众的斗争热情。

1947年6月,孙宗溶带着华东局于3月8日给皖南地委的指示信(简称"三八"指示)来到皖南,任皖南地委委员。"三八"指示对皖南敌后游击斗争作了很高的评价。指示信指出,皖南"地位非常重要","有配合正面战场的重大作用","是开辟第二战场的重要地带"。现在是"大发展的最好时机",要由过去"分散隐蔽斗争方针",转变为"大胆放手的游击战争","建立起人民政权","创造根据地"。① 为了加强皖南地区的工作,华东局又先后派罗白桦、余纪一、陈洪到皖南担任皖南地委委员,同时还派了一批县级领导干部来到皖南工作。

为贯彻"三八"指示精神,皖南地委于6月、7月,先后在泾县水岭、太平龙门召开排以上干部会议,会议总结了破仓分粮斗争经验,强调分粮斗争和军事斗争要紧密配合,以军事斗争的胜利来推动群众斗争,放手大胆地开展群众性的游击战争,创造主力,建立根据地,并积极向外发展。

会后,各边区县委游击队、武工队集中兵力,杀敌夺堡,展开了一系列的对敌作战。

茂林是泾县的第一重镇,也是泾旌太地区国民党军最大据点

---

① 中共宣城地委党史办:《解放战争时期皖南游击根据地的建立和发展》,见中共宣城地委党史工作委员会:《皖南曙光》,合肥:安徽人民出版社,1992年,第10页。

所在地,建有两座碉堡,驻有泾县自卫队(40多人)和茂林乡公所(40多人),有机枪2挺,长短枪80多支。1947年9月20日,洪林率游击队、武工队200多人,携机枪3挺,在300多名民兵的配合下,由凤村板山出发,向茂林守敌发起进攻。一进茂林镇即与敌展开巷战,经过两小时的激战,敌人退守碉堡内。游击队将两个碉堡团团围住,并特意请来在茂林颇有威望的爱国宗教人士陆绍泉向敌人喊话劝降,陆绍泉不幸被敌人的子弹击中牺牲。碉堡易守难攻,顽敌拒不投降,洪林决定采用火攻和围困的办法,经过三天两夜的激战,最终拿下据点。敌死伤30多人,被俘19人,被缴获机枪2挺、步枪21支。茂林攻坚战胜利后,泾旌太县委在茂林建立了人民政权,凤兆繁任茂林镇长,占领一个多月,人称"茂林小解放"。其间,茂林一带的游击队、民兵、农会、妇女会等群众组织都迅速建立起来,游击队发展到250多人,民兵发展到2000多人。

在泾旌宁宣地区,负责开辟泾县蔡村坝地区的南繁芜县委书记王文石带领两个班的武装在蔡村站住脚跟后,与吕辉、熊兆仁部共同配合于7月初攻打下汀王殿敌据点,缴枪25支,毙俘敌20多人。8月初,攻打宁国港口乡公所,缴枪7支。同时组织和发动群众千余人,打开国民党泾县冯家榨粮库以及旌德梅村粮库,分粮56000斤。接着又两次伏击国民党部队的粮食运输队,分掉军粮万余斤。

泾青南边区的群众运动和武装斗争,在铜青贵县委的领导下蓬勃开展。泾县北贡民兵300余人，配合游击队打垮南陵县自卫队和青阳烟墩铺的敌人，民兵在松校里打跑了国民党方佩玉的四乡联队和国民党县政府的百余人。游击队在泾县童疃伏击泾县国民党谍报队，缴枪2支，通过内线打掉青阳的两个乡公所，并取得木镇大捷。群众斗争热情普遍高涨，在泾县中村，游击队召开民兵大会，现场就有40多人报名，被编为泾县县大队第三连。

从1947年3月到9月，在中共皖南地委的领导下，军事斗争不断取得胜利，群众运动蓬勃发展，各地形成了大发展的有利局面。地委领导下的游击武装，也从1946年底的800多人发展到3000多人，地委和各工委、县委都建立了主力连。在游击斗争发展的大好形势下，1947年9月18日至20日，中共皖南地委在泾县涌溪坑召开地委扩大会议。出席会议的有胡明、熊兆仁、刘奎、孙宗溶、洪琪、唐辉等地委委员及各县县委负责人，会议总结了"六月"会议以来三个多月的工作，分析了当前的形势，研究和布置了今后的工作任务。

根据"七一""三八"两个指示精神，针对人民解放军战略大反攻已经开始、刘邓大军千里跃进大别山与皖南仅一江之隔的大好局面，皖南地委制定了"抓紧当前大反攻的有利时机，大胆放手迅速发动群众，组织群众，高度集中主力，普遍发展地方武装。更广泛地开展群众性的游击战争，创造中心根据地，扩大根据地，以求得迅速发展力量，有力配合全面大反攻"的斗争方针。

会议还根据形势发展对游击区进行了重新划分和局部调整。

撤销中共铜(陵)青(阳)贵(池)县委,成立中共泾青南县委,书记为朱农。将板桥地区和蔡村坝地区合并成立中共泾旌宁宣县委,王文石为书记,吕辉任副书记。将陈爱曦领导的游击区(太平到石台公路以北)和洪林领导的泾旌太地区,合并为一个战略单位,由中共泾旌太县委领导。会后,各边区县委游击队纷纷从各自的部队里抽调和动员兵源,一共集中了近两个团的主力,这为今后的解放大军南进创造了有利条件。

华东局收到皖南地委涌溪会议的报告后做出指示,"唯在目前形势下,暂不宜强调组织上和行动上的集中统一,更不宜将武装力量高度集中"。华东局还提醒皖南地委,蒋介石有可能对苏南、皖南、浙东诸区重点"清剿",同时要求"皖南主力以转向浙赣边界发展为宜"。果不其然,从10月开始,国民党以第六十三师为主力,加上第四十六师1个旅、1个宪兵团及首都卫成团,并调集保安总队两个大队及各县地方武装配合,向皖南各游击区发起了大规模"清剿"。

五、南进战略的确立

涌溪会议后,皖南游击斗争迎来了大发展的良好时机。1947年10月2日,华东局电示皖南地委:"反动势力更加进攻,革命势力之更加猛烈增长,这是今后皖南局面的主要特点。你们的任务就在于乘此时机,加紧发动群众,壮大革命力量,创造根据地,以便粉碎蒋匪之进攻,同时为将来主力南进准备基地。""主要发展方向仍是向东向南"。国民党军对皖南进行大规模"清剿"后不久,10月底,张(鼎丞)邓(子恢)又电示,"我皖南地方武装暂不宜向沿江做公开的游击活动,暂时也不要企图与大别山打通,否则会引起敌人加强封锁,对南北联系及今后大军渡江均属不利",并再次指示"皖南主力以转向浙赣边界发展为宜"。①

根据华东局向南发展的指示精神,中共皖南地委经多次研究,在军事上做出重大调整,留下一部分部队坚持老区,主力部队分4路南进,开辟新区。一路由杨明率所属主力向皖赣边前进;一路由倪南山、熊兆仁率地委主力部队向皖浙赣前进;一路由唐辉率所属主力向皖浙边前进;一路由钱敏(林岳)率苏浙皖边工委主力向浙西之广宁孝地区前进。11月中旬,倪南山率两个主力连进入黄(山)西地区,着手开辟皖浙赣边区工作。接着,熊兆仁、余华、罗白桦率两个主力连也进入黄西。12月1日,皖南地委决定成立中共皖浙赣前进委员会(简称皖浙赣前委),书记熊兆仁,副书记余华、罗白桦,倪南山、杨明为委员,统一领导南进工作。

与此同时,洪林、朱农、吕辉分别率部在以泾县为中心的泾旌

---

① 宣城地委党史办:《解放战争时期皖南游击根据地的建立和发展》,见中共宣城地委党史工作委员会:《皖南曙光》,合肥:安徽人民出版社,1992年,第13页、第15页。

太、泾青南、泾旌宁宣地区坚守，与国民党"清剿"部队巧妙周旋。泾旌太地区是皖南游击根据地的中心区，地委机关、司令部、主力部队经常在这里活动，因而成为国民党军"清剿"的主要目标。"清剿"一开始，敌重兵压向铜山、小河口一线，地委机关和司令部主力不与敌人纠缠，迅速转移到太平龙门，由洪林率3个连坚持斗争，到年底，敌人只得撤退。1948年1月11日，国民党军第六十三师、第四十六师一部共2000多人，分6路向泾旌太中心区樵山扑来，在敌合击前，地委所属主力武装和泾青南游击队安全跳出包围圈，洪林率部队机动分散，灵活穿插。敌人采用"驻剿"后，由于"清剿"前游击队布置了两面政权，中心区实际上仍然为游击队控制。2月初，洪林率县委警卫连突袭樵山附近的三门乡公所，消灭太平县自卫队2个班，缴获机枪1挺、步枪10多支。2月底，"清剿"之敌撤走。在泾旌宁宣地区，1948年1月初，泾旌宁宣游击队在地委主力第四连1个排的配合下，在蔡村太平坑伏击国民党第四十六师1个排，共打死打伤敌人10多人，俘敌20余人，缴获轻机枪1挺、步枪20多支。在泾青南地区，游击队在朱农的领导下，于1948年2月，在金家冲伏击国民党"清剿"军，击溃敌军2个连。3月间，袭击太平新丰乡公所，摧毁碉堡2座，缴获15支步枪、1挺机枪。

留守老区的游击队顽强坚守，开辟新区的南进部队迅猛发展，使得敌人顾此失彼，而敌人大规模的集中"清剿"计划也宣告失败。到1948年4月，国民党第六十三师被调往前线，敌人长达6个月的大"清剿"以失败结束。当然在艰苦的反"清剿"斗争中,游击队也遭受了损失,泾青南县委副书记陈尚和、泾旌宁宣县委副书记吕辉先后在南陵小张家山、旌宁交界蜡烛山战斗中不幸牺牲。

1948年4月,中共皖南地委在歙县汪满田召开扩大会议。会议总结了不同地区的斗争方针:沿江地区敌人将以一切力量来控制,应以精干隐蔽的武装活动,积极开展秘密活动;皖南山地国民党屯兵最多,是敌"清剿"重点,但群众基础好,可以采用隐蔽发展、机动灵活的武装斗争方式;南进地区条件最好,是主要发展方向,应积极发展,争取时间开辟多块根据地,并迅速打通联系。此次会议进一步强调了南进战略,并决定撤销皖浙赣前委,成立皖浙赣工委,提出今后的总任务是巩固老区、发展新区,为大军渡江准备基地。

就在皖南各地方党组织遵照地委会议精神、积极开展大军渡江准备工作之时,为了巩固沿江防线,国民党当局又调遣独立十三旅对皖南山区及沿江地区展开了更为残酷的"清剿"。"清剿"行动从泾青南地区开始,然后转到泾旌太和泾旌宁宣地区。1948年5月初,"清剿"部队以6个营的兵力进入泾青南地区,分驻厚岸、章渡、木镇、九华等地,并逐步向宾山中心区压缩,实行移民并村,修筑工事;6月中旬,集中2个团的兵力对宾山周围进行"清剿"。同时,敌人进入泾旌宁宣地区"驻剿",先后3次将根据地中心——涌溪的所有房屋烧光。泾旌太游击根据地也同时遭到敌人的进攻。

根据皖南地委确立的隐蔽发展、寻机打击敌人的斗争方针，各游击队留少数内线坚持，主力跳到外线，避强击弱，声东击西，伺机打击敌人，取得了连连胜利。6月22日，泾青南县委游击队第三连配合黄西部队，在太平浮溪坦成功伏击一辆敌人运送军火的汽车，截获步枪31支、手榴弹1000多枚、子弹2000多发。7月初，泾旌太县委警卫连偷袭桃岭乡公所，歼敌30余人。8月，在里潭仓，泾旌太游击队与敌之主力第十三旅一部作战，毙、伤敌30余人，俘敌30余人，缴六〇炮2门、轻机枪1挺、步枪15支。11月8日，水岭大捷，泾旌太游击队取得了3年来最大的一次胜利。其时，洪林率一小部游击武装在茂林水岭村一带活动，跳出敌人包围圈的皖南地委机关也于7日深夜转移到此。8日一早，游击队得到消息，驻茂林的国民党第八十八军一部加上自卫队共250多人，携重机枪2挺、轻机枪19挺、六〇炮3门，向水岭袭来。情况紧急，考虑到地委警卫连经过几天的急行军还未来得及休整，洪林与胡明商量决定，由泾旌太游击队作为主力，地委警卫连抽1个排策应，共同打一个伏击。伏击地点选在了距水岭村3里外的三岔路口附近，此处地形为一个袋形山沟，十分适合打伏击。8日上午，洪林率游击队及民兵70余人埋伏于此，待敌人进入伏击圈后，突然发起猛攻，敌军猝不及防，经过半个多小时的激战，毙、伤敌70多人，俘敌50多人，缴获六〇炮1门、重机枪2挺、轻机枪2挺、长短枪70多支，以及子弹、炮弹20多箱。

国民党的"清剿"行动虽然屡遭失败，但为了沿江防线的巩固,他们并没有就此停手,"清剿"行动不断,也更加残酷。国民党第八十八军在遭受惨败后不久,又纠集了包括3个县自卫队在内共4000多人,进行报复性的"清剿",分别在铜山、里潭仓、长坑、水岭等地实行"三光"政策,将长坑到水岭周围四十余里内9个村庄的房屋全部烧光,强迫群众迁移集中居住,造成凄惨的无人区。

  国民党的暴行更加激起了人民群众的强烈反抗。为保护根据地群众免遭摧残,在内线坚持的游击队发动群众上山搭棚子,将群众和粮食移往山棚;组织群众建立保粮会、保家会和农民翻身小组等组织,进行抗丁、抗粮、反移民、反移粮、反并村和反封锁的斗争,赢得了广大群众的支持拥护。同时,在外线活动的游击队积极寻找战机,予敌以狠狠打击,在反"清剿"斗争中不断取得胜利。

第十章

策应大军渡江

一、中共沿江工委的成立

早在1947年10月,中共中央华东局就电示中共皖南地委要向南发展,为大军渡江准备基地。根据华东局指示精神,皖南地委经过多次研究,在军事上做出重大部署,在留下一部分坚持内线的同时,抽调主力分4路南进,在皖赣边、皖浙赣、皖浙边、浙西天目山等地开辟新区。到1948年3月,4支力量分别在新区建立立足点,初步实现了为大军渡江准备基地的要求。1948年4月,皖南地委在黄东工委所在地汪满田召开会议,将工作重点转入迎接大军渡江的具体准备工作。

渡江战役开始前,国民党在江南建起两道防线:一是加强江防,建立所谓"江防新防线",在皖南沿江一带集中了9个军17个师的兵力,计有正规军14万多人,另有保安队、交警纵队等地方兵力2.2万余人,合计为16.7万余人;二是在浙赣线上建立了"第二道防线",在浙江金华、江西上饶等地驻扎重兵。与此同时,还在苏浙皖赣边区境内作了大规模"清剿"部署,汤恩伯狂言要"彻底肃清该地区'奸匪'"。

皖南沿江地区是苏浙皖赣边区范围内的5个战略地区之一,位于皖南北部,背靠山区,中有丘陵,面临长江。它东起当涂,西至贵池、东流、至德,北沿芜湖、繁昌、铜陵,南抵太平、石埭。鉴于沿江地区的重要性,考虑到策应大军渡江的需要,为加强沿江地区工作,1948年9月,皖南地委召开临时工作会议,决定成立中共沿江工委,统一沿江地区的领导。孙宗溶任书记,陈洪任副书记兼军事部长,陈爱曦为常委兼组织部长,委员为李友白、施月琴、许达抱。下设5个分工委:第一工委(太平、石埭边区),第二工委(泾县、青阳、太平边区),第三工委(泾县、青阳、南陵边区),第四工委(铜陵、青阳、南陵边区),第五工委(南陵、繁昌、芜湖边区)。同时,成立中国人民解放军皖南沿江支队,陈洪任支队长,李友白任副支队长,孙宗溶任政委,陈爱曦任副政委,统一指挥沿江支队的主力和沿江各地武装。

中共沿江工委成立后,根据皖南地委"直接迎接大军渡江任务,责令沿江工委完成"的指示,积极开展了迎接大军渡江的各项

准备工作。

第一,健全组织机构和加强宣传动员。1949年2月,沿江工委在太平县焦村召开了工委会议,做出了《沿江工委为完成迎接大军渡江任务的决议》和《沿江工委关于工委本身分工与各地组织机构调整的决定》。决议明确要求沿江所属党组织要重点做好江边、党群、武装、财粮等方面的准备工作。并决定成立中共铜陵(原第四工委)、繁昌(原第五工委)、南陵(辖泾县、南陵边区及宣城西地区)、青阳(辖泾县、青阳、太平边区及青阳、贵池边区)4个县委,加强沿江地区几个主要县的党的领导,在思想、组织、物资等方面做好策应大军渡江的准备工作。沿江地区各县建立了行政办事处,成立了粮财局,开展收税征粮活动。各级党组织还印制了大量传单,通过各种渠道把宣传品送到敌占城镇和据点中,开展宣传,瓦解敌人。

第二,广泛开展群众斗争,加强以中上层人士为主的统一战线工作。号召群众进行抗丁、抗粮、抗税斗争,在有条件的地方则开展减租减息斗争。沿江各地普遍建立了农会,还成立了保丁队,参加的民兵达1000余人。与此同时,沿江地区各级党组织,还积极开展统战工作,各县都有相当一批上层分子和中共来往密切,对掩护中共的斗争和提供国民党上层机构的情况起了重要作用。

第三,加强情报搜集工作,建立沿江情报交通网。沿江工委确定陈洪、陈作霖在南陵地区负责掌握沿江一带的情报工作。繁昌县委、铜陵县委、芜当宣工委在沿江各地建立了十几处情报交通站,形成了一个庞大的情报交通网,并深入江边建起与江北保持着经常联系的情报交通站。青阳县委负责掌握大通到贵池江边一线的情况。当时送情报的交通关系,除有专人送给皖南地委之外,一般都是派秘密交通员化装过江送信;有的通过渔民中的地下党员,用渔船送人、送信;有的还训练了一些水手队,负责长江南北的情报传递工作。敌人封江以后,铜、繁等地均克服一切困难,突破敌人封锁,选用专人泅水过江递送情报。

第四,积极开展武装斗争。沿江支队和沿江地区各地方武装,在敌人江防侧后敌人力量薄弱之处,主动出击,扰乱和牵制敌人。这支部队在敌人重兵扼守江防、不断发动"清剿"的情况下,不断穿插活动,打击敌人,有力地支持了第四工委和第五工委坚持江边的斗争。经过几个月的发展,沿江各县,特别是铜陵、繁昌两县江边的斗争阵地,已经为我军牢牢控制。同时在先后拔除太平县新丰、青阳县秩田、泾县背屋里等敌人据点的基础上,于1949年3月底胜利地组织和配合青阳县国民党自卫队举行陵阳镇起义。4月上旬又连续拔除了太平县焦村、郭村,泾县汀潭,石埭县乌石垄、夏村,南陵县三里店等敌人据点。1949年1月至4月,沿江支队主力经过多次战斗,共计歼敌480余人,缴获机枪9挺,步枪280余支,从开始时仅有的2个连,发展到拥有2个主力营和1个警卫连,近1000人。各地所属的地方游击武装也有较大的发展。到大军渡江前夕,全皖南的人民武装力量已经由1947年上

半年的 800 多人发展到近万人。①

沿江各县的游击队以及其他游击队武装、民兵、保丁队等都在积极活动,打击敌人。铜陵、繁昌、芜湖各地的游击小组,则以隐蔽的方式,深入到江边各地活动。

中共沿江工委及其所属的党组织、武装为配合先遣渡江大队渡江侦察敌情和策应大军渡江,发挥了重要作用。

二、陈塘冲会师

渡江战役前,为了进一步了解沿江及纵深敌情、地形、水情及居民情况等,1949 年 4 月初,中国人民解放军第三野战军第二十七军成立"先遣渡江大队",由第二十七军侦察营的第一连、第二连及第七十九师、第八十一师抽调的 3 个侦察班组成,个个都是战斗经验丰富的老兵,共计 300 人。在皖南地区工作过的亚冰(章尘)担任大队长,慕思荣任副队长,主要任务是:先行渡江执行侦察任务,并从先遣渡江的实践中打破"木帆船不能渡江"的论调,提高部队渡江的信心与决心,同时在大军渡江时以积极动作直接接应主力渡江。

---

① 孙宗溶:《皖南游击战争对渡江战役的战略策应》,见孙宗溶:《孙宗溶文集》,合肥:合肥工业大学出版社,2005 年,第 154 页。

先遣渡江行动面临两个关键性的问题,一是怎么突破敌人重兵防守下的宽阔长江;二是突过去后,在敌人心脏里,怎么站稳脚跟、求得生存,并完成侦察任务。这是一个关系渡江战役成败的重要而艰巨的任务,只许成功不能失败。在"战略上藐视它,战术上重视它"的思想指导下,先遣渡江大队精心展开了一系列紧张、艰苦的准备工作。

第一是政治思想动员及政策纪律教育。通过深入进行形势任务教育,提高干部战士对渡江战役重大意义的认识,明确树立"将革命进行到底"的决心;细致分析先遣渡江的有利条件和困难因素,增强指战员们先遣渡江的信心,并宣布了渡江纪律和新区政策,以及与江南地方党和游击队会师的有关事项。

第二是筹集船只,训练水手,这是顺利渡江的先决条件,是渡江准备工作的重中之重。经过全军积极筹集,挑选出了30多只载重合适的小船和技能强的水手,进行集中编组突击训练。根据潜伏渡江的特点及船只被枪炮攻击的可能,船上特别准备了稻草、绳子——铺船头减弱声响,棉花、黄泥——临时补船用,还将摇桨皮带预先用油浸透,使其柔软,以防摇桨时发出声音。同时为了解除船工的后顾之忧,专门制定了船工家属生活困难补助办法、船工伤亡优抚条例及船只损坏赔偿规定等。

第三是展开敌前侦察。为获取沿江及其纵深的真实准确敌情,开展了活捉"舌头"的侦察活动。3月初,第二连第三班乘着夜色,划一条小船,悄悄登陆长江南岸,带回2个为敌守夜的更夫,鼓舞了士气。3月13日,又组织第二连第三班、第六班、第八班各划一条木船驶抵江心洲和南岸,抓回7个俘虏,其中一个是排长。① 捕俘行动的成功,不仅获取了敌沿江设防和部署等重要情报,基本查清了敌人的兵力分布、工事构筑和沿江两岸地形情况,掌握了长江水情及潮汛规律,为拟定渡江作战方案提供了有力依据,同时大大提高了战士们对木船渡江的信心。

第四是进行战术、技术训练。重点开展以渡江登陆战斗为重点的战术、技术训练。内容包括:熟悉水性、学习划船、航渡组织、登陆突破及射击、游泳、救护等。利用驻地河流及已被我军控制的江面进行隐蔽训练,对船只伪装、航行队形、通讯联络、组织指挥以及协同作战等问题都做了详尽的探讨和实际演练,确立了强渡与偷渡相结合、独立自主、有进无退、主动协同的战术思想。

向导的准备也是顺利渡江并在江南敌占区生存活动的关键。为了解决干部、战士大都为北方人,对江南地形、道路及民情均不了解的问题,通过地方党组织从无为南部、沿江等地调来一些熟悉江南情况的地方干部共20多人,经过集中学习培训,担任向导及与皖南游击队联系的工作。

而武器装备则是一个部队战斗力的硬件保证,第二十七军为先遣渡江大队配给了当时最精良的装备。全大队有火箭筒2个,六〇炮2门,电台一部。每个班有冲锋枪3支,日本"三八大盖"

---

① 中国人民解放军历史资料丛书编审委员会:《中国人民解放军历史资料丛书·渡江战役》,北京:解放军出版社,1995年,第819页。

步枪3支,加拿大轻机枪一挺,战斗组长、正副班长以上干部均配手枪。此外,还有一个警卫排,一色卡宾枪装备,另有一个爆破班,除配给一定数量的炸药包外,每人配给手枪一支。为便于在敌占区行动,部队三分之二改穿国民党军服装,三分之一穿便衣。

一切准备就绪,1949年4月6日晚上,先遣渡江大队兵分两路渡江。由亚冰带一中队以繁昌十里场、皇公庙段为预定登陆点,从无为石板洲叶家墩,分乘8只木船,于9点半,分4个小箭头,成一字队形齐渡。偷渡进展顺利,快到江岸时被敌哨兵发现。战士们迅速拿起备用木桨、铁锹,全力划水,冒着枪炮,飞速前进。21点50分,在十里场江堤登陆,迅速抢占堤埂,攻破敌堡,越过江防,一夜急行军60多里,于7日拂晓到达铜陵狮子山清凉寺隐蔽休息。

另一路,由慕思荣率二中队,以铜陵坝埂头的北埂王至金家渡段为预定登陆点,从无为江心洲北江村,分乘十几条船,于22点起渡。由于船只较多,不到江心就被敌人发现,果断改偷渡为强渡,木船在敌人的炮火下飞快前行,22点25分即在北埂王登陆。强渡中第五班的船只不幸被敌炮击沉,9名战士当场牺牲。二中队成功登陆后,即连夜赶至铜陵叶山宿营。

渡江行动惊动了国民党当局,他们在沿江一带展开了搜索,先遣渡江大队一路时常遭遇敌情。

亚冰带一中队隐蔽于狮子山期间,周围国民党自卫团活动频繁,附近各村庄有国民党谍报员四处打探,而离狮子山仅8里地

的黄浒镇,就驻有国民党正规军一个团。虽然,一中队到达狮子山后即部署警戒,封锁消息,并向山上打柴、挖笋的群众宣传"只许进不许出"的原因和要求,但还是被敌人发现活动踪迹。4月7日上午,繁昌县自卫团一少校营长派人送来一张自己的名片,反面写着:"贵部是何部?往何处去?请奉告。"很快,哨兵又来报告,东、西、北三面山头发现敌人活动。亚冰与中队几位领导紧急商议,决定为避免与敌人正面冲突,趁敌人还没摸清我军真实身份之机,来个以假乱真,拖延时间,等部队休息好后悄悄转移。亚冰叫人写了封回信,称:"我们是八十八军一四九师师部搜索队,前往某山区执行特别任务,不便奉告。"这时国民党军服就派上了用场,先遣队哨兵故意站在半山腰的山门外,大摇大摆地横着枪,晃来晃去。敌人虽有所怀疑,但也不敢轻举妄动,只是在山头上咋呼或偶尔对空放两声冷枪,一中队战士也毫不示弱,盛气凌人地训斥敌人。拖延到黄昏时分,部队悄悄分散撤离,于当晚22点到达南陵牧家亭村,敌情得以巧妙化解。

8日晨,慕思荣率二中队也到达南陵牧家亭村,两支部队胜利会合。随后召开会议制定出下一步活动方案,即:一方面部队做好隐蔽,一方面尽快与地方游击队取得联系。当天晚上,部队转移到铜陵、南陵交界的张家山,为安全起见,同样对张家山进行了封锁,只准进不准出,对路过的百姓暂留,管吃管住。部队在此隐蔽休息两天,10日一早,亚冰派原南芜繁游击队员、向导何道成带几个同志去寻找游击队,并约定在南陵县戴公山老庙会合。当晚由于发现有人偷偷溜出村,为防备是敌谍报人员通风报信,部队连夜出发赶往老庙。这边,何道成熟门熟路,很快在地下交通员的帮助下,与繁昌县委及南芜繁游击队取得了联系,带着工山区委负责人叶明山、游击队员叶显金于11日晨赶到戴公山。

正当亚冰等与地方党组织同志兴奋交谈时,哨兵来报发现敌人。原来,得到张家山的敌谍报人员报告后,国民党当局高度重视,11日拂晓,纠集繁昌县自卫团一个营、南陵县保安队一个中队及桂镇等4个乡的地方武装,向张家山方向搜索。而南陵县保安大队在搜索途中得到渡江先遣队驻老庙的消息,便调转头向老庙扑来。上午11时许,南陵县保安大队包围老庙,一个中队占领了西侧山头,控制了进退道路。在情况危急下,根据渡江先遣队临时党委制定的原则"如果被迫而战,原则是不打则已,要打则集中一切火力给敌一沉重打击,使敌不敢轻易与我作战",亚冰当即命令第二连第三排隐蔽接近敌人,乘敌立足未稳,迅速打垮敌人,夺回高地。第三排采取先第八班、第九班佯攻,第七班偷袭,再集中猛攻的战术,打得敌人晕头转向,狼狈溃逃,夺回山头。这一仗敌人遭受重创,虽三面包围我军,却不敢轻举妄动,而繁昌自卫团为保存实力又迟迟不来增援。至天黑,南陵县保安大队再无心恋战,偷偷地撤走。

当晚,先遣渡江大队由叶明山、叶显金带路向泾县北贡陈塘冲(现云岭镇陈塘村)进发,于12日拂晓前到达南陵与泾县交界处的紫元汤。通过地方党组织得知国民党第一九二师的一个营

正在陈塘冲扫荡抢粮,鉴于之前的经验,为不暴露行踪,部队没进紫元汤村,分散在附近的山头竹林隐蔽,并加强了便衣巡逻警戒。同时联系到南陵县委委员王克祥,请他组织可靠群众帮助侦察敌情,直至下午3时得到消息,敌人已完成扫荡,撤回泾县章家渡,部队才下山进入附近村庄集结。随后,在北贡地下党组织派来迎接的胡时英等人的带领下,先遣渡江大队于黄昏时分到达陈塘冲庄里村,与中共沿江工委副书记、沿江支队队长陈洪和南陵县委书记陈作霖会合。16日,部队移驻陈塘冲的墈上王;17日晚,沿江工委书记、沿江支队政委孙宗溶率另一部分沿江支队成员也赶到陈塘冲。这样先遣渡江大队与沿江支队顺利会师,一起商讨接应大军渡江的问题。

陈塘冲与曾为新四军军部驻地的云岭罗里村仅一山之隔,这里有党的基层组织,群众觉悟高,是解放战争时期皖南重要的游击根据地。先遣渡江大队来到陈塘冲后,百姓们欢欣鼓舞,奔走相告,纷纷前来看望,打听解放军胜利的消息,热切期盼大军早日过江。虽然刚刚经历了国民党军队的"清剿",当地群众的生活极其艰难,但当群众看到部队没有菜吃,就赶紧上山挖野菜、野蒜送来。妇女们在两三天内突击做了100多双军鞋送给战士。有一位70多岁的老妈妈,让小孙子陪着,带着一篮锅巴,拎着一罐热茶,拄着拐杖,爬上山送给战士。游击队员对先遣渡江大队的战士更是亲如兄弟,他们包揽了巡逻站岗的任务,让战士们好好休息,在如此艰苦的条件下,还设法杀猪犒劳战士们。

先遣渡江大队在陈塘冲短暂驻守期间,一边向游击队学习江南水网地带的作战经验;一边在沿江支队配合下,积极开展敌后侦察活动。沿江支队早就根据上级指示,在泾南边境负责搜集沿江敌情。先遣渡江大队来后,沿江支队便积极派人帮助他们,详细侦察江防敌军部署、兵力调动、编制装备、作战能力、指挥系统、炮兵阵地、舰艇活动以及地形交通、内河粮站、风情民俗等。有一处驻防敌人由1个师增加到3个师的情报,就是在游击队的配合下获得的。这些情报,有的绘成图表通过地下交通网,有的通过电波,源源不断传往江北,为各部队制定具体的渡江登陆作战方案和首长进行及时、正确的决策,提供了有力的依据。

1949年4月18日,先遣渡江大队接到第二十七军军部指示:"决定20日发起渡江战斗,晚10时半全面打响。先遣侦察部队以迎接第八十师为主,有攻占龙门山任务,并对繁昌、旧县、横山桥间实行扰袭,破坏电线,错乱敌之部署,扰乱敌之指挥,有效地迎接大军渡江。"[1]电报要求地方游击队完成3项任务:一是做好迎接大军渡江的各项准备工作;二是在20日晚8时切断敌电话线;三是在敌人占领区点燃火堆作为导向。

先遣渡江大队和沿江支队共同研究决定,兵分两路:沿江支队主力在泾县、南陵一线接应渡江和阻截敌人溃败部队;先遣渡江大队则北上,向江边疾进,策应大军渡江。

---

[1] 中共宣城市委党史研究室:《渡江战役史》,合肥:安徽大学出版社,2010年,第153页。

18日黄昏,先遣渡江大队由塥上王向江边进发,一路破坏敌军交通要道上的电线、割断敌军的电话线,在20日18时部队发起总攻时,点燃火堆为渡江部队导向。21日,先遣渡江大队与渡江大军胜利会合。

先遣渡江大队打破了长江天险固若金汤的神话,在江南地下党组织和游击队的帮助下,神出鬼没地开展江南敌后斗争,对敌人在政治上、心理上所起到的震慑作用,甚至超过了这一行动直接产生的军事意义。1954年,由上海电影制片厂拍摄的电影《渡江侦察记》,艺术地再现了"先遣渡江大队"活动的精彩片段,一时间渡江侦察英雄的故事家喻户晓,深入人心。1974年,该厂又重拍《渡江侦察记》,而此片的外景就是在泾县茂林溪口拍摄的。

三、俞步骐起义

解放大军渡江前夕,中共皖南地方党组织多渠道、多方面地积极开展争取国民党军政人员投诚起义的策反工作,成功争取了大批国民党军政人员起义,为渡江战役、皖南全境解放发挥了积极作用。泾县县长俞步骐率部起义,就是其中成功的一例。

俞步骐,1912年出生,福建福清人,曾在绩溪、旌德、繁昌等地任职,为官清廉,对国民党的腐败政权十分不满,1946年由朱子帆、操竹友(时任民盟芜湖临时分部委员会委员)介绍加入中国民主同盟。俞步骐任繁昌县县长时,就曾利用自己是国民党"特种汇报会"主席的身份,多次以"罪证不足"为理由,拒绝国民党特务提出的杀害在押人员的要求,保护了一些被捕的中共干部。1947年10月,民盟被国民党当局宣布为非法组织,一些民盟组织和成员转入"地下"坚持斗争。1948年6月,芜湖民盟地下组织与中共地下党取得了联系,接受指导与帮助。为取得合法身份开展工作,根据组织安排,俞步骐与大部分芜湖民盟成员一样,交叉加入了中国农工民主党。

1948年秋,俞步骐由繁昌县调至泾县任县长,面对国民党政权摇摇欲坠的局势,他开始考虑未来的出路。1949年1月,安徽省保安第五旅旅长王汉昭率部退驻绩溪,途经泾县。王汉昭此时已接受了中共地下党的领导,正准备在绩溪起义,接受皖南游击队领导人胡明的直接指挥。芜湖民盟地下组织指示俞步骐与王汉昭取得联系,谋划起义事宜,准备迎接解放大军渡江。王汉昭既是民盟成员,又是俞步骐的老朋友,两人就时局交换了看法,决定电约因"剿共"不力被革职而闲居旌德的陈大镛①前来商议。陈大镛到泾县与王、俞进行了深入交谈后,即进山与胡明会见,商定了具体事宜,包括互通胡、王、俞三方电台通讯呼号和电报密码;确定了俞步骐与泾旌太游击队洪林联系的方法。不久,洪林派项

---

① 陈大镛曾两任国民政府泾县县长,与俞步骐在国民党安徽训练团共过事。

育中为联络员,以自卫总队第五连指导员的身份常驻县政府,掩护其工作。俞步骐则派县政府助理秘书唐侍成为联络员。与此同时,芜湖农工党组织派俞锡恩带密电码来到泾县,要求俞步骐协助中共地下党组织搜集江南国民党军情报,并与芜湖秘密电台保持联络。

1949年4月,俞步骐得到芜湖方面电告,要求他做好起义准备。俞步骐立即与王汉昭联系,并以下乡视察为名,带项育中、唐侍成等与陈大镛在椰桥镇会面,商谈起义的具体安排,议定椰桥镇为起义地点,以便与王汉昭的保五旅相呼应(保五旅于4月21日在绩溪七都起义,23日占领旌德县县城)。随后,项育中返回泾旌太游击队向洪林汇报起义安排,确定收编事宜。

此时泾县城乡气氛十分紧张,国民党军第一九二师和县党部、中统调查室的大小特务都加紧了对军政人员的监视。为了迷惑敌人,俞步骐特意加强与县党部、参议会负责人的交往,主动召开"党政特种会议"①,煞有其事地商讨对政治犯严加监管、转移档案等工作。同时,俞步骐还指派国民自卫总队副队长张汉三、军事科长徐行南等人和国民党第一九二师师部参谋处、副官处的军官密切周旋,以便掌握驻军的行动部署。4月19日,俞步骐带领部分随从以视察工作为名,再次到乌溪、椰桥河一带察看起义路线。4月21日,中国人民解放军百万雄师突破长江天险,国民党江防部队全线

---

① 党政特种会议一般由县国民党党部、县国民政府首要人员参加,参议长列席。

溃逃,消息传来,泾县的国民党军政人员人心大乱。驻泾县的国民党第一九二师在撤退时,特派了一个团加强对县地方部队①的控制与监视,企图在撤退中吃掉地方部队,改编为其补充团。

面对县党部、县参议会的多次撤退催促,俞步骐沉着冷静,一边稳定人心,一边秘密部署保全档案和通信工具及公共财产,并全力控制地方武装,尽力摆脱监视控制。直到4月23日深夜,俞步骐才召集县政府秘书、科长及自卫总队大、中队长紧急会议,宣布撤离计划,明确榔桥河为集中目的地,电话通知所有地方部队及警察局连夜整装到县政府待命。24日凌晨,俞步骐率领县军政人员以及4个自卫中队,共千余人,携带枪支700余支,摆脱了国民党第一九二师的监视,向榔桥镇撤离。为防走漏风声,俞步骐还派出便衣人员沿途侦察有无第一九二师和县调查室的情报人员,并要求电话管理处随时告知泾县、旌德两地的所有通话情况,以便及时应对。

4月24日晚,行至乌溪,俞步骐才向主要随行人员宣布了起义计划。25日下午2时,到达榔桥镇后,国民党县政府机关临时设在榔桥镇老街洪家药铺(即益元丰药铺),俞步骐在此召开全部机关、军政人员会议,公开宣布起义,并起草了《泾县县政府榔桥起义告全县人民书》。因项育中由洪林部返城途中被敌军阻在城外失去联系,当日晚,俞步骐派唐侍成、汪植槐(湖冲乡长)按约定,一人手执马灯、一人手提灯笼,进入县城与沿江支队副支队长

---

① 县地方部队包括县、乡自卫队,警察局刑警队。

李友白（此时县城已被沿江支队解放）取得联系。深夜 11 时，李友白带二三十名武装到达榔桥，随后，李友白仅带 8 名随从来到益元丰药铺，与俞步骐会面，召开了榔桥起义会议。参会人员有国民党县政府秘书、科长及自卫总队队长、警察局局长、部分乡镇长。会上，俞步骐首先宣布起义，随后李友白分析了革命形势，阐述了人民解放军对待起义人员的政策，最后宣读了起义书。会后，李友白亲自率领 2 个自卫加强中队连夜向旌德方向追击国民党第一九二师，于浙溪消灭第一九二师残部 1 个连后返回榔桥。

4 月 26 日清晨，全体起义人员在榔桥镇公所大院内整队集合，编入皖南沿江支队，由李友白带回县城。原国民县政府各机关部门的财物、档案、册籍，各乡镇的库粮以及各类公物和公用设施等均平稳地移交到人民政府手中。

中华人民共和国成立后，俞步骐定居芜湖，任芜湖市工商联秘书。

四、泾县解放

1949 年 4 月 20 日，中国人民解放军中突击集团首先突破长江天险。为配合大军渡江，解放皖南，中国人民解放军皖南沿江支队于当日晚由北贡陈塘冲出发，解放泾县汀潭，次日解放南陵县三里店。随后沿江支队兵分两路,由政委孙宗溶、支队长陈洪带领一部向南陵县城进发,副支队长李友白率主力向泾县进军。李友白部行进途中先后消灭孤峰、田坊之敌,直逼泾县城。

  4月23日晚,在城郊上坊村山上,沿江支队与泾县国民党守敌展开激战,拂晓,敌军被击散溃逃,解放大军飞渡青弋江,直取泾县城。中午12时左右,部队分别由南门、北门进入县城,城区居民燃放鞭炮热烈欢迎人民解放军。此时,泾县城里一片混乱,国民党第一九二师一部已向榔桥镇方向逃窜,只剩下一批伤兵。入城后,李友白当即宣布成立泾县人民政府,委派金德培为代理县长,办公地点设在城关夫子庙,吴祥为秘书,所属部队留下维持秩序,肃清残敌,主力部队继续追击溃逃之敌。4月25日,俞步骐率原国民县政府军政人员在榔桥镇宣布起义,接受沿江支队收编,由李友白带回县城。此时,中国人民解放军中突击集团总指挥谭震林及姬鹏飞、王建安等率部抵达泾县,特意会见了坚守皖南的同志们。李友白把皖南斗争的情况,向他们做了简要汇报。谭震林表扬说:皖南军民,坚持斗争,策应大军,作战有功。很好,很好!①

  泾县残敌肃清,全境解放后,根据上级指示,李友白率沿江支队向芜湖方向进发,金德培也随军调离,泾县由泾旌太游击队接管,泾旌太游击队司令员洪林任县长。

---

  ① 李友白:《策应大军渡江我的两点经历》,见中共宣城地委党史工作委员会:《皖南曙光》,合肥:安徽人民出版社,1992年,第290页。

5月2日，华北南下干部纵队第五支队第五大队到达县城与洪林部会合，成立中共泾县委员会，由第五大队负责人王荫田任县委书记，隶属中共宣城地委①，机关设在文昌巷沈家祠堂。泾县县委成立之初，对外称"泾县政治工作处"，书记称为政委，1950年1月，县委组织公开后，才取消政治处称号。进驻县城的泾旌太游击队奉令改为泾县县大队，队部设在赵家宗祠内。泾县人民政府县长改由冯际平担任。

中共泾县县委成立后，将全县原有的22个乡镇划分为5个行政区，分别为：城乡区（辖5个乡镇）、茂林区（辖4个乡镇）、章渡区（辖4个乡镇）、赤滩区（辖5个乡镇）、榔桥区（辖4个乡镇）。设立区公所，5月8日前各区区长到任就职，5月13日前各乡镇也相继建立乡（镇）人民政府。同时进行村政权改造，废除保甲长制度，各村建立农会，由农会推选出村长，原先农会组织发展较好的村则召开村民大会选举村长。到1949年底，全县226个行政村逐步建立村政权。

新中国成立初期，县委工作机构设有秘书室、组织部、宣传部、民运部、纪检会。县人民政府工作机构设有秘书室、民政科、财政科、教育科、税务局、财粮科（1949年11月改为粮食局）、供销合作总社、工商科、实业科（1950年8月改为建设科）等。

各级党政组织机构建立后，5月10日即开始了对旧政权的全

---

① 1952年2月，宣城专区和巢湖专区撤销，成立芜湖专区，同时成立中共芜湖地委、芜湖专员公署，中共泾县县委改隶属中共芜湖地委。

面接管。首先召开旧政权任职人员会议，说明形势及相关政策；随后组织相关部门干部分头进行接收工作。分别由民政科接收卫生院、警察局等；由财政科接收田赋处、国税稽征所、县银行等；由教育科接收话管处、县立中学、中正小学、泾县农场、公路管理处等。在对各个部门进行清理接收的过程中，对旧政权机关任职人员进行集中学习教育后，录用一部分补充到新生人民政权机关，而学校、卫生、邮电、税务等专业机构大部分都维持原状。这样既解决了解放初期干部缺乏问题，又稳定了人心，保证了各部门工作的正常运转。

同时，面对物价飞涨、粮食更是一日数涨的市场混乱的局面，县委、县政府积极采取措施，整顿社会秩序，稳定物价，严厉打击商贩囤积居奇，保证城乡人民生活的稳定，赢得了广大人民群众对新生政权的拥护和信任。

10月1日，中华人民共和国宣告成立，消息传来，泾县上下一片欢腾。7日，县城各界人士及学生数千人聚集在中山公园，召开庆祝中华人民共和国成立和保卫世界和平大会。会后，举行了声势浩大的庆祝游行，全县各乡镇也举行了相应的庆祝活动。泾县人民对新生政权更加充满信心和希望。

从此，泾县人民在中共泾县县委、县政府的领导下，以当家做主的新姿态投入到中华人民共和国的各项建设事业中。

结 语

位于皖南腹地的泾县,地理位置优越,交通便捷,陆路直达黄山、屯溪,水路经青弋江可通达长江,山高林密,物产富饶,战略地位十分重要。革命战争年代,在这方红色热土上,走出了党的杰出领导人王稼祥,云岭军部成为运筹帷幄、指挥华中抗战的中心,也发生了阋墙之争的皖南事变,在安徽乃至中国革命斗争史上占有重要的一席之地。

泾县是皖南游击战争的一面旗帜。泾县的红色历史悠久绵长,红色沃土营养丰厚,早在红军时期,方志敏率红军北上抗日先遣队转战皖南,来到泾县,留下干部李步新、红十九师第五十七团团长王岐山,与在当地活动的洪维恭部会合,游击的星星之火就此点燃。皖南事变后,老区人民没有被国民党凶残杀戮所吓倒,在胡明、熊兆仁、洪林等的领导下,他们擦干身上的血迹、掩埋好战友的遗体,义无反顾地投入到与反动派的殊死抗争中,武装力量由小到大、由弱变强,从一支仅由13人组成的泾旌太游击队,发展到苏皖会师时的800人的武装力量,创建了泾旌太、泾旌宁宣游击根据地，使红军的旗帜依然高高飘扬在泾县的崇山峻岭，成为皖南游击战的一面旗帜，指引革命群众继续前行，直至迎来革命斗争的最终胜利。

泾县是大江南北抗战的重要指挥中心。全国抗战爆发后，新四军军部于1938年8月迁往泾县云岭，各路抗战力量、各方英才在团结抗日的旗帜下齐聚云岭，云岭一时有"江南的延安"之称。军部驻云岭时期，新四军历史上第一次也是唯一的一次党代会召开，会议讨论通过的决议对加强党的建设，保证党对人民军队的绝对领导具有十分重要的意义。诞生于云岭的新四军教导总队培养出来的大批军政干部，他们中的许多人用自己的青春和热血，在争取民族解放、建立新中国的征程中谱写了壮丽篇章。新四军武装力量快速发展。随着大江南北敌后游击战的广泛开展，江南、江北指挥部等指挥机构迅速建立，新四军从成立之初的一万余人发展到皖南事变前的近9万人，成为抗击侵略者的中坚力量。新四军领导的抗日游击战争，配合正面战场作战，战果辉煌，皖南事变前共对日伪军作战2208次，毙伤、俘日伪军近5万人，牵制了华中敌后战场六分之一的侵华日军，有力遏制了日军正面战场的进攻，完成了党中央赋予新四军"发展华中"的战略任务。

泾县是渡江大军南进的重要基地。抗战胜利后，新四军第七师奉命北撤，泾旌太县委领导的游击队继续坚持原地斗争，他们紧紧依靠人民群众，穿密林、住山棚，在艰难困苦的条件下，开辟了以宾山为中心的泾青南、以樵山为中心的泾旌太和泾旌宁宣边等游击根据地。刘邓大军千里跃进大别山后,中共皖南地委根据上级指示南进皖浙赣地区,泾县成为沿江与皖浙赣地区联系的纽带和桥梁。大军渡江前夕,皖南游击队和渡江先遣大队在陈塘冲胜利会师,顺利完成接应解放大军渡江的光荣任务,直至迎来泾县解放。革命先辈以甘洒热血、奉献自我的精神,创造惊天地、泣鬼神的业绩,书写人生的辉煌篇章,永远值得后人景仰和学习。

大事记

1919 年

5月,北京爆发五四运动,泾县各界青年学生积极响应,成立"泾县学生会",组织游行示威,声援北京学生。

1924 年

9月,吴性之、贺吉祥、杜世明、卫谦等7人在琴溪镇纪村卫氏小学聚会,成立"泾北青年学社"。半年内,泾县北部乡镇的知识青年大多入社,他们积极宣传新文化、提倡白话文、反对旧礼教、破除封建迷信活动,给较为闭塞的山区小城带来新思想。

1925 年

6月,上海五卅惨案的消息传到泾县,赤滩、马头、黄田、县城、茂林、凤村、潘村等地师生先后举行集会游行、张贴标语,并开展募捐活动支援上海人民的反帝斗争。

1926 年

秋,国民革命军北伐不断传来胜利消息,泾县知识青年群情振奋,私下制作"青天白日满地红旗",迎接北伐军。

1927年

2月中旬,北伐革命军毛炳文部进驻泾县,各界民众出城欢迎,城内到处张贴欢迎标语,并举行欢迎大会。

3月,北伐军攻克南京后,消息传来,泾县县城各界举行庆祝胜利提灯大会。

5月,县城的木工、砖工、缝纫工、店员、轿行等行业工人纷纷成立工会组织,并成立泾县妇女协会。

1928年

4月,舒城的郭老十、章老五、章老三等中共党员来到泾县桃花潭镇查济村,以打散工为掩护,开展革命活动,先后发展查石林、查乔林、查富菊、韦华太、老许5人为中共党员。

秋,中共党员王文波偕上海复旦大学学生、中共党员朱学东从广德县来到桃花潭镇宝峰村双花园宣传马列主义,发展党员。经过一段时间的考察,先后介绍了毕石米、江泽龙、江纯洪、王良佐、王和涛、章新发、张益成等十余人入党。

11月,中共双花园党支部建立,书记毕石米。这是中国共产党在泾县建立的第一个党支部。

1929年

春,中共双花园党支部建立后积极开展组织活动,相继在双花园自然村附近的南冲、查济、水东建立了3个分支部,分支部书记分别是曾石纪、查光长、王佐民。

6月11日,中共查村支部在桃花潭镇查济村洪公祠堂建立,支部书记老许。

秋,在中共党员方铁匠的积极工作下,水东一带建立了连虹、竹田、万村、倾田4个党支部,支部书记分别为翟云春、李菱花、汪海清、李继柱。

冬,刘向阳、徐天祥、萧吉凤、程稽学、金秉皋等中共党员来到漕溪、榆桃岭、宋村等地,以教书为掩护,建立工农革命团,继而秘密发展中共党员。

1930年

2月,中共党员吴小凤来到东乡榆桃岭、漕溪、戴杨村、宋村一带,以教书、打长工为掩护,秘密进行革命活动,发展一批本地人为中共党员。

秋,中共泾宁旌特区委和中共泾县区委建立,泾宁旌特区委书记吴小凤,泾县区委负责人先后为方广财、翟新美、王日昌。

10月,王文波从广德回到双花园,发动双花园党支部的党员开展募捐活动,支援广德皖南红军独立团。

1931年

3月,中共杨村、宋村支部建立,隶属于中共泾宁旌特区委。戴村支部书记盛守根,宋村支部书记仰高祥。两支部建立以后发展很快,次年4月,仅宋村一个支部就有党员41名。同年3月,中共榆桃岭党支部建立,书记肖正荣,组织委员汪捷三,宣传委员阮三和,隶属中共泾宁旌特区委。

冬,九一八事变发生后,泾县的工人、学生、青年与爱国商人开展"抵制日货、查禁日货"的各种宣传和游行活动,县内掀起"抗日救国"热潮。

1932 年

11 月,凌霄率宣城特委红军游击队 28 人,袭击泾县漕溪、西阳等民团武装,缴获长短枪 20 多支,毙漕溪民团 10 余人,炸毁敌据点一座。

1933 年

2 月,岳子樵、夏泽民来到双花园,整顿、恢复和发展厚岸一带的党组织。中共双花园党支部活动再次蓬勃开展,同时其周边的狮子山、观阳、包村、老潭等地先后建立起 11 个党支部,而双花园则成为厚岸一带党组织活动中心,被当地群众称为苏区。

1934 年

4 月,中共皖南工委在青阳县陵阳镇白沙岭成立,书记程智仁,岳子樵任工委宣传部长并领导泾县西南乡各个党支部工作。

5 月,在中共石青太中心县委指导下,中共泾县县委在杨村五显殿小学成立,书记盛守根,宣传部长王效禹。

7 月,在皖南工委指导下,中共泾县特区委成立,书记田丰,将下辖的西南乡党组织调整为 10 个支部。

12 月 15 日,红军北上抗日先遣队第十九师师长寻淮洲在谭家桥战斗中身负重伤,转移到泾县茂林时因流血过多,不幸牺牲。

12 月,中共皖南特委派洪维恭率 4 名红军游击队员来到东乡戴杨村整顿党组织。在泾县县委、宣城区委、宁国特区委及旌德乔安4个支部的基础上,建立中共宣宁旌泾中心县委,书记洪维恭。同时改组了中共泾县县委,书记吴小凤。

同月,红军北上抗日先遣队到达泾县苏岭,开展革命宣传,帮助建立中共苏岭支部。

同月,中共宁国特区委在榆桃岭建立,书记先后为肖正荣、李传知。同时成立特区赤卫队、青年团、妇女解放会、农会、互济会等组织。

1935年

1月,北上抗日先遣队留下做地方工作的干部李步新由泾县西南乡来到戴杨村,同时抗日先遣队第十九师团长王岐山也率部转移到戴杨村。中共宣宁泾旌中心县委改建为中共泾旌宁宣中心县委,书记洪维恭,副书记兼组织部长李步新。同时将几支游击武装合并为中共泾旌宁宣游击大队,王岐山任大队长,李步新任政委。

春,因上年秋天大旱,当地群众严重缺粮,为了解决群众的生活困难,中共泾旌宁宣中心县委发动群众开展借粮、分粮斗争。当时的斗争口号是"借粮救荒"。由于中心县委领导得力,群众斗争情绪高涨,迫使当地地主借出大批粮食,仅宋村地主汪明金一户就借出稻谷几十石。

4月,中共泾旌宁宣游击大队发展壮大到100多人枪。为了进一步扩大武装力量,在4县边区发展成一个隐蔽的根据地,游击大队改编为3个中队。王岐山率领第一中队、第三中队活动于宣城、泾县一带,洪维恭率领第二中队在宁国板桥一带活动。

6月,国民党当局对泾旌宁宣边实行大"清剿",根据地遭到严重破坏。据统计,泾县的上漕、大坑、张北、戴杨、新平等6村先后被杀干部群众达397人,被烧毁房屋1300余间,被抢走耕牛60余头、粮食50余万担、宣纸原料1.4万余斤。在战斗中,洪维恭、王岐山相继牺牲,游击大队遭受重大损失。

10月中旬,李步新伤愈归队,着手整顿部队和地方党组织。对泾旌宁宣中心县委进行再改组。并集中一个月时间,以训练班形式在全体基层干部和游击队员中开展思想政治教育。

冬,泾旌宁宣游击大队发展到200多人枪。与此同时,地方赤卫队也得到发展,赤卫队有9个,共294人,拥有步枪3支,土枪61支,大刀151把,檀树炮3门。根据地从原先的戴杨、汀溪两条坑的狭小范围扩大到纵横100余里,其中包括泾县的戴杨、蔡村坝、汀溪、漕溪、涌溪等与宣、宁、旌各县交界地区。

1936年

1月,国民党当局派出第十一路军一部及宁国、旌德、宣城3县保安队共3000余人,再次向泾旌宁宣游击根据地大举进攻,包围了宁国板桥及泾县漕溪、汀王殿等地,逮捕共产党员和革命群众60余人。

2月,在敌人连续不断的"清剿"之下,地方党组织大部分遭到破坏。为了保存革命力量,李步新率泾旌宁宣游击队从涌溪出发,转移到休宁一带继续坚持游击战争。至此,中共泾旌宁宣中心县委停止活动。

4月,经闽浙赣省委扩大会议决定,成立中共上浙皖特委,书记邵长河,副书记阙怀仰,领导泾县、宣城、广德、郎溪、宁国、孝丰、于潜、昌化等县党的工作。

7月下旬,阙怀仰率红军皖浙赣独立团一部46人来到泾县桃岭一带开展游击活动,一日夜袭泾县潘岭头国民党常备队,摧毁敌人营房工事,缴获长枪10余支。

1937年

4月,李步新从皖赣边派汪裕源到泾县茂林石井坑与当地中共党员赵允保联系,协助恢复和发展地方党组织。

1938年

2月15日,1架日机在县城北门外桂竹园投掷炸弹1枚,所幸无人员伤亡。自此县城居民纷纷离城去乡村防空避难。

5月15日至17日,陈毅率新四军第一支队东进苏南途经茂林。其间,陈毅主持召开茂林各界人士座谈会和群众大会,宣传党的抗日民族统一战线政策,号召大家团结起来,共同抗日,并派人重修寻淮洲墓,亲自撰写碑文,还致电新四军军部,建议尽快派人到茂林开展群众工作。

6月,新四军军部从新四军民运部、中共皖南特委和军部服务团中挑选干部团员共30余人,组成皖南第一支新四军民运工作队,对内称中共茂林工作委员会,由皖南特委组织部部长陈时夫率领,深入茂林,开展群众工作。

6月,新四军民运工作队在茂林"辑园"吴鸿赐宅成立中共茂

林区委,书记先后为吴逊、吴振华,吴鸿赐为妇女委员,建立丰东、永定、茂林镇3个中心支部、33个支部,时有1000余名党员。

8月2日,新四军军部进驻泾县云岭,泾县成为整个大江南北的革命中心,云岭也成为各地立志抗日的热血青年向往之所。

8月,中共皖南特委随新四军军部移驻泾县云岭,书记李步新,后中共中央调东南局邓振询任书记,李步新改任副书记兼组织部长。下属主要机构有徽州、绩溪、休宁、太平、旌德、泾县、南陵、青阳、宣城、芜湖、繁昌、铜陵等县委。

同月,在中共茂林民运工作委员会基础上,成立了中共泾县县委,驻地章家渡,县委书记先后为林芳、陈光,县委委员12名,下辖茂林、章渡两个区委,后又增设云岭、水东两个区委,共15个中心支部、350个支部,党员1353人。

同月,云岭农民抗敌协会在汤家村成立,新四军政治部副主任邓子恢在成立大会上做重要讲话,提出农抗会的口号是:"发展生产,武装自卫,保卫江南,消灭日本帝国主义。"同时,章家渡地区也成立了章家渡各抗敌协会五乡联合办事处。

11月上旬,美国进步记者史沫特莱抵云岭采访,历时10个月之久,其间,在国内外报刊发表大量关于新四军英勇抗战的报道。

11月14日,4架日机在县城长塘北头投掷炸弹,炸死居民2人,伤5人。"大夫第"赵宅山墙被炸坍塌,楼阁坠毁,另毁房屋11间。

11月19日,5架日机在县城投弹多枚,城隍庙、夫子庙、荷花塘西、金谷春曹宅、南门郑宅等处被炸。毁房屋55间,炸死居民2人。

是年,章家渡成立了五乡自卫总队,马文波任总队长,队员约50人。云岭也成立了四保联合自卫大队,队员达100人。自卫队员协助新四军巩固后方治安,战时帮助运输物资,抬担架支援前线,部分自卫队队员还编入新四军参加战斗。

1939 年

2月上旬,新四军第二次政治工作会议在云岭召开。项英做了《新阶段中我们在江南抗战的任务》的报告。会议讨论制定了《新四军政治工作组织纲要草案》。

2月23日,在叶挺军长陪同下,中共中央军委副主席、国民政府军事委员会政治部副部长周恩来从重庆抵泾县云岭新四军军部视察。其间,周恩来传达了中共中央六届六中全会精神,对新四军的政治工作和党内外干部团结等问题做了指示,在军部干部大会上做了题为《目前形势和新四军的任务》的重要报告。提出新四军向敌后发展的三原则:"哪个地方空虚,我们就向哪个地方发展;哪个地方危险,我们就到哪个地方去创造新的活动地区;哪个地方只有敌伪军,友党友军较不注意去活动,我们就向哪里发展。"依据上述原则,与新四军军部领导人共同商定了新四军"向南巩固、向东作战、向北发展"的战略方针。

3月,新四军第二次参谋工作会议在云岭召开,叶挺做了《现代战争的性质特点与指挥》的讲演,项英做了《一年来作战的经验与本军建军工作》的报告。

同月,中共中央东南局机关由南昌迁移到泾县云岭丁家山村,为工作方便对外称新四军民运部。项英任东南局书记,曾山任副书记,饶漱石在1940年春任副书记。中共中央东南局主要工作是组织、恢复和发展东南地区党组织机构,广泛动员民众援战、抗战,扩大抗日根据地,建立健全民众抗日组织。

7月1日,12架日机先后窜入新四军军部驻地云岭上空,向云岭老村、罗里村、中村等处投弹十数枚并低空扫射,炸毁民房159间。炸死村民35人,伤43人,教导队卫生所护士冯玲被炸牺牲。

7月16日,新四军第一次党代表大会在泾县云岭召开。会期10天,出席代表200余人。会议总结了南方3年游击战争的经验,讨论了新四军党的建设任务,认为要取得抗战胜利,必须使新四军成为政治上、军事上最坚强而有党的坚强骨干的不可战胜的铁的新四军。

7月,由新四军提供资金,新四军干部和地方农抗会干部筹办,收购原料,添置设备,招募工人,在小岭一带办起宣纸生产点。到当年秋,宣纸生产点发展到40多个,50多帘槽,不仅安置了失业的宣纸工人,也满足了新四军各方面用纸需要。

10月,中国工业合作协会在茂林成立泾太事务所。中共皖南特委和中共泾县县委派员直接领导该所工作。"工合"泾太事务所下辖10多个生产合作社,合作社创办的主要方式是由新四军用"工合"募集的资金购买生产设备、原料,招募工人,产品由新四军统购以作军需或经销。

12月2日,上海民众慰问团抵达云岭慰问新四军将士。新四军军部举行了欢迎宴会,邓子恢在欢迎会上做了《新四军怎样做政治工作》的专题报告。

1940年

1月19日,中共中央书记处发出对新四军发展方针的指示,重申了新四军向北发展的战略方针,并再次强调了反摩擦的斗争方针,明确表示新四军大江南北部队,只有发展力量,给摩擦者以打击,给武装进攻者以反攻,才能巩固自己,坚持阵地和克服投降危险。

3月20日,泾县双浪乡华盘保农、工抗会召集本保民众200余人开会,要求顽固反共的保长施秀亭交出保公所公章,选举郎文炳为新保长。县长胡钟吾得知后下令县侦缉队前去逮捕有关人员,并公然开枪伤人。新四军获悉后,抢先派两个连兵力予以保护,农、工抗会召集了2000多人的群众抗议大会。因有新四军强有力的支持,华盘保事件以农、工抗会和民众的胜利而告结束。

3月,中共皖南特委决定派凤石山化名洪林,到泾县、旌德、太平交界山区发展党员,建立秘密党组织。经过一段时间的工作,共建立20多个支部,并成立中共泾旌太中心区委,洪林任书记。

5月,根据斗争形势的需要,中共皖南特委决定,撤销中共泾县县委,将原县委辖区划开,分别成立中共泾旌太、泾太、泾南3个县委。原县委机关人员撤离章家渡。

10月2日至11日，日军集步、骑、炮、空各兵种共万余人大举扫荡皖南，其中一股5000余人的日军主力由南陵三里店进攻云岭。叶挺军长指挥新四军部队，在三里店、草鞋店、汀潭、小岭、枫坑一路设下埋伏予以阻击。日军损失惨重，在飞机掩护下窜往泾县县城。叶挺率部追击，几度激战收复县城。日军溃败，向南陵、宣城逃窜，又被新四军和国民党军沿途阻截。日军在36架日机的掩护下，才得以由赤滩新店渡江溃逃。皖南第二次反"扫荡"，历时10天，大小战斗共数十次，新四军歼敌近3000人，缴获大小炮、轻重机枪60多门，步枪400余支。蒋介石得到叶挺向他呈报的战绩，也致电嘉奖。

10月19日，何应钦、白崇禧致电朱德、彭德怀、叶挺、项英，强令八路军、新四军各部队在电到一个月内，全部开往黄河以北，即"皓电"。

11月9日，朱德、彭德怀、叶挺、项英联名给何应钦、白崇禧复电（即"佳电"），驳斥了何白"皓电"对八路军、新四军的种种污蔑。同时表示，为顾全团结抗战大局，同意江南新四军北移。

11月21日，泾县茂林乡民众召开呼吁团结、制止内战大会，参会民众达3000人。新四军政治部民运部长夏征农在会上做演讲。

12月9日，蒋介石下达限令新四军北移手令，再次无理限令"长江以南新四军全部于12月31日开到长江以北地区；明年1月30日前开到黄河以北地区"。并秘密下达解决江南新四军方案。

随后,顾祝同在第三战区秘密部署调集国民党军队7个师8万兵力,在泾县、旌德、太平3县布设重围,企图围歼皖南新四军。

12月12日,中共中央命令新四军皖南部队迅速北移。

12月28日,项英召开新四军军分委会议,决定于1941年元月初北移。

12月,中共中央东南局决定,撤销皖南特委,并成立新的秘密皖南特委,书记黄耀南、副书记胡明继续领导新四军北移后皖南党的工作。同时成立中共泾旌太中心县委,书记胡明,原中共泾旌太县委改设旌德、太平、泾县3个县委,洪林任泾县县委书记。

冬,章家渡五乡自卫总队约百名自卫队员编入新四军特务团。汤村农抗自卫队50多人、云岭联合自卫队100余人以及中村自卫队也都在新四军北移前夕编入新四军。

1941年

1月1日,新四军军部致电毛泽东、朱德、王稼祥并刘少奇、陈毅,决定皖南部队全部移到苏南。

1月3日,毛泽东、朱德复电叶挺、项英指出:你们全部坚决开赴苏南,并立即开动,是完全正确的。

1月4日,新四军《抗敌报》发表长篇社论《临别之言》和叶挺、项英、袁国平、邓子恢联名发表的《告皖南同胞书》。当晚,新四军军部及其所属皖南部队主力共9千余人分3路纵队由驻地出发,奉命北移。

1月7日拂晓,奉命北移的新四军皖南部队在茂林地区突遭国民党军队 7 个师 8 万余人的包围袭击。新四军浴血奋战七天七夜，终因寡不敌众，弹尽粮绝，除约 2000 人突出重围外，一部被打散，大部分壮烈牺牲或被俘。军长叶挺下山与国民党谈判时被扣押，政治部主任袁国平牺牲。1 月 17 日，蒋介石反诬新四军为"叛军"，宣布取消新四军番号，声称将把叶挺交付"军法审判"，这就是蒋介石蓄意制造的震惊中外的"皖南事变"。

1 月 18 日，中共中央发言人发表谈话，全面揭露国民党当局破坏抗战、破坏团结、实行反共、制造皖南事变的真相。

1 月 20 日，中共中央军委发布重建新四军军部的命令，任命陈毅为代理军长，刘少奇为政治委员，赖传珠为参谋长，邓子恢为政治部主任。

1 月，皖南事变后，洪林带领殷木春、姜启贵等尚未暴露的秘密党员，到濂坑、石井坑的山林中寻找失散的新四军战士，陆续找到刘奎、尹德光、何继生等 100 多人，把他们带到深山中隐蔽。随后，洪林与分散突围的项英、周子昆等也取得联系，并将他们转移到濂坑姜启贵家，后转移至蜜蜂洞隐藏。

3 月 14 日凌晨，隐蔽在蜜蜂洞的项英、周子昆被叛徒杀害。

4 月 13 日，经过皖南地方党组织的周密安排，洪林等收容掩护的 100 多名新四军突围人员被安全送到江北新四军第七师。

4 月，胡明根据陈毅代军长"发动群众开展游击战争"的指示，同意洪林、刘奎建立游击队的意见。洪林、刘奎、李建春、尹德光，还有收容失散的 5 名新四军战士，共十几人，在泾县濂坑成立了皖南第一支新四军游击队,称泾旌太游击队(后改称黄山游击队)。

7月9日夜,新四军游击队首战攻打旌德县庙首乡公所,不到几分钟即解决战斗,缴获步枪7支,手榴弹10多颗。

7月,洪林、尹德光和通讯员小牛,动员濂坑5名烧炭工,组建了第二支游击队。为扩大声势,洪林自称司令,游击队迅速发展壮大,到年底发展到50多人。

1942年

3月中旬,国民党当局派重兵对泾旌太游击区进行"围剿"。并对游击根据地中心濂坑实行移民并村,企图切断游击队与群众的联系。

8月,中共泾旌太中心县委在歙县兰荫滩召开了由各县委和游击队负责人参加的扩大会议,总结了近6个月的反"清剿"斗争经验与教训。会后,胡明、洪林等前往江北向中共皖中区党委汇报工作。

1943年

1月,为适应斗争形势的发展需要,遵照中共皖中区党委指示,将中共泾旌太中心县委改建为中共皖南山地中心县委。同时,将中共泾县县委改称为中共泾旌太县委,书记洪林。

春,中共泾旌太县委遵照中共皖中区党委、新四军第七师领导指示,为巩固抗日民族统一战线,组织开展还债运动,建立了以樵山为中心的游击根据地。山地中心县委机关驻地也迁到樵山,樵山成为皖南山区游击斗争的中心。

9月，山地中心县委派吕辉率小股武装以隐蔽形式，进入泾宁宣地区进行秘密联络，开辟了泾宁宣边小块游击活动区。

1944年

12月底，国民党当局调国民党第一九二师一部及泾县、旌德、太平3县自卫队，共计600人，向樵山根据地发起进攻，被游击队击退。次年，国民党增兵至1300余人，先后于1月6日、2月5日，从泾县、旌德、太平3路同时向樵山进攻，仍以失败告终。3月21日，不甘失败的国民党当局，决定孤注一掷向樵山发起更大规模的进攻时，遵照上级指示，游击队主力撤出樵山。历时83天的樵山保卫战，以游击队获胜告终。

冬，吕辉率领游击队潜入汀溪攻打乡公所，经过激烈交战，歼灭自卫队22人，缴获步枪16支。

1945年

4月，由洪林等率领的3路游击队自外线活动后回到铜山，突然袭击黄荆屋敌据点，缴获步枪80余支，子弹1万多发，手榴弹几万枚。

8月中旬，日军投降消息传来，泾县人民万众欢腾。泾县成立各界庆祝胜利大会筹备会，接着在县城举行了抗日战争胜利庆祝大会。

秋，抗日战争胜利后，中共皖南地委和皖南支队根据党中央指示随新四军北撤，皖南山地中心县委和所属武装留在原地开展工作。在洪林领导下，泾旌太游击队已发展到70多人枪。

10月,在北撤途中,杨明奉华东局命令,率部300余人与朱农、陈爱曦、陈尚和等相继回到铜陵。根据上级党委指示成立中共沿江中心县委,杨明任书记。10月中心县委在肖家村开会,会议决定成立南繁芜、铜青南两个县委。以朱农为书记的铜青南县活动于铜陵、青阳的宋冲、盘台、宾山、茗山与泾县的中村小阴坑、厚岸观阳、蕲荻等地。

冬,朱农率部进入泾青南地区,以宾山为中心开辟新区,活动于田坊、孤峰、童疃、北贡、中村、云岭、厚岸等地。

1946 年

2月,以山地中心县委和沿江中心县委为基础,组成中共皖南地委,胡明任书记,统一领导皖南地区党的工作,并确定了隐蔽坚持,积蓄力量,相机发展游击战争,进而发动群众,壮大力量的方针。

7月1日,中共中央华中分局写信给熊兆仁、倪南山(简称"七一"指示),详细分析了长江以南革命斗争的有利形势和不利条件,提出江南党及其领导的武装斗争的总任务是,放手发动群众,壮大人民力量,积极开展群众游击战争,争取江南人民革命的胜利。并决定成立苏皖边区军政委员会,胡明为主席兼政委,熊兆仁为军事部长,两部主力集中领导统一指挥。

10月,熊兆仁率一个班到达泾县樵山与皖南山区游击队胡明、杨明等人会师。

11月,中共皖南地委扩大会议在泾县濂坑召开。这次会议是皖南和苏南打通后的第一次地委会议。主要内容是研究贯彻华中分局"七一"指示精神,转变斗争方针为"大胆放手发动群众,创建主力,积极开展胜利的群众性的游击战争"。

11月,朱农率部智取厚岸碉堡,缴获步枪32支,机枪1挺,手枪1支,敌40余人全部投降。这是沿江游击队转入泾青南地区后打的第一个大胜仗。

12月,中共泾青南工委在宾山成立,书记朱农。

1947年

5月,泾县地方党组织在游击队武装保护下,发动群众在马渡桥、黄田、孤峰、黄村、厚岸、北贡、云岭、中村等地先后掀起大规模的破仓分粮斗争。

6月,中共皖南地委接到华东局于3月8日写的指示信(即"三八"指示),"三八"指示提出要"大胆放手发动群众""建立起人民政权""创造根据地"。皖南地委随即在泾县水岭召开干部会议,传达指示精神,要求各边区县委游击队发展群众性游击战,并积极向外发展。

9月20日,洪林率基干游击队和武工队200余人在数百名民兵的配合下,向敌茂林据点发起攻击,经过三天两夜的激烈战斗,攻下据点,歼敌30多人,缴获机枪2挺,步枪21支。泾旌太县委在此驻扎一个月,民众称之为"茂林小解放"。战斗结束后,游击队进驻茂林并建立茂林镇人民政府,镇长凤兆繁。

9月,中共皖南地委在泾县涌溪召开地委扩大会议。会议要求高度集中主力,乘胜猛烈发展武装力量,打通与江北刘邓大军的联系,为今后的解放大军南进创造条件。九月会议对形势估计过于乐观,地委于10月接到华东局的指示后,及时纠正了武装高度集中等一些不适宜的做法。

同月,中共皖南地委决定将原泾旌宁宣地区和蔡村坝地区合并成立中共泾旌宁宣县委,驻地板桥。王文石任书记,吕辉任副书记,张帆、强日增为委员。

10月,国民党当局派重兵对皖南游击区开展大规模"清剿"行动。中共皖南地委采取一边内线坚持,一边外线出击的方针,依靠山区,发动群众,就地坚持。到次年4月,敌人长达半年多的"清剿"以失败结束。

1948年

1月上旬,中共泾旌宁宣中心县委游击队在皖南地委主力的配合下,在泾县太平坑伏击国民党第四十六师1个排,共打死打伤敌人10多人,俘敌20多人,缴获轻机枪1挺,步枪20多支。

2月上旬,在涌溪"清剿"斗争中,泾旌宁宣县委副书记吕辉率1个连在蜡烛山与宁国自卫队1个分队遭遇激战,毙敌分队长以下2人,俘敌7人,缴获轻机枪1挺,步枪8支。在打扫战场时,吕辉被敌冷枪击中,不幸牺牲。

9月,中共皖南地委为加强沿江地区党的工作,策应解放军渡江作战,决定成立中共沿江工委,孙宗溶任书记。在军事上成立解放军皖南沿江支队,陈洪任支队长,孙宗溶任政委。

10月11日,洪林、章椿率泾旌太游击队和民兵在南容水岭歼击前来围剿的国民党第八十八师一部,战斗持续8个小时,毙伤敌100多人,俘敌50人,共缴获六〇炮1门,重机枪2挺,轻机枪2挺,长短枪60多支,手榴弹20余箱。

1949年

1月8日,中共皖南地委发出《目前形势及任务的指示》,提出皖南党的总任务是"紧急动员一切力量,准备迎接大军渡江"。要求泾旌宁宣、泾旌太县委等都要积极领导群众开展武装斗争,迎接大军渡江。

2月中旬,驻茂林镇的国民党第八十八军某团运输连向泾县城运送一批军需物资,洪林得悉后即率游击队在茂林东北长垅岗予以伏击。缴获轻机枪1挺,步枪80余支,六〇炮1门,汤姆式冲锋枪3支,电台1部,弹药10余担。

3月21日,泾旌太游击队在李村遭国民党第一九二师1个团的包围,经3个小时激战,毙伤敌20余人,并安全突围。

春,中共泾旌太县委广泛发动群众,赶制了1500双军鞋;泾旌宁宣县委抽调专门人员在宣宁边和蔡村地区征收公粮73万斤,赶制军鞋2000双,支援了大军渡江工作。

4月12日,解放军渡江先遣大队300余人在亚冰率领下,突破长江天险,执行侦察任务。在泾县党组织协助下进驻泾县陈塘冲,受到当地群众热情接待。

4月14日,沿江支队与渡江先遣大队会师,并决定由沿江支队主力留下，在泾县、南陵一线消灭守敌，尔后兵分两路，一路向南陵进发，一路由副支队长李友白率领向泾县进军。

4月20日晚，渡江战斗全面打响，沿江支队在泾县、南陵一线堵截国民党部队，接应渡江解放军。

4月24日，华东军区沿江支队副支队长李友白率沿江支队渡过青弋江，解放泾县城，泾县人民政府宣告成立，金德培为代理县长。

4月25日，国民党泾县县长俞步骐率军政人员及4个自卫中队，共1000余人，携带枪支700余条，在榔桥宣布起义，接受中国人民解放军改编，泾县全境解放。26日，代理县长金德培随军南下，泾县由泾旌太游击队接管，洪林兼任县长。

5月2日，中共泾县县委成立，王荫田任县委书记，隶属中共宣城地委，进驻县城的泾旌太游击队改为县大队。1950年1月，冯际平任泾县人民政府县长。

秋，泾县开展剿匪反霸斗争。泾县时有国民党匪特组织4股，总人数70多人。泾县党、政、军正确地执行"军事清剿、政治瓦解和发动群众武装相结合"的剿匪方针与"首恶必办，胁从不问，立功受奖"的剿匪政策，同时发动农民群众开展反霸斗争，到年底，泾县境内匪特组织基本肃清，巩固了新生的人民政权。

参考文献

[1]中央档案馆.皖南事变(资料选辑)[M].北京:中共中央党校出版社,1982.

[2]傅秋涛,叶超等.皖南事变回忆录[M].合肥:安徽人民出版社,上海:上海人民出版社,1983.

[3]《皖南事变资料选》编选组.皖南事变资料选[M].上海:上海人民出版社,1983.

[4]《王稼祥选集》编辑组.回忆王稼祥[M].北京:人民出版社,1985.

[5]中国人民解放军历史资料丛书编审委员会.中国人民解放军历史资料丛书·新四军·文献:(1)[M].北京:解放军出版社,1988.

[6]段雨生,赵酬,李杞华.叶挺将军传[M].北京:解放军出版社,1989.

[7]中共中央文献研究室.周恩来传(1898—1949)[M].北京:人民出版社,中央文献出版社,1989.

[8]《王稼祥选集》编辑组.王稼祥选集[M].北京:人民出版社,1989.

[9]童志强.新四军研究书系·皖南事变研究与争鸣[M].合肥:安徽人民出版社,1990.

[10]《皖南事变》编纂委员会.皖南事变[M].北京:中共党史出版社,1990.

[11]杨明.皖南星火[M].合肥:安徽人民出版社,1990.

[12]《当代中国人物传记》丛书编辑部.陈毅传[M].北京:当代中国出版社,1991.

[13]中共中央党史研究室.中国共产党的七十年[M].北京:中共党史出版社,1991.

[14]中共宣城地委党史工作委员会.云岭烽火[M].合肥:安徽人民出版社,1991.

[15]中共中央党史研究室.中国共产党历史:上卷[M].北京:人民出版社,1991.

[16]中国人民解放军历史资料丛书编审委员会.中国人民解放军历史资料丛书·新四军·参考资料:(1)[M].北京:解放军出版社,1992.

[17]中国人民解放军历史资料丛书编审委员会.中国人民解放军历史资料丛书·新四军·参考资料:(2)[M].北京:解放军出版社,1991.

[18]中共宣城地委党史工作委员会.皖南曙光[M].合肥:安徽人民出版社,1992.

[19]甘发俊.云岭漫笔[M].合肥:安徽大学出版社,1995.

[20]王辅一.项英传[M].北京:中共党史出版社,1995.

[21]中国新四军和华中抗日根据地研究会.新四军与抗日战争[M].南京:南京大学出版社,1995.

[22]《邓子恢传》编辑委员会.邓子恢传[M].北京:人民出版社,1996.

[23]泾县地方志编纂委员会.泾县志[M].北京:方志出版社,1996.

[24]徐则浩.王稼祥传[M].北京:当代中国出版社,1996.

[25]王辅一.新四军简史[M].北京:中共党史出版社,1997.

[26]王瑾.黄山游击队史话[M].合肥:安徽人民出版社,1997.

[27]中共宣城地委党史研究室.新四军名人在皖南[M].合肥:安徽人民出版社,1997.

[28]中共中央党史研究室科研管理部.周恩来世纪行[M].北京:中共党史出版社,1998.

[29]《新四军战史》编辑室.新四军战史[M].北京:解放军出版社,2000.

[30]中共安徽省委党史研究室.中国共产党安徽地方史:第一卷[M].合肥:安徽人民出版社,2000.

[31]段雨生,赵酬,李杞华.叶挺传——骁将的坎坷[M].沈阳:辽宁人民出版社,2001.

[32]李一氓.李一氓回忆录[M].北京:人民出版社,2001.

[33]中共铜陵市委党史研究室.中共铜陵地方史[M].合肥:安徽人民出版社,2001.

[34]徐则浩,宋霖.新四军军部在皖南[M].北京:当代中国出版社,2003.

[35]中国新四军和华中抗日根据地研究会,广州新四军研究会,中共广东省委党史研究室.叶挺研究文集[M].北京:当代中国出版社,2004.

[36]安徽省新四军历史研究会.安徽抗日战争史[M].合肥:安徽人民出版社,2005.

[37]王绍军,张福兴.新四军军部[M].北京:解放军出版社,2005.

[38]《中共中央东南局》编辑组.中共中央东南局[M].北京:中共党史出版社,2006.

[39]朱东旭,李兵.中国共产党泾县地方史(1927.8—1949.4):第一卷[M].泾县:中共泾县县委党史办公室,2009.

[40]中共宣城市委党史研究室.渡江战役史[M].合肥:安徽大学出版社,2010.

[41]中共中央党史研究室.中国共产党历史:第一卷(1921—1949)[M].北京:中共党史出版社,2011.

[42]中共宣城市委党史研究室.中国共产党宣城地方史:第一卷(1919—1949)[M].芜湖:安徽师范大学出版社,2012.

[43]中共中央文献研究室.毛泽东年谱1893—1949修订本[M].北京:中央文献出版社,2013.

[44]江苏省新四军和华中抗日根据地研究会.袁国平纪念文集[M].北京:中共党史出版社,2014.

后 记

《红色泾县》一书经过近一年的资料准备和紧张撰写,今天终于在电脑上敲下最后一行字符,作为主编的我也稍稍松了一口气。搁笔之际,似乎意犹未尽,还有一些想说的话,觉得有必要再说上几句。

记得去年年底的时候,安徽大学陆发春教授找到我,谈到安徽教育出版社准备出版一套以红色历史为题材的系列丛书,希望我能承担《红色泾县》的编写任务。作为一名党史工作者,研究地方党史多年,为保存党的历史、弘扬先辈的奋斗精神尽一些绵薄之力,是义不容辞的责任,于是我欣然应允。

列宁说过,忘记历史,就意味着背叛。我们今天的幸福生活是无数革命先辈用鲜血、生命换来的,宣传红色历史,传承红色文化,讲好红色故事,让更多的人知晓今天的幸福生活来之不易,从而倍加珍惜,是党史工作者应尽的责任。泾县是著名的革命老区,抗战时期,新四军军部和中共中央东南(分)局进驻泾县云岭,这里成为东南地区党的领导中心和抗日的指挥中心,1941年1月

4日,新四军皖南部队奉命北上抗日,行经茂林地区突遭国民党顽固派8万余人的包围袭击,发生了震惊中外的皖南事变。战争年代,这里上演过许多可歌可泣的英雄故事,如泾县"红嫂"曹妈妈救护李步新、茂林士绅吴葆萼掩护新四军民运部长夏征农突围的故事,在泾县几乎家喻户晓。老区人民、新四军指战员用生命和鲜血谱写的一曲曲军爱民、民拥军的感人故事,留下的一段段佳话,直到今天还在口口相传。

为写好《红色泾县》,编者阅读、查阅了大量史料,特别是一些老同志的回忆文章。每当读到那些在泾县这块红土地上发生的鲜活、感人的故事,都让我心潮澎湃,热血沸腾,革命先辈的奋斗精神深深地感染了我,也激起了我写作的冲动。把这些感人的、传奇的故事,记录下来,传承下来,让后人从中汲取营养和前进动力,确实是一件有意义的事。

本书是经集体讨论,分工协作完成的。导论、第二、第四章,邝景丽同志执笔;第一、第六、第九、第十章,大事记,梅艳同志执笔;第三、第五、第七、第八章,后记,参考文献,张伟国同志执笔,全部书稿由张伟国做了统一修改和润色。本书在写作过程中,吸收了部分党史、军史专家的研究成果,并得到泾县党史办等单位的大力支持,泾县党史办原主任李兵等提供了许多珍贵照片,在此一并表示感谢!

编著这样一部政治性、学术性、可读性很强的党史读物,对编者而言是一次全新的尝试。虽然编著者竭尽全力,但由于学识水平、理论功底和掌握的史料有限,不可避免地存在疏漏、偏颇和不当之处,敬祈广大读者,特别是老同志,党史、军史工作者和专家学者不吝赐教。

张伟国